Letras Hispánicas

Claros varones de Castilla

Letras Hispánicas

Fernando de Pulgar

Claros varones de Castilla

Edición de Miguel Ángel Pérez Priego

CÁTEDRA

LETRAS HISPÁNICAS

1.ª edición, 2007

Ilustración de cubierta: Íñigo López de Mendoza, Marqués
de Santillana. Retrato de Jorge Inglés.

© Ediciones Cátedra (Grupo Anaya, S. A.), 2007
Juan Ignacio Luca de Tena, 15. 28027 Madrid
Depósito legal: M. 34.236-2007
I.S.B.N.: 978-84-376-2405-1
Printed in Spain
Impreso en Anzos, S. L.
Fuenlabrada (Madrid)

Índice

Introducción

Noticia biográfica

Fernando de Pulgar era hijo del escribano toledano Diego Rodríguez de Pulgar[1], aunque él hubo de nacer en Madrid, conforme al testimonio de Gonzalo Fernández de Oviedo, cortesano y madrileño, en sus *Batallas y quinquagenas* (hacia 1555), quien así lo hace afirmar a Sireno, su interlocutor en el diálogo: «El coronista Hernando del Pulgar (de vuestro Madrid natural), en sus *Claros varones* dice...»[2].

---

[1] Véase Juan de Mata Carriazo, estudio preliminar a su edición de la *Crónica de los Reyes Católicos por su secretario Fernando del Pulgar. Versión inédita*, I, Madrid, Espasa-Calpe, 1943, quien en este punto recoge y amplía una noticia de Rafael Floranes.

[2] G. Fernández de Oviedo, *Batallas y quinquagenas*, I, Madrid, Real Academia de la Historia, 1983, pág. 53. Hay, en cambio, otros testimonios antiguos en favor de su nacimiento en Toledo, como el de los toledanos Tomás Tamayo de Vargas (1621) (a quien seguirá Nicolás Antonio) o Pedro Salazar Mendoza en su *Crónica del Gran Cardenal de España* (1625), que por lo escueto de sus alusiones («el cronista, según creo, de Pulgar, lugar vecino de la ciudad», «como Hernando del Pulgar era natural y vezino de Toledo») así como las fechas más tardías en que se producen y lo que pudo pesar el paisanaje, no merecen mayor crédito que el de Fernández de Oviedo. Los testimonios posteriores, de F. Villarreal (basándose en una supuesta *Letra XXIII*, cuando nada dice la verdadera conservada), de J. Domínguez Bordona o de Juan de Mata Carriazo, en favor de Toledo no tienen mayor peso frente, por ejemplo, al de J. Amador de los Ríos (ciertamente confuso) o de J. Cejador a favor de Madrid. Todos ellos los ha examinado José Fradejas, cuya opinión concluyente nos parece muy aceptable: «Creo, pues, que es hora de tomar una decisión y romper con silencios y vaguedades. Aceptar la propuesta más próxima a Hernando del Pulgar, basándonos en la indudable memoria y autoridad de Gonzalo Fernández de Oviedo y declarar a Hernando del Pulgar hijo preclaro de Madrid» (J. Fradejas, «La patria de Fernando del Pulgar», *Epos*, 6, 1990, 469-475).

La fecha de nacimiento sería anterior a 1430, pues en una carta de hacia 1482, dirigida al doctor Francisco Núñez, se consideraba ya en la vejez:

> Yo, Fernando de Pulgar, escrivano, paresco ante vos y digo: que, padeciendo grand dolor de la ijada y otros males que asoman con la vejez, quise leer a Tulio... *(Letra I).*

De su familia sólo sabemos, por su carta XXIII, que estaba casado y que tenía una hija monja que entró en religión a los doce años de edad:

> Muy amada fija: pocas palabras te fablé desde que nasciste. fasta que conplida la hedad de doze años escogiste ser consagrada para la bienauenturança venidera (...) la hora que yo e tu madre te vimos apartar de nosotros: y encerrar en esse encerramiento se nos comovieron las entrañas sintiendo aquel pungimiento que la carne suele dar al espiritu.

Por las numerosas denuncias que aparecen en su obra contra las primeras medidas que se toman sobre conversión y persecución de los judíos, así como por su propia actitud de comprensión y defensa, es muy probable que él mismo fuera converso. Tal condición no le impidió sin embargo desempeñar importantes cargos de traductor y embajador, escribano, secretario o cronista a lo largo de tres reinados sucesivos, aunque ciertamente son cargos y misiones más de carácter administrativo y como letrado que funciones de tipo político o militar.

Como afirma en la dedicatoria de los *Claros varones,* fue criado en las cortes de Juan II y de Enrique IV: «Yo, muy exçelente Reina e señora, criado desde mi menor hedad en la corte del rey vuestro padre e del rey don Enrique vuestro hermano». En ellas llegó a saber de muchos de los personajes que luego retrató en su obra. En la de Juan II, siendo muy joven, conocería a Fernán Pérez de Guzmán, de quien aprendió como modelo literario:

> Verdad es que el noble cavallero Fernand Pérez de Guzmán escrivió en metro algunos claros varones naturales dellos que fueron en España. Asimismo escrivió brevemente en pro-

sa las condiciones del muy alto e excelente rey don Juan de esclarecida memoria, vuestro padre, e de algunos cavalleros e perlados sus súbditos que fueron en su tiempo.

Conoció muy bien el reinado de Enrique IV, cuyos protagonistas y sucesos aparecen tantas veces referidos en su obras. Notable es el retrato dedicado al propio rey, así como la *Glosa a las Coplas de Mingo Revulgo,* que, desde la ficción alegórica, denuncia el estado moral del reino. En la corte desempeñó el cargo de secretario, que ya ejercía en 1458, cuando refrenda en Madrid un privilegio del rey para la Hermandad de Álava[3]. En 1468 firma una carta por mandado del rey, en Madrid, en la que el monarca reclama a la ciudad de Toledo la observancia de las órdenes vigentes relativas al valor de la moneda[4].

Como persona sagaz e ingeniosa en la conversación, además de conocedor de la lengua francesa (por su *Letra XXIII* sabemos que había vivido en París, tal vez en años juveniles de formación: «Un religioso carmelita... me dixo en París que si no pecara»), desempeñó diversas gestiones y embajadas ante Luis XI de Francia, así como ante la curia romana o ante el arzobispo Carrillo. De 1463 es un documento, que Pulgar traduce junto con otras personas, sobre el compromiso y sentencia dados por Luis XI acerca de las diferencias entre Juan II de Navarra y Enrique IV. Según Alfonso de Palencia, realizó otros viajes como mensajero de Enrique IV a Luis XI.

Hacia 1473 hubo de viajar a Roma como procurador en la corte romana, pues así lo asegura el príncipe de Aragón don Fernando a su padre Juan II, avisándole del regreso de Pulgar que había sido enviado «por procurar la dispensación del fijo del Infante (don Enrique Fortuna) con la fija de la Reina (doña Juana la Beltraneja)». Pulgar no aludirá nunca a esta embajada, tan contradictoria con su actuación política posterior. Otras misiones reservadas de Enrique IV le condujeron ante el arzobispo Carrillo, como refiere en la *Letra IV:* «En verdad, señor, yo fui uno de los calderones con que el rey

---

[3] *Apud* J. de M. Carriazo, ed. cit., pág. XXXII.
[4] *Ibid.*

don Enrique muchas veces envió a sacar paz del Arzobispo e nunca pudo sacarla»[5].

Muerto Enrique IV en 1474, la reina Isabel, por intervención del cardenal Pedro González de Mendoza y como medida prudente de continuidad, admitió en su servicio a los funcionarios de la corte de su hermano. Entre ellos estaba Fernando de Pulgar, quien a comienzos de 1475 es enviado por los Reyes como «nuestro secretario e del nuestro consejo» al rey Luis XI, ante quien volvería a desempeñar una segunda embajada en el mes de junio, embajadas que quizá no tuvieran el éxito deseado, pues el rey francés tomó de momento el partido del pretendiente portugués. Fue también secretario de los Reyes Católicos, a quienes acompañó en su viaje y estancia en Sevilla en 1477 y junto a los cuales se encontraba en junio de 1478, cuando nace el príncipe don Juan, acontecimiento que interpreta con notas providencialistas y mesiánicas y del que informa al Doctor de Talavera en la *Letra IX:*

> Señor: del nacimiento del príncipe, con salud dela reina, ovimos acá muy gran plazer. Claramente vemos sernos dado por especial don de Dios, pues al fin de tan larga esperança le plugo dárnosle. Pagado ha la reina este reino la deuda de successión viril que era obligada de le dar. Quanto yo, por fe tengo que ha de ser el más bienaventurado príncipe del mundo, porque todos estos que nascen desseados, son amigos de Dios, como fue Isaque, Samuel e Sant Juan, e todos aquellos de quien la sacra scriptura faze mención que ovieron nacimientos como éste muy desseados. E no si causa, pues son concebidos e nacidos en virtud de muchas plegarias e sacrificios. Ved el evangelio que se reza el día de Sant Juan, cosa es tan trasladada que no paresce sino molde el un nascimiento del otro: la otra Isabel, ésta otra Isabel; el otro en estos días, éste en estos mismos; e también que se gozaron los vezinos e parientes, e que fue terror a los de las montañas.

Poco después Pulgar se retira de la corte a la vida privada («en mi casa retraído e casi libre ya de la pena del cobdiciar»),

---

[5] Puede verse J. de M. Carriazo, ed. cit., y J. Domínguez Bordona, introducción a su ed. de *Claros varones de Castilla*, Madrid, Espasa-Calpe, 1923.

sin que conozcamos las razones de esa decisión. Tal vez le impulsaran a ello, como se ha pensado, sus reservas ante las primeras actuaciones de la Inquisición[6]. Esa actitud la manifiesta en una carta enviada al cardenal de España sobre los herejes de Sevilla, que fue muy divulgada y contestada, y en la que encontramos afirmaciones como estas:

> Sin duda, señor, creo que mozas donzellas de diez a veinte años hay en el Andaluçía diez mill niñas, que dende que naçieron nunca de sus casas salieron, ni oyeron ni supieron otra dotrina sino la que vieron hazer a sus padres de sus puertas adentro: quemar todos estos sería cosa crudelíssima y aun difíçile de hazer (...) También sé çierto que hay algunos que huyen más de la enemiga de los juezes que del miedo de sus conçiençias. No digo, señor, esto en favor de los malos, mas en remedio de los enmendados. El qual me pareçería, señor, poner en aquella tierra personas notables y con algunos dellos de su misma naçión, que con exenplo de vida y con palabras de dotrina reduciesen a los unos y enmendasen a los otros poco a poco (...) Todo lo otro, a mi ver, es obstinar y no emendar, en gran peligro de las ánimas, también de los corregidores como de los corregidos.

Un impugnador anónimo, que había leído esa carta, le contestaría denunciando sus yerros, acusándole de hereje y de hablar mal de la Reina y de sus ministros. Pulgar le respondería en su *Letra XXI* «para un amigo encubierto», donde replica que no merece represión alguna y que utilizó las mismas palabras que San Agustín contra los herejes donatistas.

Apartado de la corte, Pulgar seguramente se retiró a Toledo, donde tenía casa. Allí le encontramos el 28 de febrero de 1480, convocado a título particular por el alcalde como conocedor de la lengua francesa para concertar las traducciones castellana y francesa de un documento latino. En 1480 también aparece en la lista de rebaja de juros de tiempos de Enrique IV que deciden los Reyes Católicos y que afecta a Pulgar con una rebaja de diez mil maravedís en la pensión que percibía (no

---

[6] J. de M. Carriazo, págs. XXXVIII-XXXIX, quien también ha dado a conocer las dos cartas que citamos a continuación, págs. XLIX-LVII.

de cronista oficial). Tal vez parte de su dedicación en ese tiempo de retiro fuera la de hacer acopio de materiales y testimonios sobre sucesos y personajes contemporáneos. Así quieren ponerlo de manifiesto sus famosas *Letras,* algunas de las cuales se escribirían ahora. También es posible que ejerciera tareas de enseñanza, pues parece que en su propia casa educaba a cuatro jóvenes guipuzcoanos, como afirma en la *Letra XXXI* al cardenal de España quejándose de «aquel nuevo istatuto fecho en Guipuzcoa, en que ordenaron que no fuésemos allá a casar ni morar» («En mi fe, señor, cuatro dellos crío agora en mi casa mientras sus padres ordenan esto que vedes»).

A comienzos de 1482 la reina Isabel le encomienda el puesto de cronista real y le manda presentarse en la corte para allí llevar a cabo su tarea. Para su nombramiento, la reina tendría en cuenta su experiencia política y diplomática, su elocuencia, su discreción y tal vez los trabajos ya emprendidos por Pulgar. En la *Letra XI* da cuenta nuestro autor de todos los pormenores de aquella decisión y de su aceptación:

> Muy alta y ecelente y poderosa reina e señora, passados tantos trabajos e peligros como el rey nuestro señor e vuestra alteza avéis avido, no se deve tener en poca estima la escritura dellos, pues ninguna se lee do mayores ayan acaescido (...) Yo iré a vuestra alteza, según me lo embía a mandar, e levaré lo escrito fasta aquí para que lo mande examinar, porque escrevir tiempos de tanta injusticia convertidos por la gracia de Dios en tanta justicia, tanta inobediencia en tanta obediencia, tanta corrupción en tanta orden, yo confiesso, señora, que ha menester mejor cabeça que la mía para las poner en memoria perpetua, pues son della dignas. E si vuestra alteza manda poner diligencia en los hedificios que se caen por tiempo e no fablan, quánto más la deve mandar poner en vuestra historia que ni cae ni calla. Muchos templos e hedificios fizieron algunos reyes e emperadores passados de los quales no queda piedra que veamos, pero queda escriptura que leemos...

En la *Letra XXIX,* a Alfonso de Olivares, quizá en respuesta a su felicitación por aquel nombramiento, manifiesta, no obstante, una cierta falta de entusiasmo por el puesto al que ha sido llamado, en el que se siente «más traído que venido»:

Yo soy aquí mas traído que venido, porque, estando en mi casa retraído e quasi libre ya de la pena del cobdiciar e començando a gozar del beneficio de contentamiento, fui llamado para escrevir las cosas destos señores (...).

A partir de ahora, Pulgar llevará una vida cortesana, respetado y considerado y, como se deduce de sus numerosas cartas en respuesta, a él se dirigirán los nobles del reino para darle noticias de su hechos y empresas, con el fin de que los incorpore a la crónica que va redactando. Por entonces poseía una biblioteca de unos ochenta libros, como comenta en la *Letra XXVIII,* al prior del monasterio del Paso («e no digáis, como solés decir, que mis ochenta libros estarían mejor en vuestra celda que en mi cámara»). Ochenta y cinco volúmenes componían, un cuarto de siglo antes, la biblioteca de Fernán Pérez de Guzmán, estudiada por Mercedes Vaquero y en la que predominaban —como seguramente sucedería en la de Pulgar— libros de historia de la antigüedad, como Salustio, Tito Livio, Valerio Máximo, y libros de genealogía e historia de España, junto a tratados de prosa doctrinal y obras hagiográficas[7].

Formando parte del séquito de la Reina, asistió Pulgar a algunos episodios de la guerra de Granada. En 1485 lo encontramos ante el castillo de Cambril, para cuya expugnación fue necesaria artillería pesada, difícil de trasladar hasta allí, pero «seis mil omes que enbiaron el rey y la reina, con picos e otras herramientas, derribaron toda aquella sierra». En 1487 está en el cerco de Málaga acompañando a la Reina. Un año antes publicaba en Toledo su más celebrada obra literaria, también dedicada a la reina Isabel, los *Claros varones de Castilla,* que firma como «secretario e coronista del Rey e Reyna nuestros señores», aunque no parece que por entonces ejerciera el primero de esos cargos. Por esos años estaba afincado en Madrid, poseía viñas y otros bienes en Villaverde, y firma diversos documentos como miembro del concejo madrileño.

Todavía en 1489 está presente en el cerco de Baza, como certifica aún su *Crónica de los Reyes Católicos.* La cual, sin em-

[7] Mercedes Vaquero, *Cultura nobiliaria y biblioteca de Fernán Pérez de Guzmán,* Ciudad Real, Oretania Ediciones, 2003.

bargo, a partir de ese momento deja de dar cuenta de sus pasos y, aunque la historia continúa, ya no registra referencias personales. La crónica se interrumpe en 1490 y Fernando de Pulgar moriría poco después, seguramente hacia 1492.

LA HISTORIOGRAFÍA EN LA ÉPOCA DE LOS REYES CATÓLICOS

El reinado de los Reyes Católicos fue uno de los de más alta producción historiográfica. No sólo se trató entonces de compendiar de nuevo los hechos del pasado por cronistas como Lucio Marineo Sículo, Diego Rodríguez de Almela, Diego de Valera o el secretario Lorenzo Galíndez de Carvajal, que recibió el encargo de revisar las crónicas de Castilla (aunque sólo pudo hacerlo con la de Juan II), sino de dejar memoria de los hechos del presente. De ello se encargarían tanto los cronistas oficiales del reinado como otros eruditos que actúan de manera más o menos independiente.

Desde la época de Juan II el cargo de cronista real se vio dignificado y pasó —en palabras de don Enrique de Villena— de «omnes legos ayunos de sciencia, ignorantes la lengua latina» a personas entendidas, como Alvar García de Santa María, Juan de Mena o Alfonso de Palencia[8]. Progresivamente el cargo va cobrando importancia y, aparte de ser retribuido, se institucionaliza y adquiere relieve político, de manera que el cronista se sentirá capaz de persuadir como diestro ejecutor del estilo demostrativo que practica. Ello no quiere decir, sin embargo, que responda a un propósito propagandístico. En realidad, si bien lo miramos, en la época de los Reyes Católicos, las crónicas más favorables y oficialistas abarcan pocos años del reinado, se difunden escasamente y la mayoría se publican años después. Como parece, la reina Isa-

---

[8] Véase Brian Tate, «El cronista real castellano durante el siglo XV», en *Homenaje a Pedro Sáinz Rodríguez,* III, Madrid, Fundación Universitaria Española, 1986, págs. 659-668, y «La historiografía en el reinado de los Reyes Católicos», en *Antonio de Nebrija: Edad Media y Renacimiento,* ed. Carmen Codoñer y J. A. González Iglesias, Salamanca, Universidad, 1995, 17-28.

bel en particular no puso gran interés en que se historiaran muy pronto sus hechos ni creyó demasiado en la propaganda que pudieran hacerle sus cronistas, aunque sí la buscó por otros medios y autores.

Las crónicas mayores, por así decir, las escriben autores como Diego de Valera, Alfonso de Palencia, Fernando de Pulgar y Andrés Bernáldez. Paralelamente habrá un cuantioso número de escritos historiográficos quizá menos ambiciosos y sistematizados, más circunstanciales, mezclados a veces con otros géneros literarios no específicamente históricos. Entre ellos habría que contar con libros muy diversos, como, por ejemplo, el *Cronicón de Valladolid,* conjunto de noticias y anécdotas muy extractadas y desiguales; de categoría semejante, aunque más amplios y elaborados por quien era secretario regio y exigente historiador son los *Anales* de Galíndez de Carvajal; del género epistolar, aparte las *Letras* de Pulgar, a las que nos referiremos repetidamente, sobresale el *Opus epistolarum* de Pedro Mártir de Anglería, con visiones muy particulares, anecdóticas y jugosas de muchos sucesos. Posteriores son las de Gonzalo de Ayora. También habría que contar con alguna obra que se nos ha conservado fragmentaria, como la llamada *Crónica incompleta de los Reyes Católicos,* obra del salmantino Juan de Flores, nombrado cronista por los reyes en 1476, que relata sólo los dos primeros años de su gobierno[9]. Y con la llamada historiografía en verso, que tiene su logro más ambicioso en la *Consolatoria de Castilla,* de Juan Barba, «estoria y verdad» en más de quinientas coplas de arte mayor del reinado de Isabel desde su nacimiento hasta la toma de Málaga[10]. Asimismo contarían escritos cronísticos breves intercalados en obras de otra condición, como el capítulo especial que Alonso Ramírez de Villaescusa intercala en la segunda parte de su *Espejo de corregidores,* capítulo dedicado a los hechos del reinado de los

---

[9] Carmen Parrilla, «Un cronista olvidado: Juan de Flores, autor de la *Crónica incompleta de los Reyes Católicos*», en *The Age of the Catholic Monarchs. Literary Studies in Memory of Keith Whinnom,* Liverpool University Press, 1989, págs. 123-133.
[10] Pedro M. Cátedra, *La historiografía en verso en la época de los Reyes Católicos. Juan Barba y su «Consolatoria de Castilla»,* Salamanca, Ediciones Universidad de Salamanca, 1989.

Reyes Católicos, lleno de curiosas noticias y valoraciones históricas, donde examina si aquéllos han obrado conforme a la prudencia regnativa, que es la virtud que debe regir a los reyes y príncipes[11]. O el que incluye el converso y exiliado a Flandes Sancho Cota en sus *Memorias de Carlos V, por Sancho Cota, su criado,* que son una crónica en prosa de los acontecimientos desde el reinado de los Reyes Católicos al de Carlos V, deteniéndose en algunos momentos en el gobierno de los Países Bajos y la corte de la que fue joven viuda del príncipe don Juan, Margarita de Austria[12].

La crónica mayor del reinado la configuran, no obstante, los cuatro escritores a que nos hemos referido antes. Del pasado anterior provienen los dos historiadores más veteranos, Diego de Valera y Alfonso de Palencia, que sólo tardíamente, al final de su carrera, harán crónica del reinado de Fernando e Isabel.

Mosén Diego de Valera (Cuenca, 1412-Puerto de Santa María, 1488?) es una importante y curiosa figura del humanismo castellano del siglo xv, humanismo protagonizado particularmente por nobles y caballeros letrados que alían en su persona la dedicación a las armas y a las letras. Valera fue efectivamente un caballero cortesano que ocupó cargos administrativos y militares, que combatió desde joven en la guerra de Granada, que recorrió cortes europeas y desempeñó empresas diplomáticas, y fue consejero real, cronista y autor de numerosos tratados de contenido moral o político, en los que, junto a una sabiduría pragmática cortesana y caballeresca, apunta un saber de la antigüedad y un conocimiento de los *auctores*. Tras largos y variados servicios en las cortes de Juan II y Enrique IV, con los Reyes Católicos desempeñó el puesto de corregidor de Segovia y, nombrado por el duque de Medinaceli, el de alcaide del Puerto de Santa María, donde vivió los últimos años de su vida. En ellos se dedicaría a la redacción de sus obras, interviniendo en la vida política sólo con el en-

[11] Puede verse Miguel Ángel Pérez Priego, «Noticia sobre Alonso Ramírez de Villaescusa, su *Espejo de corregidores* y el *Directorio de príncipes*», en *Actas del VI Congreso Internacional de la Asociación Hispánica de Literatura Medieval,* II, Alcalá de Henares, Universidad de Alcalá, 1997, págs. 1.169-1.177.

[12] *Memorias de Sancho Cota,* ed. Hayward Keniston, Cambridge, Massachusetts, Harvard University Press, 1964.

vío de cartas, memoriales y proyectos. Es entonces cuando redacta también la *Crónica de los Reyes Católicos,* que llega hasta el año 1488, que sería fecha próxima a su muerte[13].

La crónica comprende los catorce primeros años del reinado, de 1474 a 1488, y está dividida en dos partes, una en la que trata todo el problema sucesorio y la guerra con Portugal, y la otra que se ocupa de los sucesos de la guerra de Granada. En la primera sigue bastante a Palencia y la segunda resulta algo más original, debido a la utilización de fuentes y materiales propios, como cartas dirigidas a la Reina, y a su misma presencia en el escenario de los hechos, y también a la utilización de materiales ajenos, como la historia del marqués de Cádiz. De todos modos, toda la crónica revela cierta precipitación de composición, nombres que faltan, cronología que se altera, y desproporción entre unos detalles y otros.

Alfonso de Palencia había nacido en 1424, en el seno de una familia palentina. Se educó con el obispo de Burgos, Alonso de Cartagena, uno de los primeros impulsores del humanismo castellano. Como racionero de la catedral, estaba encargado de las relaciones con la curia romana, por lo que hubo de emprender viaje a Italia. Allí permaneció varios años, al servicio del cardenal Juan Bessarión, a cuya casa acudían ilustres humanistas, con los que tuvo trato Palencia, que además frecuentó también el estudio del helenista Jorge Trapezuntio. Hacia 1453 se hallaba de vuelta en España, al servicio del veinticuatro sevillano Alfonso de Velasco, quien lo introdujo en el séquito del arzobispo Alfonso de Fonseca en la corte de Enrique IV. Al morir Juan de Mena en 1456, el rey le otorgó la vacante de secretario de cartas latinas y cronista real. Palencia escribió entonces parte de su obra literaria, como la sátira alegórica *Batalla campal de los perros contra los lobos* y el tratado también alegórico *De perfectione militaris triumphi,* dedicado al arzobispo Carrillo. Poco a poco se va orientando ha-

---

[13] Diego de Valera, *Crónica de los Reyes Católicos,* ed. Juan de M. Carriazo, Madrid, Junta para Ampliación de Estudios, Anejos de la *Revista de Filología Española,* VIII, 1927. Entre la abundante bibliografía sobre Valera, debe verse Jesús D. Rodríguez Velasco, *El debate sobre la caballería en el siglo XV. La tratadística caballeresca castellana en su marco europeo,* Salamanca, Junta de Castilla y León, 1966.

cia el partido antienriqueño y al servicio de esa política viaja a Roma con el propósito frustrado de que el Papa actúe contra el rey. Está de vuelta en Sevilla en 1465 y, radicalizadas las posturas, toma el partido del infante don Alfonso, del que es un activo defensor junto al arzobispo Carrillo y a Juan Pacheco, maestre de Santiago. Al morir Alfonso en 1468, Palencia decide seguir a su protector Carrillo y toma partido por Isabel frente a Enrique IV. Viaja a Aragón para negociar con Fernando y es uno de los que le acompañan cuando disfrazado de arriero pasó a Castilla para desposarse con Isabel.

Palencia fue un decidido partidario de los Reyes y desempeñó para ellos diferentes misiones diplomáticas en Aragón y Andalucía. Retuvo también su título de cronista real, por el que le fue concedido un privilegio de sesenta mil maravedís anuales. Más próximo a Fernando y partidario de la prerrogativa masculina al trono, parece que fue perdiendo la confianza de la reina, que lo va relegando de sus funciones. La ruptura se produce en las cortes de Toledo de 1480, a las que acude en su condición de cronista y en las que la Reina le demanda que presente sus papeles (lo que sería todo o parte de la IV década) a la censura de algún docto prelado. Ante la protesta de Palencia, se le comunicó que la Reina había encargado los informes oficiales al cronista Fernando de Pulgar. Dolido por la ingratitud, Palencia se apartará de la corte. En 1485 era miembro del cabildo catedralicio de Sevilla, lugar donde fijó su residencia. En su vejez, no obstante, recibió el encargo de componer el *Bellum Granatense,* como él mismo dice, «la continuación de los anales de la guerra de Granada, que he aceptado escribir después de las tres décadas de nuestro tiempo». Reconciliado con la Reina, reanudó, pues, su tarea de cronista y parece que en sus últimos años su empeño era ultimar para la imprenta toda su obra historiográfica, sus *Gesta Hispaniensia,* empresa que no llegó a culminar, pues moría en marzo de 1492.

Palencia fue un escritor que cultivó una gran variedad de géneros y temas, todos en respuesta a su amplia y compleja personalidad humanística. Fue autor de epístolas, de traducciones (de Josefo y de Plutarco), de obras gramaticales (como el *Universal vocabulario de latín en romance),* de tratados satíricomorales en forma alegórica y, sobre todo, de diferentes obras historiográficas. En este terreno, su gran empresa fueron los *Gesta Hispaniensia* (los *Fechos de España)*. De ellos escribió completas tres décadas de nuestro tiempo, es decir, los años 1440 a 1474. También había otra década escrita antes sobre la época celtíbera y prerromana y otra sobre la dominación romana. Estaba también proyectada una década más sobre la Reconquista y otra sobre la guerra de Granada, continuación de las tres de nuestro tiempo. Entre éstas y la de Granada, compuso también una IV década sobre los comienzos del reinado de los Reyes Católicos y la guerra con Portugal. En ella criticaba la actitud de Isabel ante el hecho sucesorio y es la que la Reina ordenó pasar por la censura, y la que ha permanecido perdida e inédita durante siglos[14].

Alfonso de Palencia es un historiador muy personal, concibe una historia moderna, lejos de los hábitos medievales, aprendida en los humanistas italianos y en los historiadores clásicos. Es una historia entendida como visión o conocimiento de los hechos del pasado y del presente, no reducida a una concepción lineal, por anales o reinados, sino narrada más bien por amplios sucesos o movimientos ('décadas'), motivados en su encadenamiento y concatenación muchas veces providencialista. Sobre ellos también se permite el autor un enjuiciamiento moral desde su propia conciencia personal. La visión de los hechos es casi siempre muy amplia y diversificada, de manera que simultáneamente trata de atender a los sucesos de los distintos reinos peninsulares e incluso europeos. Del año 1483, por ejemplo, en el *Bellum Granatense*, cuenta al mismo tiempo los sucesos de Portugal, la guerra de Italia, los hechos de Boabdil, los asuntos de Francia, el incendio de la mezquita de la Meca o la muerte del rey de Inglaterra. Todos esos rasgos le dan un aire muy personal e inconfun-

---

[14] Alfonso de Palencia, *Cuarta Década de Alonso de Palencia*, ed. José López de Toro, Madrid, Archivo Documental Español, 1970, 2 vols.; *Gesta Hispaniensia ex annalibus suorum dierum collecta*, ed. B. Tate y J. Lawrance, Madrid, Real Academia de la Historia, 1998, 2 vols.; *Guerra de Granada*, ed. facsímil [de la de A. Paz y Melia], estudio preliminar de Rafael G. Peinado Santaella, Universidad de Granada, 1998.

dible a la crónica de Palencia, lejos de la ampulosidad de unos cronistas o del carácter oficial de otros[15].

Andrés Bernáldez es el más tardío de este grupo de cronistas, aunque su obra nunca fue publicada en la época y sólo corrió en manuscrito, uno de los cuales poseyó el erudito sevillano Rodrigo Caro, del que se sacaron diversas copias y ha servido para las ediciones modernas[16]. Nacido en Fuentes de León (Badajoz), pasó casi toda su vida en Sevilla, donde fue cura de la villa de Los Palacios de 1488 a 1513 y capellán del arzobispo Diego de Deza, quien había sido confesor de la reina y preceptor del príncipe. Bernáldez, cristiano viejo, es bastante contrapuesto al converso Fernando de Pulgar. La historia que hace es mucho menos pretenciosa, sin ningún soporte retórico ni de teoría historiográfica. Es una historia más sencilla y, si se quiere, emotiva, compuesta por alguien que no es cronista de oficio pero que escribe afanosamente para que quede memoria de los hechos, y la entiendan las gentes a quienes habitualmente no llegan las obras de los cronistas:

> No embargante que ello todo por los coronistas de Sus Altezas sea muy cumplidamente escrito, como las corónicas no se comunican entre las gentes comunes, luego se olvidan muchas cosas acaecidas y el tiempo en que acaecieron y quién las hizo si particularmente no son escritas y comunicadas.

Está elaborada fundamentalmente con apuntamientos, memorias, a partir de la observación y experiencia personal y de las noticias e información que le proporcionaron personajes notables con quienes trató:

---

[15] Puede verse Brian R. Tate, *Ensayos sobre la historiografía peninsular del siglo XV*, Madrid, Gredos, 1970, y «Alfonso de Palencia y los preceptos de la historiografía», en *Nebrija y la introducción del Renacimiento en España, Actas de la III Academia Literaria Renacentista*, Universidad de Salamanca, 1983, págs. 37-51; y M.ª Isabel del Val Valdivieso, «La reina Isabel en las crónicas de Diego de Valera y Alonso de Palencia», en *Visión del reinado de Isabel la Católica*, ed. J. Valdeón Baruque, Valladolid, Instituto Universitario de Historia Simancas-Ámbito, 2004, págs. 63-91.

[16] *Crónicas de los reyes de Castilla, desde don Alfonso el Sabio hasta los católicos don Fernando y doña Isabel*, ed. Cayetano Rosell, III, Madrid, Rivadeneira, 1878.

No escribí salvo algunas cosas de las más hazañosas de que ove vera información y de las que vi y de las que a todos fueron notorias y públicas que acaecieron, e fueron e pasaron, porque viva su memoria y porque algunos caballeros y nobles personas que lo vieron e otros que no lo vieron, y los que nacerán y vernán después de estos tiempos, habrán placer de lo leer e oír e darán gracias a Dios por ello.

Con todo ello resulta una crónica bastante original, rica de noticias, fresca y amena de leer. La relevancia de sus informantes también le presta un valor especial. Entre ellos estuvieron Rodrigo Ponce de León, marqués de Cádiz, y el propio Cristóbal Colón, a quien hospedó en su casa.

El relato de Bernáldez comprende desde los últimos años de Enrique IV a 1513. Los primeros capítulos, que se abren con el retrato de Pulgar a Enrique IV, son un breve repaso al final de aquel reinado, para pasar enseguida al casamiento de Fernando e Isabel y la narración ágil y vigorosa de los conflictos y parcialidades del reino ante los problemas sucesorios[17]. Resalta la implacable catalogación de los nobles contrarios a Isabel finalmente doblegados, la dureza con que Fernando castiga a sus enemigos o las negras tintas con que se describe el lamentable estado de Castilla en torno a 1476, que justificarán toda medida que tomen los monarcas:

> En este tiempo no cesaban guerras, robos, rapiñas, muertes, peleas entre caballeros, fuerzas en los pueblos o en los campos, e injusticias, e sacrilegios de poca honra, que cataban a las iglesias y clerecía por toda Castilla. Ca ardía su fuego entre las parcialidades e entre muchos ladrones cosarios que andaban con la voltoria del tiempo e no hacían sino robar...

Son muy vivas y coloristas sus descripciones de episodios de la guerra de Granada y denotan muchas veces la presencia y observación directa del cronista. Como, por ejemplo, en

---

[17] Miguel Ángel Ladero Quesada, «La Reina en las crónicas de Fernando del Pulgar y Andrés Bernáldez», en *Visión del reinado de Isabel la Católica*, ed. J. Valdeón Baruque, Valladolid, Instituto Universitario de Historia Simancas-Ámbito, 2004, págs. 13-61.

esta descripción de la Reina al llegar al real de su marido en la toma de Illora:

> Venía la reina en una mula castaña en una silla andas, guarnecida de plata dorada, traía un paño de carmesí de pelo e las falsas riendas e cabezada de la mula eran rasas, labradas de seda de letras de oro entretallada y las orladuras bordadas de oro; e traía un brial de terciopelo e debajo unas faldetas de brocado e un capuz de grana; vestido guarnecido morisco e un sombrero negro guarnecido de brocado alreedor de la copa e ruedo (...) E el rey tenía vestido un jubón de demesín de pelo e un quisote de seda rasa amarillo, e encima un sayo de brocado e unas corazas de brocado vestidas e una espada morisca ceñida muy rica, e una toca en un sombrero, e un cuerpo en un caballo castaño muy jaezado.

Lo mismo ocurre con sucesos de la vida de la familia real acaecidos en Sevilla y que él pudo contemplar de manera muy próxima, como el nacimiento, bautismo y presentación en el templo del príncipe don Juan, en los días de julio y agosto de 1478, que describe con todo pormenor, incluso el espantoso eclipse de sol que en aquellos días se produjo.

Relato vibrante es también el del establecimiento de la Inquisición en Sevilla por bula de Sixto IV en 1480, de las prácticas judaizantes, de la persecución y los castigos entre los años 1481 y 1488, «que fueron ocho años, quemaron más de setecientas personas y reconciliaron más de cinco mil y echaron en cárceles perpetuas». Sin disimulo de su parcialidad y saña:

> Agora no quiero escribir más de esto, que no es posible poderse escribir las maldades de esta herética pravedad; salvo digo, que, pues el fuego está encendido, que quemará hasta que halle cabo al seo de la leña, que será necesario arder hasta que sean desgastados y muertos los que judaizaron, que no quede ninguno, y aun sus hijos los que eran de veinte años arriba menos que fueran tocados de la mesma lepra.

Ágil y variado es asimismo el relato de la conquista de Canarias, al igual que la descripción de las islas, cuatro de las cuales toma por primera vez el capitán francés mosén de

Bethenchourt en 1400 y vende luego al Conde de Niebla que a su vez las venderá al caballero sevillano Fernán Peraza, quien

> las tuvo e señoreó e poseyó quanto vivió, y aun fizo guerra a las otras tres, donde en la conquista de la Palma le mataron los palmeses un hijo llamado Guillén Peraza, soltero, que no tenía otro varón.

Particular interés tienen los capítulos que Bernáldez dedica al descubrimiento de América, que son nada menos que catorce, del CXVIII al CXXXII. En ellos da cuenta de toda la historia colombina, desde el nacimiento de Colón y su llegada a la Península hasta su muerte, y por supuesto de sus viajes y sus sucesivos descubrimientos. De nuevo el relato tiene la frescura, si no de lo visto y experimentado, sí de lo que le han contado desde una experiencia directa, que aquí seguramente ha sido el relato del propio almirante o la lectura de sus diarios, alguna de cuyas copias Colón hubo de poner al alcance de su huésped. Con aparente desgana, sin embargo, pondrá cierre a la historia de las Indias, sobre la que considera que escribe ya todo el mundo y que tal vez se ha vulgarizado en exceso:

> Por ahora no quiero escribir más del descubrir de las Indias, pues a todos es notorio y hay otros muchos que lo descubren y sábenlo escribir y recuentan lo que ven por toda España.

FERNANDO DE PULGAR
Y SU CONCEPTO DE LA HISTORIA

Frente a lo que ocurre con sus otras obras principales, los *Claros varones* y las *Letras,* que fueron difundidas por la imprenta desde 1486, la *Crónica de los Reyes Católicos* sólo circuló en copias manuscritas sin que por aquellos años llegara a realizarse ni una sola impresión. Quizá sobre la obra pesó la desaprobación de la Reina, puesto que por lo menos algunos pasajes no fueron de su agrado. Años más tarde, ya muerta Isabel, la tradujo Antonio de Nebrija al latín y así se imprimió por primera vez en 1545. Ese texto fue traducido a su vez al castellano y todavía a nombre del gramático se publicó en Valladolid en 1565. Dos años después volvió a publicarse en Zaragoza, pero esta vez ya a nombre de su verdadero autor.

En su concepción de la historia, Fernando de Pulgar se aparta apreciablemente de la historiografía tradicional y, frente a las crónicas al uso, propugna una historia hermoseada, inspirada en los modelos clásicos. Es la nueva historia, la historia que va difundiendo el humanismo, concebida como obra artística *(historia ornata)* y como tarea elevada *(opus oratorium maxime)* y ejemplar. En definitiva, la historia como la había definido Cicerón en su *De Oratore*, II, 9, 36: *Historia vero testis temporum, lux veritatis, vita memoriae, magistra vitae, nuntia vetustatis, qua voce alia nisi oratoris immortalitati commendatur.*

Esa concepción ciceroniana de la historia la expone claramente Pulgar en el prólogo a la *Crónica de los Reyes Católicos*, donde repite traducidas las palabras del *De oratore*: «porque la historia es luz de la verdad, testigo del tiempo, maestra y exemplo de vida, mostradora de la antigüedad»[18]. Por eso, como historiador y cronista, se propone contar la verdad de las cosas, cree en la utilidad que trae a los presentes saber los hechos del pasado (nos muestran lo que debemos saber para seguirlo o lo que debemos huir para aborrecerlo) y entiende que se debe hacer memoria de aquellos que por sus virtuosos trabajos merecieron loable fama. Los mismos supuestos, como veremos, le inspirarán también al escribir las semblanzas de los *Claros varones de Castilla*, donde igualmente se propone seguir la verdad de los hechos y dar testimonio de aquellos personajes que conoció, cuyas hazañas son dignas de fama (que se extiende también a sus descendientes) y de las que se extrae un ejemplo de vida.

Pulgar gusta sobre todo de la *historia ornata*, como ha aprendido en sus modelos Salustio y Tito Livio. Como ellos, quiere hermosear la historia con razonamientos y eficaces palabras, que se plasmarán en la presencia continua de arengas

---

[18] Juan de Mata Carriazo, *Crónica de los Reyes Católicos por su secretario Fernando del Pulgar. Versión inédita*, Madrid, Espasa-Calpe, 1943, 2 vols.

y oraciones en el discurso. De esos procedimientos trata en una carta al conde de Cabra, no incluida en su colección impresa:

> Yo, muy noble e magnífico señor, en esto que escrivo no llevo la forma destas crónicas que leemos de los reyes de Castilla, mas trabajo cuanto puedo por remidar, si pudiere, al Tito Livio e a los otros estoriadores antiguos, que hermosean mucho sus crónicas con razonamientos que en ellas leemos, embueltos en mucha filosofía e buena doctrina. Y en estos tales razonamientos tenemos liçençia de añadir, ornándolos con las mejores e más eficaçes palabras e razones que pudiéremos, guardando que no salgamos de la sustançia del fecho[19].

Y también lo hace en la citada carta XI, en la que en la edición de 1500 se intercala un expresivo pasaje que resalta muy bien la gran importancia que tienen para Pulgar los discursos, deliberaciones y arengas intercalados, que llegan a interesarle más que la propia narración de los hechos:

> porque escreuir tiempos de tanta injusticia conuertidos por la gracia de Dios en tanta justicia (...) yo confiesso, señora, que ha menester mejor cabeça que la mía. *Después desto es menester algunas veces fablar como el Rey o como Vuestra Alteza, e asentar los propósitos que ovistes en las cosas: asentar asimismo vuestros consejos, vuestros motivos. Otras veces requiere fablar como los de vuestro Consejo; otras como los contrarios. Después de esto, las fablas e razonamientos y otras diversas cosas. Todo esto, muy excelentge Reina e Señora, no es razón dexarlo a examen de un cerebro solo, aunque fuese bueno, pues ha de quedar por perpetua memoria*[20].

Pulgar divide su crónica en tres partes. En la primera, trata de los hechos precedentes al reinado de los Reyes Católicos, desde los casamientos y descendencia de Juan II. En la segunda, hace la historia de los primeros ocho años del reinado y de todas las novedades que se suceden encaminadas a la constitución de una nueva monarquía. En la tercera, cuenta los gran-

---

[19] Fue dada a conocer por L. Serrano y la recoge J. de M. Carriazo en su ed. cit. de la *Crónica de los Reyes Católicos*.

[20] J. de M. Carriazo, *Crónica de los Reyes Católicos*, ed. cit.

des episodios militares que culminan con la conquista de Granada.

El autor cuenta la historia con los mejores propósitos de veracidad y como testimonio del tiempo pasado, procurando no implicarse demasiado personal ni parcialmente. Por eso, un hecho que le afecta tan de cerca como la implantación de la Inquisición contra los judíos y las medidas tomadas contra ellos, lo narra con gran contención y aparente impasibilidad, ofreciendo simplemente datos y cifras:

> Destos fueron quemados en diversas veces y en algunas cibdades e villas fasta dos mil homes e mugeres, e otros fueron condenados a cárcel perpetua, e a otros fue dado por penitencia que todos los días de su vida andoviesen señalados con cruces grandes coloradas (...) E los inhabilitaron, ansí a ellos como a sus fijos, de todo oficio público (...) Ansimesmo se facía inquisición si los que eran muertos dentro de cierto tiempo habían judaizado, e porque se falló algunos en su vida haber incurrido en este pecado de heregía e apostasía, fueron fechos procesos contra ellos... e sacados sus huesos de las sepulturas e quemados públicamente.

Pero no puede menos que mostrar su disconformidad a través de la opinión anónima de las gentes que denuncian el rigor y el odio de los ejecutores, aunque deja libre el papel supremo de los Reyes, que tratan de remediarlo con otros ministros:

> Algunos parientes de los presos e condenados reclamaron diciendo que aquella inquisición y execución era rigurosa, allende de lo que debía ser, e que en la manera que se tenía en el facer de procesos y en la execución de las sentencias, los ministros executores mostraban tener odio a aquellas gentes. Sobre lo qual el rey y la reina cometieron a ciertos prelados, homes de consciencia, que lo viesen e remediasen con justicia.

Pero también concibe la historia como discurso retórico y necesita de la introducción de determinados adornos y recursos persuasivos. De ahí que dé animación y vitalidad a los protagonistas de la historia, bien a través de su palabra (oral o escrita), y ello dará cabida a multitud de discursos, arengas o cartas en los que se expresan los personajes de la historia (o cuentan o prevén o vaticinan ésta, de manera que sentimos cómo el hombre es protagonista de la historia), bien, por las mismas razones, por medio del retrato de los más altos protagonistas. Así nos encontraremos, por ejemplo, un discurso de la reina al rey sobre la gobernación del reino, la carta de un fraile confesor al rey de Portugal amonestándole sobre sus pretensiones y ofreciendo una visión casi profética de lo que sucedió, o el discurso de Gómez Manrique, alguacil mayor, a los toledanos sobre su participación en las parcialidades. Y también los retratos de Fernando y de Isabel, en la misma línea idealizada y retórica de sus *Claros varones*:

> Este rey era ome de mediana estatura, bien proporcionado en sus miembros e en las faciones de su rostro bien compuesto, los ojos reyentes, los cabellos prietos e llanos, ome bien complisionado. Tenía la habla igual, ni presurosa ni mucho espaciosa. Era de buen entendimiento, muy templado en su comer e beber e en los movimientos de su persona, porque ni la ira ni el plazer fazía en él gran alteración...

> Esta reina era de comunal estatura, bien compuesta en su persona e en la proporción de sus miembros, muy blanca e rubia, los ojos entre verdes y azules, el mirar gracioso e honesto, las faciones del rostro bien puestas, la cara toda muy hermosa y alegre. Era mesurada en la continencia e movimientos de su persona, no bevía vino...

A Pulgar le mueve, ante todo, un profundo sentido patrio. Él vive la nueva edad que representa la monarquía de los Reyes Católicos, es su cronista e historiador oficial, y se siente en la obligación de dar testimonio y de exaltar las glorias de aquel reinado, de la misma manera que había exaltado en sus *Claros varones de Castilla* a los personajes y linajes ilustres impulsores de esa nueva edad.

Integrado Pulgar en este marco, podríamos concluir que la historiografía en torno a los Reyes Católicos, ofrece un panorama muy variado. Fueron sobre todo los cronistas oficiales y humanistas los encargados de escribir aquella historia. A esa empresa unos, como Palencia y Pulgar, fueron convocados oficialmente, y otros se sumaron de manera voluntaria. Valera lo hizo por su afán compendiador y tras escribir la historia de España (en su *Crónica abreviada*) y la de Enrique IV (en el *Memorial de diversas hazañas*). Y Bernáldez más bien movido por una casi indiscreta curiosidad alimentada en su pequeño rincón sevillano. Los cronistas oficiales hicieron una historia ornamentada y retórica, y en algún momento conflictiva. Entendían la historia como luz de la verdad y testigo de los tiempos, pero también como la máxima expresión de la oratoria y el discurso forense. Por eso sus obras, algunas veces en latín, destinadas si acaso a una minoría culta, pretendían perpetuar con el arte los hechos historiados y muchas veces someterlos a su propio juicio y opinión. Les movía, en definitiva, una altiva dedicación de hombres sabios, que más de una vez llegó a colisionar con el gusto de la reina. De todos modos, lo que no deja de sorprender es que ninguna de aquellas obras fuera editada en su tiempo y sólo tuviera una circulación en manuscrito y no muy intensa. Parece que hubo gran interés en que se publicaran. Casi siempre quedaron además inacabadas, y el cronista en aquellos momentos finales sintió el desánimo, la falta de apoyo o le sobrevino la muerte. En una buena medida los objetivos de aquella empresa historiográfica se vieron incumplidos y frustrados.

Los «Claros varones de Castilla» y el retrato historiográfico

La técnica del retrato

Desde un punto de vista retórico, el retrato forma parte de la *descriptio,* de la categoría de lo descriptivo, estudiada por la moderna teoría literaria[21]. Con la descripción se trata de hacer

---

[21] Philippe Hamon, *La description littéraire, de l'Antiquité à Roland Barthes, une anthologie,* París, Macula, 1991, y *Du descriptif,* París, Hachette, 1993. La bibliografía sobre el retrato literario es muy amplia; en lo que concierne a nuestro tema, son fundamentales los trabajos de Francisco López Estrada, «La re-

presentes, por medio de la palabra, seres, cosas o personas de las que estamos hablando, pero que no tenemos ante los ojos. Así la definía ya Prisciano: «Descriptio est oratio colligens et praesentans oculis quod demonstrat». La retórica lógicamente enseñaba diversas modalidades y procedimientos de la *descriptio*, según se tratase de personas o de cosas: «Fiunt autem descriptiones tam personarum quam rerum et temporum et status et locorum et multorum aliorum»[22]. El retrato correspondía propiamente a la descripción de personas, y de él se ocuparon con particular atención Cicerón, *De inventione*, I, 24-25; Horacio, *Ars poetica*, 144 y ss. y 156 y ss.; Quintiliano, *Institutiones oratoriae*, VII, 64-73, y la *Rhetorica ad Herenium*, IV, 49-50.

A Cicerón concretamente se debe la catalogación de las propiedades o atributos caracterizadores de la persona objeto de descripción, que establecía en once: *nomen, natura, uictum, fortunam, habitum, affectionem, studia, consilia, facta, casus, orationes*. Esto es: su nombre, su naturaleza (entendiendo ahí todo lo que en él proviene de la naturaleza y no lo adquirido por esfuerzo), su modo de vida, su condición de fortuna, su manera de ser (hábito o inclinación espiritual o corporal), su capacidad afectiva o su inclinación intelectual. Horacio, por su parte, recomendaba tener muy en cuenta las diferencias debidas a la edad, a la condición y al origen. Y, en el caso de personajes conocidos, caracterizarlos por sus rasgos arquetípicos: Aquiles, *inpiger, iracundus, inexorabilis, acer*; Medea, *ferox invictaque; flebilis* Ino; *perfidus* Ixion; Io *vaga; tristis* Orestes. Más o menos en los mismos puntos insistía Quintiliano y la *Rhetorica ad Herenium*.

tórica de las *Generaciones y semblanzas* de Fernán Pérez de Guzmán», *Revista de Filología Española*, 30 (1946), 310-352; Carlos Clavería, «Notas sobre la caracterización de la personalidad en *Generaciones y semblanzas*», *Anales de la Universidad de Murcia*, 10 (1951-1952), 481-526; Dámaso Alonso, «La bella de Juan Ruiz, toda problemas», en *De los siglos oscuros al de Oro*, Madrid, Gredos, 1958, 17-28, 100-114; Harriet Goldberg, «Moslem and spanish christian literary portrait», *Hispanic Review*, 45 (1977), págs. 311-326; Ricardo Senabre, *El retrato literario (Antología)*, Salamanca, Ediciones Colegio de España, 1997; Víctor García de la Concha, «El retrato literario en el Renacimiento», *Homenaje a Francisco Ynduráin. Príncipe de Viana*, Anejo 18, Pamplona, 2000, págs. 137-152.

[22] Prisciano, *Praeexercitamina*, 10, en Carl Halm, *Rhetores latini minores*, Lipsiae, 1863, pág. 558.

Las retóricas y poéticas de la Edad Media no hicieron sino acatar y desarrollar esos principios de la retórica clásica. De todos los autores, fue Matthieu de Vendôme quien, en su *Ars versificatoria* (h. 1175), dedicó una mayor atención a la descripción, particularmente a la de personas[23]. A partir de los textos de Cicerón y de Horacio, Vendôme elabora una teoría más desarrollada en su exposición. De las once propiedades o atributos establecidos por Cicerón, aparte de buscar distintos ejemplos literarios donde las señala y estudia, se fija especialmente en dos, *nomen* y *natura*. La del 'nombre' da lugar al desarrollo llamado *interpretatio* (por ejemplo, el nombre de César conlleva la idea de cierta edad y condición). En cuanto a la de 'naturaleza', advierte que hay que considerarla tanto en lo físico como en lo moral, en la apariencia externa y corporal y en los atributos intrínsecos, duplicidad que va a ser constante y esencial en el esquema retórico de toda descripción de personas.

Cimentada en estos principios antiguos, la descripción de personas cobra además particular relevancia en la Edad Media, ya que se considera el procedimiento privilegiado del género retórico por excelencia, el demostrativo, que tiene por objeto el elogio o el vituperio de la persona. Como bien se entiende, al resultar obligada tanto en el encarecimiento como en el vituperio, la descripción siempre estará presidida por una intención afectiva más que basada en los puros datos objetivos. Eso explica que se consideraran muy acertados los principios establecidos por Horacio y se elevaran a la categoría de preceptos retóricos. Siguiendo sus recomendaciones, los escritores de la Edad Media, se fijaron poco en las particularidades del individuo y vieron mucho más las categorías arquetípicas a que pertenecían. La descripción responderá entonces a esquemas fijados de manera uniforme, según aquellas categorías. El propio Vendôme incluirá en su obra varios ejemplos en los que muestra cómo se debe caracterizar a un prelado, a un príncipe, a un orador, a una mujer bella o a una vieja. El resultado no será otro que el de la construcción de fi-

---

[23] Edmond Faral, *Les arts poétiques du XIIe et du XIIIe siècle*, París, Champion, 1971, págs. 106-193.

guras convencionales, en las que, como ha dicho Edmond Faral, han quedado eliminados los rasgos variados e imprevistos de la realidad[24].

Por lo demás, hay que decir que ciertamente predominará la descripción positiva y serán más numerosos los retratos de la belleza que de la fealdad. Los primeros se concretarán en la belleza femenina, de manera que por todas partes se extiende el retrato de la mujer bella, la *descriptio puellae*. Más raros son los retratos de seres feos, aunque no faltan, como los de Davus y Beroe en el propio Matthieu, el de Geta en el *Anphytrion* de Vitalis, el de Spurius en la *Alda* de G. de Blois, el de la vieja en *De vetula*. Alguna vez se sobreponen los dos retratos y se hace una descripción sucesiva y contrastada de la belleza y la fealdad, como el retrato de Marie en el *Jeu de la Feuillé*, o el de María Egipcíaca en el poema juglaresco del siglo XIII.

El retrato literario en la Edad Media

En la Edad Media castellana, no abundan tampoco los retratos literarios y los que aparecen suelen ser muy genéricos y retóricos. En un autor como Alfonso X, por cuya obra desfilan cientos de personajes históricos, no son muchos los descritos, quizá de los más significativos —en contraste con la parquedad de los personajes nacionales— sean los emperadores romanos de la *Estoria de España*, calcados prácticamente de Suetonio, según puede apreciarse, por ejemplo, en la descripción de César, modelo del hombre de acción y vigoroso:

> Era Julio César alto de cuerpo e era blanco de color en todos los miembros del cuerpo e avié la boca un poco más ancha de lo que convinie...

o en la muy distinta de Nerón:

> Este Nero era mesurado de cuerpo, ni muy grand ni muy pequeño, pero avíelo todo lleno de manziellas et de mal olor;

---

[24] E. Faral, ob. cit., pág. 79.

avié los cabellos castaños et la cara fremosa mas que de buen
donario; no avié el viso claro, ni veíe bien de los oios; la cer-
viz avié delgada, et el vientre colgado, et las piernas muy del-
gadas. Seyendo niño aprisiera todas las siet artes (...) Mostró-
se por muy piadoso en el comienço del su imperio, diziendo que no regnava él por sí, mas por mandado de Claudio
Augusto, et por ende no dava escusa ninguna de no seer franc
et piadoso et compañón a quiquier, ante lo era a todos (...).

Retrato en el que, aparte la dependencia de la fuente suetoniana, podemos apreciar su composición retórica: el doble
plano, físico y moral, así como el convencional orden descendente en la descripción fisionómica. Es también un retrato
negativo, degradante y generalizador, como correspondería al
arquetipo del hombre cruel y perverso, que encarnaría Nerón.
En el *Libro de Alexandre* (coplas 1872-1879), se halla también el famoso retrato de Talestris, la reina de las amazonas,
igualmente elaborado conforme a pautas retóricas. Después
de la muerte de Darío y luego de reanudar su expedición, tras
arengar a su ejército, se acerca a la tienda de Alejandro esta reina de las amazonas, que le pide engendre en ella y, si la cria-
tura es hembra, será reina y, si es varón, se lo devolverá. El retrato es muy significativo, es el de una mujer hermosa, como
correspondía a la mujer que iba a compartir lecho con el héroe. Es un retrato puramente físico, en orden descendente
(frente, cejas, ojos, pestañas, nariz, labios, boca, dientes), pero
perfectamente abstracto e inconcreto y sólo conforme a un
cierto canon de belleza regido sólo por la idea de la mesura,
del equilibrio, de la proporción (frente blanca y serena, cejas
iguales, ojos bellos, nariz proporcionada, labios avenidos,
concordes, boca mesurada, dientes iguales):

> La fruent'avié muy blanca, alegre e serena,
> plus clara que la luna quando es duodena,
> non avié cerca della nul precio Filomena,
> de la que diz Ovidio una grant cantilena.
>   Avié las sobrecejas como listas de seda,
> eguales, bien abiertas, de la nariz hereda;
> fazié una sombriella tan mansa e tan queda
> que no serié comprada por ninguna moneda.

La beldat de los ojos era fiera nobleza,
las pestañas iguales, de comunal grandeza,
quando bien las abrié era fiera fadeza,
a christiano perfecto tolrié toda pereza.
　Tant'avié la nariz a razón afeitada
que non podría Apeles reprenderla en nada;
los labros abenidos, la boca mesurada,
los dientes bien iguales, blancos como cuajada.

Alguna semejanza guarda el retrato de la doncella de la *Razón de amor*, poema de fines siglo XII y de un cierto carácter mitológico, si aceptamos la vieja teoría de Leo Spitzer, que entendía que la paloma que aparece al final de la visión derramando el agua sobre el vino, no era sino el símbolo de Venus, la diosa del amor, que así unía armoniosamente los contrarios, en un plano simbólico, a los amantes[25]. En cualquier caso, estamos ante un nuevo retrato retórico, de una doncella hermosa (color sonrosado, cabellos cortos, frente blanca, cara fresca, nariz proporcionada, ojos negros y vivos, boca a razón, dientes blancos, labios rojos mesurados, delgada de cintura), en la que se resaltan los rasgos armoniosos y el orden descendente. En este caso, se atiende también a su vestido, a su indumentaria (manto y brial de seda, sombrero en la cabeza y guantes en la mano), igualmente genérica y poco precisa:

Mas vi venir una doncella;
pues naci, non vi tan bella;
blanca era e bermeja,
cabelos cortos sobr'ell oreja,
fruente blanca e loçana,
cara fresca como mançana;
nariz egual e dreita,
nunca viestes tan bien feita,
ojos negros e ridientes,
boca a razón e blancos dientes;
labros bermejos non muy delgados,
por verdat bien mesurados;
por la centura delgada,
bien estant e mesurada...

[25] Leo Spitzer, *«Razón de amor»*, en *Sobre antigua poesía española*, Universidad de Buenos Aires, 1962, págs. 39-58.

En *La doncella Teodor,* de mediados del siglo XIII, hay una descripción del canon de la belleza femenina. Aunque la mayoría de las preguntas a que tiene que contestar la doncella para salvar su honra son asuntos religiosos y de fe, hay algunas más profanas que se deslizan, como la de las «señales para la muger ser fermosa», a propósito de la cual se establece la descripción de la belleza de la mujer en dieciocho rasgos, agrupados en seis categoría de tres (larga estatura, cuello y dedos; blanco cuerpo, dientes y blanco de los ojos; negros cabellos, cejas y ojos; rojos labios, mejillas y encías; pequeña boca, nariz y pies; anchas caderas, espaldas y frente):

> E otorgó con ella el físico e dixo: Donzella, dezitme quáles son las señales para la muger ser fermosa. E dixo la donzella: La muger es fermosa que es señora de dezi ocho señales. E dixo el físico: Dezitme quáles son estas diez e ocho señales. E dixo la donzella: La que es luenga en tres e pequeña en tres e ancha en tres e angosta en tres e blanca en tres e negra en tres e bermeja en tres. E dixo el físico: Dezidme cómo es esto. E dixo la donzella: Digo que luenga en tres, que sea luenga d'estado e que aya el cuello largo e los dedos luengos; e blanca en tres: el cuerpo blanco e los dientes blancos e lo blanco de los ojos blanco; e prieta en tres: cavellos prietos e las çejas prietas e lo de los ojos negro, que sea prieto; e bermeja en tres: labros, maxillas, enzías; e pequeña en tres: boca pequeña, narizes pequeñas e los pies pequeños; e ancha en tres: ancha de caderas e ancha de espaldas e ancha la fruente; e que sea muy plazentera a su marido e muy ayudadera e que sea pequeña de hedat. E levantos el físico e dixo a la donzella: Dios vos faga bien, que en todo fablaste bien.

Retrato e historiografía

El retrato va también muy unido a la historiografía, a la obra historiográfica, especialmente cuando la interpretación de la historia tiende a personalizar los hechos y a contemplar al individuo como responsable de los acontecimientos y sucesos. Y también a medida que la historia es concebida como obra artística *(historia ornata)* y como tarea elevada *(opus oratorium maxime)* y ejemplar. Esto es, conforme se va abriendo paso la concepción ciceroniana de la historia, que citábamos más arriba.

En la historiografía castellana es seguramente el Canciller Ayala quien introduce el retrato en el discurso histórico como novedad y con esas características de interés por el individuo y valor ejemplar. De ese modo, en efecto, presenta el retrato del rey don Pedro, tras certificar su muerte a la salida de Montiel:

> E fue el rrey don Pedro assaz grande de cuerpo e blanco e rruuio, e çeçeaua vn poco en la fabla, e era muy caçador de aues e fue muy sofridor de trauajos. E era muy tenprado e bien acostunbrado en el comer e beuer, e dormía poco e amó mucho mugeres, e fue muy trabajador en guerra e fue cubdiçioso de llegar tesoro e joyas (...) E mató muchos en su rregno, por lo qual le vino todo daño que auedes oydo[26].

Antes, en la *Crónica de Alfonso el Onceno*, por ejemplo, el retrato del monarca apenas quedaba esbozado:

> Et fue el rey don Alfonso non muy grande de cuerpo, mas de buen talante et de buena fuerza, et rubio et blanco.

En la *Crónica de Juan II*, en cambio, aparecerán ya más desarrolladas las semblanzas, por ejemplo, de Fernando de Antequera, de Juan II o de don Álvaro de Luna:

> Fue este Rey Don Fernando muy hermoso de gesto; fue hombre de gentil cuerpo, más grande que mediano. Tenía los ojos verdes e los cabellos de color de avellana mucho madura. Era blanco e mesuradamente colorado; tenía las piernas e pies de gentil proporción; las manos largas e delgadas; era muy gracioso; tenía la habla vagarosa; recebía alegremente a todos los que le venían hacer reverencia o a negociar con él cualquiera cosa; era muy devoto e muy casto (...) (Año décimo, 1416, cap. VI).

---

[26] Pero López de Ayala, *Crónica del Rey Don Pedro y del Rey Don Enrique, su hermano, hijos del rey don Alfonso Onceno*, II, XX (1369), 8, ed. Germán Orduna, Buenos Aires, SECRIT, 1994-1997, II, 291.

Fue este ilustrísimo Rey de grande y hermoso cuerpo, blanco y colorado mesuradamente, de presencia muy real; tenía los cabellos de color de avellana muy madura, la nariz un poco alta, los ojos entre verdes y azules; inclinaba un poco la cabeza; tenía piernas y pies y manos muy gentiles. Era hombre muy trayente, muy franco e muy gracioso, muy devoto, muy esforzado; dábase mucho a leer libros de filósofos e poetas; era buen eclesiasno, asaz docto en la lengua latina, mucho honrador de las personas de sciencia. Tenía muchas gracias naturales; era gran músico; tañía e cantaba e trovaba e danzaba muy bien. Dábase mucho a la caza; cavalgaba pocas veces en mula, salvo habiendo de caminar: traía siempre un gran bastón en la mano el cual le parecía muy bien (Año cuadragésimo séptimo, 1453, cap. II).

Fue este Maestre e Condestable de cuerpo muy pequeño y de flaco rostro, miembros bien proporcionados, calvo, los ojos pequeños e muy agudos, la boca honda e malos dientes, de gran corazón, osado y mucho esforzado, astuto, sospechoso, dado mucho a placeres; fue gran caballero de toda silla, bracero, buen justador; trovaba e danzaba bien (Año cuadragésimo sexto, 1452, cap. IV).

En un historiador tan conspicuo como Alonso de Palencia, según han hecho notar Brian Tate y Jeremy Lawrance, en su excelente estudio y edición de los *Gesta Hispaniensia*, el enfoque retórico del discurso histórico que supone el frecuente uso de la *digressio*, introduce tanto descripciones geográficas como, sobre todo, semblanzas de individuos importantes[27] (Villandrando, I.3; Beltrán de la Cueva, v.5; Lucas de Iranzo, VIII.3; Fajardo, VIII.5):

Merece mención especial el animoso Rodrigo de Villandrando, conde de Ribadeo. Hijo de padres honrados pero pobres que vivían en el campo, por su valentía llegó a ser capitán de un gran ejército. Desdeñó en su juventud la vida ingloriosa de los campos y, conociendo la apatía de los grandes españoles que a nadie estimaban por sus méritos, entró en el servicio de cierto mercader cuyos bienes habían sido robados

[27] Alfonso de Palencia, *Gesta Hispaniensia ex annalibus suorum dierum collecta*, ed. B. Tate y J. Lawrance, Madrid, Real Academia de la Historia, 1998, II, lxv.

por unos piratas... Con el renombre y riquezas que ganó se casó con una dama ilustre y rica; y mientras permaneció en Francia, el rey lo estimó tanto que consiguió para él por cartas del rey de Castilla el condado de Ribadeo... Estas son las hazañas, entre las numerosas y brillantes de Rodrigo que he juzgado dignas de una breve mención... *(Traducción de los autores de la edición.)*

Semblanzas y biografías: el tratado aparte

Pero donde el retrato cobra pleno desarrollo y amplitud es en el género que llamó Fernando de Pulgar *tratado aparte,* esto es, la semblanza o biografía breve. Este género contaba con antecedentes desde la antigüedad clásica en las obras de Plutarco, Suetonio o Valerio Máximo. Con el humanismo cobra un nuevo desarrollo en los tratados *De viris illustribus,* casi siempre sobre personajes de la historia antigua, pero enseguida referidos también a contemporáneos o de un pasado próximo. A este género pertenecen el *De viris illustribus* de Eneas Silvio Piccolomini (c. 1452), el *De viris illustribus* de Bartolomeo Facio (1456) o el *De hominibus doctis* de Paolo Cortesi. Son tratados en los que se traza una galería de perfiles de personajes famosos del tiempo, a través de los cuales se quiere presentar una historia contemporánea. Entre las biografías se da cabida a personajes de diversa condición: eclesiásticos, jurisconsultos, caballeros, señores y, en progresión creciente, hombres de letras y humanistas, cuya descripción y retrato no tiene por objeto sino celebrar su fama[28].

En la literatura castellana del siglo XV cultivan el género Fernán Pérez de Guzmán, en sus *Generaciones y semblanzas* (el *Mar de historias* es una versión de la obra de Giovanni Colonna sobre personajes de la antigüedad y tiempos medios[29], y los *Loores de los claros varones de España* son un compendio de historia de España en verso sobre personajes del pasado nacional) y Fernando de Pulgar, en sus *Claros varones de Castilla.*

[28] Puede verse *La storiografia umanistica,* Messina, Sicania, 1992.
[29] Andrea Zinato, *Fernán Pérez de Guzmán. Mar de historias,* Padua, Biblioteca Spagnola Unipress, 1999.

Los «Claros varones de Castilla»

Fuentes y propósito

Pulgar parte de unos modelos que cita expresamente, como fueron Valerio Máximo, San Jerónimo, Jesús de Sirac, un no identificado Jorge de la Vernada y, el más próximo, el mencionado Fernán Pérez de Guzmán. El libro titulado *Sabiduría de Jesús, hijo de Sirac,* es el conocido modernamente como *Libro del Eclesiástico,* contiene en sus capítulos 44 a 50 una relación y breve semblanza de los patriarcas hebreos, a los que quiere rendir ferviente homenaje de alabanza *(Laudeamus viros gloriosos et parentes nostros in generatione sua).* El libro había inspirado a Pérez de Guzmán en sus *Loores de los claros varones de España* y Pulgar recibe, en todo caso, su aliento y fervor. De Georges de la Vernade, al que cita como secretario del rey Carlos VII de Francia, desconocemos la obra. Pulgar, como dice, hubo de verla en Francia, adonde fue enviado por los Reyes Católicos en embajada a Luis XI en 1475. En cuanto al *De viris illustribus* de San Jerónimo, estuvo en la base de la tradición biográfica sacra y hagiográfica de la Edad Media con su propuesta de modelos legendarios de edificación moral de santos y eclesiásticos ejemplares. Junto a esos modelos confesados, también hubieron de influir sobre él los mencionados tratados italianos *De viris illustribus,* como el citado de Bartolomeo Facio, muy estimado en España, como ya señaló José Amador de los Ríos, aunque Pulgar reduce mucho la amplia galería de personajes que aquellos comprendían.

A Pulgar le mueve en su escrito, ante todo, un profundo sentido patrio. Él vive la nueva edad que representa la monarquía de los Reyes Católicos, es su cronista e historiador oficial, y se siente en la obligación de dar testimonio y de exaltar las glorias de los personajes ilustres que han impulsado esa nueva edad. Sin duda, su planteamiento responde también a móviles políticos y propagandísticos encaminados a contentar a la nobleza de Castilla, que seguramente comienza a percibir su debilitamiento ante la nueva monarquía. Pero todavía

Pulgar asume con fervor la exaltación de sus glorias. Como explica en la dedicatoria del libro dirigida a la Reina, lamenta que frente a otros pueblos (griegos, romanos o franceses) que escribieron las hazañas de los claros varones de su tierra tanto en sus crónicas generales como en tratados aparte, los reinos de Castilla y León anden menguados de esos contenidos en sus crónicas, con perjuicio para el honor de aquéllos y de sus descendientes. Él, servidor de los reyes (ha sido criado en la corte de Juan II y de Enrique IV) y movido por el amor de su tierra, asume esa tarea y la ofrece ahora a la reina Isabel. Escribirá, por tanto, de prelados y de caballeros de estos reinos, que conoció en vida, cuyas hazañas les harían merecedores de una gran historia. El procedimiento será tratar de los linajes y condiciones de cada uno de ellos más de algunos de los hechos notables que protagonizaron. De ese modo, quedará demostrado que no fueron menores que griegos, romanos y franceses en autoridad de personas, en ornamento de virtudes ni tampoco en habilidades en ciencias o en armas.

Pulgar se guía por una concepción ciceroniana de la historia, expuesta como vimos en el prólogo a la *Crónica de los Reyes Católicos*, donde repite traducidas las palabras del *De oratore*: «porque la historia es luz de la verdad, testigo del tiempo, maestra y exemplo de vida, mostradora de la antigüedad». Por eso, se propone contar la verdad de las cosas, cree en la utilidad que trae a los presentes saber los hechos del pasado (nos muestran lo que debemos saber para seguirlo o lo que debemos huir para aborrecerlo) y entiende que se debe hacer memoria de aquellos que por sus virtuosos trabajos merecieron loable fama. Esos mismos supuestos que le guían como historiador y cronista, le inspiran al escribir las semblanzas de los *Claros varones*. También ahora se propone seguir la verdad de los hechos y dar testimonio de aquellos personajes que conoció, cuyas hazañas son dignas de fama (que se extiende también a sus descendientes) y de las que se extrae un ejemplo de vida. Este valor ejemplar, unido al de descendencia nobiliaria, explica mucho de la gran difusión y numerosas ediciones que tuvo la obra. Fue de las que editó la imprenta en sus primeros tiempos y sabemos que todavía en el siglo XIX servía de libro de lectura en el Seminario de Nobles de San Isidro de Madrid[30].

Personajes y caracterización

Pulgar hace la biografía de veinticuatro personajes de su tiempo, encabezados por el rey Enrique IV, dieciséis caballeros y ocho prelados. Todos son contemporáneos, que él ha conocido, pero que ya han muerto cuando escribe. Robert B. Tate ha visto muy bien la condición política de esos claros varones y las razones de su selección[31]. Son las familias de la nobleza de Castilla y León (queda fuera Andalucía y prácticamente Murcia) partidarias de Isabel, los cabezas de familia de las cinco más importantes (los Enríquez, los Velasco, los Mendoza, los Estúñiga y los Manrique, las cinco en que coincide con las tratadas por Pérez de Guzmán) y los representantes de una nobleza joven, activa y ambiciosa, como pone de manifiesto el que sean mayoritariamente los primeros ascendidos a título nobiliario (el primer conde de Ribadeo, el primer conde de Alba, el primer marqués de Villena, el primer duque del Infantado, el primer conde de Cifuentes, el primer conde de Haro).

Del retrato que de esos personajes hace Pulgar se ha dicho siempre que es muy genérico, poco comprometido, sin apenas rasgos físicos y excesivamente universal en la caracterización moral. Y tal vez sea así, pero en eso Pulgar no hace sino seguir la tradición y las pautas retóricas que determinaban la descripción de personas.

Los rasgos físicos, en efecto, son muy parcos. Unos se refieren al cuerpo, respecto del cual sólo se dice si el personaje es alto o pequeño o de mediana estatura o delgado. Otros se refieren al gesto, del que siempre se viene a decir que es «fermoso» y sobre él se añaden unas leves particularidades acerca de

---

[30] Rafael Ballester y Rafael Castell, *Las fuentes narrativas de la Historia de España durante la Edad Media*, Palma de Mallorca, 1903.

[31] Estudio preliminar a su ed. de *Claros varones de Castilla*, Madrid, Taurus, 1985, pág. 30.

los cabellos (llanos, rojos, o cano y venerable), los ojos (prietos, bizcos, un poco corto de vista), la nariz (un poco luenga, afilada), la cabeza (grande), el pescuezo corto, las cervices torcidas, la catadura feroz; los miembros y compostura bien proporcionados, y alguna vez se añade cierta particularidad sobre el habla (graciosa y palaciana o ceceosa). Pero todo ello responde a un planteamiento fisionomista en el que no se trata de evocar el físico particular sino de esbozar un breve retrato cuyos rasgos fuesen conformes al carácter del personaje y corroborasen su descripción moral. Tal era el procedimiento que había instaurado Suetonio en sus *Vidas de los Doce Césares* y que hereda la Edad Media. En Pulgar, expresiones como «alto de cuerpo», «bien compuesto», «bien proporcionado», «habla dulce», revelan la herencia de Suetonio, quizá a través del *Mar de istorias* de Pérez de Guzmán.

En cualquier caso, es claro que a un rey no le podía convenir, por inconcreta que fuese, sino una descripción física que dijera que fue «alto de cuerpo e fermoso de gesto e bien proporcionado en la conpostura de sus mienbros». Lo mismo a un marqués o a un conde. A un caballero guerrero como Villandrando, que ejerce de corsario y mercenario en las cortes francesas y a quien sólo puede salvar Pulgar por su arrepentimiento, no le cuadraba otra que «ombre de buen cuerpo, bien compuesto en sus mienbros e de muy rezia fuerça; las faciones del rostro tenía fermosas e la catadura feroce». A un cardenal, como Juan de Carvajal, no podía convenirle sino la caracterización de «ombre alto de cuerpo, el gesto blanco e el cabello cano, e de muy venerable e fermosa presencia». Y al obispo de Ávila, Alfonso de Madrigal, hijo de labradores, la de «ombre de mediana estatura, el cuerpo espeso, bien proporcionado en la conpostura de sus mienbros, tenía la cabeça grande, el gesto robusto, el pescueço un poco corto». Pulgar, en la tradición suetoniana, creía en la relación entre los rasgos físicos y el carácter, entre la complexión y la virtud, y así lo dice al tratar de Santillana:

> E porque muchas vezes veemos responder la condición de los ombres a su complisión e tener sinistras inclinaciones aquellos que no tienen buenas complisiones, podemos sin

dubda creer que este cavallero [Santillana] fue en grand cargo
a Dios por le aver compuesto la natura de tan igual complisión que fue ábile para recebir todo uso de virtud e refrenar
sin grand pena qualquier tentación de pecado.

Retrato moral

De todos modos, predomina la parte moral del retrato, a la
que todavía se añade, de manera muy importante, la que di-
ríamos histórica, desdoblada en linaje y hazañas protagoniza-
das por el biografiado. Así, como veíamos, lo había dicho en
la dedicatoria, donde anuncia que tratará de los linajes, las
condiciones y los hechos notables de sus personajes.

Las virtudes, como venía siendo habitual en el género y especialmente en la obra de Pérez de Guzmán, ocupan parte
importante en el retrato de Pulgar. La descripción moral del
personaje se acomoda al esquema de las cuatro virtudes de la
tradición aristotélica y cristiana: prudencia, justicia, fortaleza
y templanza. La prudencia suele quedar reflejada por medio
de expresiones como: «ombre de buen entendimiento» (Fadrique, Alba), «agudo de buen entendimiento» (Haro) «agudo
e discreto» (Santillana), «agudo e de grand prudencia» (Pacheco), «ombre de buena prudencia» (Liste), «ombre de buen
seso e de pocas palabras (Plasencia), «prudente e de grand entendimiento» (Carvajal), «de muy agudo ingenio e de buen
entendimiento» (Fonseca). Para la justicia, que incluye la dis-
tributiva y también llevaba consigo la idea de perseverancia,
resaltada sobre todo respecto del servicio a los reyes, emplea:
«ombre franco e liberal» (Fadrique), «ombre de verdad e inclinado a justicia» (Haro), «ombre magnánimo» (Santillana),
«ombre liberal, así en el distribuir de los bienes, como en los
otros negocios que le ocurrían» (Alba), «ombre de verdad...
con esta virtud de liberalidad que tovo» (Pacheco), «ombre
de verdad» (Villandrando, Hurtado de Mendoza), «ombre de
verdad e sirvió muy bien y lealmente al rey don Fernando e a
la reina doña Isabel» (Alba de Liste), «enxenplo de lealtad»
(conde de Plasencia), «muy franco... sirvió a su rey todo el
tienpo de su vida con tanta obediencia que la perseverancia

que tovo en su servicio fue a otros enxenplo de lealtad» (Medinaceli); incluso el arzorbispo Carrillo es «ombre franco e allende de las dádivas que de su voluntad con grand liberalidad fazía, sienpre dava a qualquier que le demandava». A la virtud de fortaleza se refieren alusiones como: «cavallero esforçado, de gran coraçón, esforçado capitán» (Fadrique), «cavallero..., capitán principal» (Santillana), «cavallero esforçado» (Alba), «ombre de buen coraçón... cavallero esforçado» (Pacheco), «ombre valiente y esforçado» (Villandrando), «bueno y esforçado cavallero» (Liste), «cavallero esforçado» (conde de Plasencia), «dotado de la virtud de la fortaleza... asentó tan perfectamente en su ánimo el ábito de la fortaleza que se deleitava quando le ocurría logar en que la deviese exercitar. Esperava con buen esfuerço los peligros, acometía las fazañas con grande osadía e ningún trabajo de guerra a él ni a los suyos era nuevo» (Manrique). La templanza queda resaltada en expresiones como: «era ombre esencial e no curava de apariencias» (Haro), «fue muy templado en su comer e bever» (Santillana), «era ombre esencial, e no curava de aparencias ni de cirimonias infladas... muy sabio e templado en su comer e bever» (Pacheco), «ombre callado, sufrido, esencial, amigo de efetos y enemigo de palabras» (Garcilaso), «gozava de la virtud de la tenplança» (Carvajal).

Todas y cada una de las virtudes concurren y adornan prácticamente a todos y cada uno de los personajes. El almirante don Fadrique, el conde de Haro o el marqués de Santillana se nos muestran como verdaderos y completos dechados de virtudes. Don Fadrique es de buen entendimiento, esforzado, franco y liberal; el conde de Haro es agudo de buen entendimiento, hombre de verdad e inclinado a justicia y hombre esencial; Santillana, agudo y discreto, magnánimo, esforzado, templado en el comer y beber. Pero en casi todos resplandece en especial una de esas virtudes, por la cual destaca el personaje: la prudencia y gran habilidad en Pacheco, Manrique o Carvajal; la fortaleza en Santillana, Alba, Villandrando o Manrique; la justicia y lealtad en Hurtado de Mendoza, Alba de Liste, el conde de Plasencia o el conde de Medinaceli. No obstante, ante tanta perfección, el autor se ve obligado a veces a reconocer las flaquezas humanas, y así asegura del marqués de Santillana:

No quiero negar que no toviese algunas tentaciones de las que esta nuestra carne suele dar a nuestro espíritu e que algunas vezes fuese vencido, quier de ira, quier de luxuria, o que excediese faziendo o faltase alguna vez no faziendo lo que era obligado.

La lujuria y el trato carnal es uno de los pecados que más se inclina a recordar Pulgar: «paresció ser vencido de la luxuria, por los muchos fijos e fijas que ovo de diversas mugeres allende de los que ovo en su muger legítima» (Juan Pacheco, marqués de Villena), «fue asimismo vencido de mugeres e del apetito de los manjares» (Diego Hurtado de Mendoza, duque del Infantado), «ombre vencido del amor de las mugeres y él fue amado dellas» (duque de Medinaceli). La ira, en cambio, es el pecado que le reprocha al conde de Alba («en algunas cosas era airado e mal sufrido, especialmente en aquellas que entendía tocarle en la honra, de lo qual se le siguieron algunos debates, gastos e fatigas»), y la codicia la que recuerda en el arzobispo Carrillo («plazíale saber esperiencias e propiedades de aguas e de yerbas e otros secretos de natura. Procurava sienpre aver grandes riquezas, no para fazer thesoro, mas para las dar e destribuir. E este deseo le fizo entender muchos años en el arte del alquimia») y en el arzobispo Fonseca («el sentido de la vista tenía muy ávido e cobdicioso más que ninguno de los otros sentidos. E siguiendo esta su inclinación, plazíale tener piedras preciosas e perlas e joyas de oro e de plata e otras cosas fermosas a la vista»).

Otra cualidad que resalta con insistencia el autor es el habla, el modo de hablar del personaje. Normalmente es signo de su nobleza y cortesanía, puesta de relieve en el trato con los demás, magnánimo o gracioso: el conde de Haro «fablava con buena gracia e con tales razones traídas a propósito que todos avían plazer de le oír»; Santillana «en el resonar de su fabla, mostrava ser ombre generoso e magnánimo. Fablava muy bien, e nunca le oían dezir palabra que no fuese de notar, quier para dotrina quier para plazer»; el conde de Alba era «gracioso e palanciano en sus fablas», lo mismo que el conde de Alba de Liste «ombre palanciano e sienpre fablava cosas breves e graciosas»; don Juan Pacheco «fablava con buena gracia e abundancia en razones, sin prolixidad de palabras. Tenblávale un poco la boz por enfermedad acidental, e no por defeto natural», y el propio don Rodrigo Manrique «fablava muy bien e deleitávase en recontar los casos que le acaescían en las guerras». También era cualidad de los prelados, que se revelaba particularmente en sus sermones: tanto Fonseca como Alonso de Cartagena «fablava muy bien e con buena gracia», y el obispo de Coria era «muy grand pedricador... e como quier que pequeño de cuerpo, su órgano resonava muy claro, e tenía singular gracia en sermonar». En varias ocasiones (como ya había advertido el Canciller Ayala en Pedro I) se indica que el habla es ceceosa, como ocurre con el conde de Cifuentes, con el de Medinaceli y con el obispo de Burgos y el de Coria, uno portugués, otro descendiente de los reyes de Castilla, otro converso y otro hijo de labradores.

Aunque la mayoría de los personajes retratados son caballeros y hombres de armas, Pulgar no deja de resaltar la importancia de la dedicación a las letras y al saber, bien en la ocupación del propio personaje o bien en su actitud protectora y magnánima con otros. Del conde de Haro nos informa que: «Aprendió letras latinas e dávase al estudio de corónicas e saber fechos pasados. Plazíale asimismo la comunicación de personas religiosas e de ombres sabios con las quales comunicava sus cosas»; de Santillana, que «Tenía grand copia de libros e dávase al estudio, especialmente de la filosofía moral e de cosas peregrinas y antiguas. Tenía siempre en su casa doctores y maestros con quien platicava en las ciencias y leturas que estudiava»; de su hijo, que «era ombre bien instruto en las letras latinas e tenía tan buena memoria que pocas cosas se le olvidavan de lo que en la Sacra Escritura avía leído»; del arzobispo Carrillo que «tenía en su casa letrados e cavalleros e ombres de fación». En los prelados pone de relieve su «ciencia e onestad de vida» (Torquemada, obispo de Coria), su condición de «grand letrado en derecho canónico e cevil» (Carvajal), «grand letrado» (Cartagena), «grand theólogo» (Torquemada), y el obispo de Ávila «resplandecía en ciencia e en vida onesta... en la ciencia de las artes e theología e filosofía natural e moral, e asimismo en el arte del astrología y astronomía, no se vido en los reinos de España ni en otros estraños se oyó aver otro en sus tienpos que con él se conparase».

Linaje y hazañas

Otra condición que resalta es su linaje. De muchos de
ellos, la antigüedad y nobleza. El conde de Haro es «de linaje
noble e antiguo»; el marqués de Santillana, «de linaje noble
castellano e muy antiguo»; el conde de Alba, «de linaje noble de los antiguos cavalleros». Descendientes de reyes son el
almirante don Fadrique, «visnieto del rey don Alfonso», en
cuyo linaje y parientes se extiende mucho más porque fue an-
tepasado del rey Fernando; o el conde de Medinaceli, cuyos
«padre e avuelos fueron de linaje de los reyes de Castilla... e
asimismo de los reyes de Francia». Otros son descendientes
de caballeros portugueses que vinieron a Castilla al servicio
del rey don Juan I vencido en Aljubarrota, como don Juan Pacheco, Juan de Silva o el arzobispo Alfonso Carrillo. Otros
son descendientes de caballeros o escuderos fijosdalgo, como
Rodrigo de Villandrando, Suero de Quiñones, Juan de Saavedra o Rodrigo de Narváez. El linaje lo resalta especialmente
en los prelados. Varios son hijosdalgo, como el cardenal Carvajal o el arzobispo Carrillo o el arzobispo de Sevilla. Otros
son de linaje de labradores, como el obispo de Ávila y el obispo de Córdoba. Y otros «de linaje de los judíos convertidos»,
como el cardenal Torquemada, el obispo de Burgos o el obispo de Coria.

En el caso de los más nobles y poderosos insiste en la descendencia, en la transmisión del título y bienes y, en definitiva, en la prosperidad de los descendientes. El conde de Haro
«dexó su casa e patrimonio a su fijo mayor que fue condestable de Castilla e dexó otros dos fijos herederos y en buen stado». El marqués de Santillana «dexó seis fijos varones, y el
mayor que heredó su mayorazgo lo acrecentó e subió en dignidad de duque... el segundo fijo fue conde de Tendilla e el
tercero fue conde Curuña... el quarto fue cardenal de España
e arçobispo de Toledo e obispo de Cigüença...». El conde de
Alba dejó «a su fijo, su casa e patrimonio mucho más acrecentada que lo él ovo de su padre». Al conde de Cifuentes «el rey
don Enrique le dio título de conde de la villa de Cifuentes e

le fizo otras mercedes... Y dexados mayorazgos de asaz rentas a dos fijos, murió».

Las hazañas que celebra lógicamente son muy numerosas y variadas, conforme a los personajes que trata, y entrar en ellas sería casi reescribir la historia del siglo XV. De todos modos, muchas quedan comentadas en las notas al texto de nuestra edición. Sí conviene resaltar aquí que las más celebradas por Pulgar son aquellas que significan fidelidad al rey, bien en actos de guerra, bien en tiempos de paz. Del conde de Alba, por ejemplo, se exalta su arrojo y lealtad a Juan II, tanto contra Aragón como en la guerra de Granada, de la que cuenta alguna batalla e incluso reproduce la arenga del conde. De Santillana igualmente encomia su intervención en las guerras civiles y en la guerra contra los moros, en hechos como el tan celebrado de la toma de Huelma. De Villandrando cuenta sus victorias al servicio del rey francés y su intervención en las guerras de Castilla, reclamado por Juan II, al que defiende en Toledo con su imponente partida de soldados. Del conde de Cifuentes, su intervención, como embajador del rey en el concilio de Basilea, disputando al embajador inglés el puesto de preeminencia. En otros casos, la hazaña mayor del personaje consistió en su resistencia a la adversidad y a los designios de fortuna, como el almirante don Fadrique, vencido y desterrado tras intervenir en la batalla de Olmedo contra Juan II, pero luego perdonado y regresado; o el conde de Haro, que también en su juventud padeció infortunios por tomar el partido del infante don Enrique frente a Juan II.

En muchos de esos casos, Pulgar trata de personalizar la intervención del biografiado y desciende a alguna anécdota particular o le hace hablar directamente, como la citada arenga del conde de Alba a los suyos al verse cercado por el ejército moro en la Axarquía, o las sentencias que pone en boca del marqués de Santillana ante diversos asuntos o la intervención del conde de Cifuentes en el concilio de Basilea. Y en algunas ocasiones mide y compara el comportamiento del personaje castellano con alguno de los famosos de la antigüedad. Pero curiosamente, en esos casos, la interpretación que hace del asunto lleva a que el sobrepujamiento se produzca a favor del castellano, que excede moralmente al romano. El caso del almirante don Fadrique, por ejemplo, le trae el recuerdo de Catón, loado por su fortaleza de ánimo al darse muerte por no resistir la derrota ante César. Pero tal conducta le parece reprobable y entiende que más debiera loarse a don Fadrique, que resistió la derrota y el destierro y no se quitó la vida. El conde de Haro le parece también más digno de alabanza que Bruto, celebrado porque dio muerte a sus hijos por actuar contra el bien público, pero muchos gobernantes castellanos, como Haro, sin tener que matar a sus hijos, gobernaron bien sus tierras y estados.

La nueva nobleza castellana

Pulgar ha querido presentar en los *Claros varones* una obra de glorificación de la vieja nobleza castellana y de algunos nuevos caballeros y prelados. A la luz de la historia verdadera y ejemplar, hace exaltación de su linaje, ya sea antiguo y noble, ya sea el de los nuevos judíos convertidos, pues concibe una sociedad —como él mismo dice del marqués de Santillana— sin «acebción de personas, ni mirava dónde ni quién, sino cómo y quál era cada uno». Junto a su linaje, exalta también sus condiciones o virtudes (que no son sino las cuatro tradicionales cristianas) y sus hazañas en hechos de armas o en ciencias y saberes. Con ello se perfila la existencia de una clase ilustre castellana, los *claros varones* de Castilla, que encarnan unos valores propios, en la tradición hispana y cristiana, que pueden resumirse en: linaje limpio sin acebción de personas, virtudes cristianas, hechos de fidelidad al rey y guerra de reconquista. Con esos valores pueden medirse e incluso sobrepasar a los tenidos por modelos de conducta de la antigüedad.

El género literario elegido ha sido el de las vidas ejemplares, con larga tradición en el mundo clásico (Plutarco, Suetonio, Valerio Máximo) y en el más próximo del humanismo y sus *De viris illustribus*. Tradición que Pulgar estrecha con otros modelos de la tradición cristiana, como el *Eclesiástico* o la obra de San Jerónimo, e hispánica, con casi toda la obra de Pérez de Guzmán. La técnica, el procedimiento que emplea es el del retrato, la descripción de personas, sobre la que también habían dictado sus normas la retórica clásica y la medieval, que consistían sustancialmente en la atención a una serie de atributos o rasgos tanto en lo físico como en lo espiritual, en perfecta relación entre lo uno y lo otro, entre la *complixión* y la inclinación.

Pulgar sigue atado a las convenciones del retrato literario, pero logra añadirle alguna nota de originalidad individualizando más al personaje, al prestar particular atención al linaje y al introducir elementos más novelescos y literarios en la narración de sus hazañas. Con todo ello logró seguramente mover a los nuevos nobles, caballeros y prelados castellanos hacia los mismos valores de lealtad, esfuerzo bélico o magnanimidad, que había celebrado en sus antepasados más inmediatos y que quería ver encarnados en la nueva edad que le tocaba vivir.

Portada de la edición de Stanislao Polono, Sevilla, 24 de abril de 1500.

Esta edición

La primera edición de los *Claros varones de Castilla* salió de las prensas de Juan Vázquez, en Toledo, en 1486. Vázquez era un impresor establecido en la ciudad imperial desde 1483, que se encargó de imprimir las primeras bulas otorgadas por el papa Sixto IV a los reyes de España. En 1486, «víspera de pascua de Navidad», editó el libro de los *Claros varones*, que rubrica en el colofón como «el venerable varón Juan Vásquez, familiar del reverendo señor obispo de Badajoz». En Toledo continuó, por lo menos hasta 1491, y publicó otras obras de contenido espiritual, como el *Tratado de la gloriosa Pasión* del Comendador Román, las *Coplas de Fray Ambrosio Montesino*, la *Estoria del noble Vespasiano* o la *Recolectio sacramentorum*[32]. La edición de Vázquez es representativa de los primeros tiempos de la imprenta y el paso del manuscrito al impreso. Aunque ofrece un texto bastante completo y correcto, no deja de presentar algunas imperfecciones. Es característica, por ejemplo, la ausencia de letras capitales al comienzo de capítulo, tal como hace Vázquez en otras impresiones primeras. Se sirve también de epígrafes para el encabezamiento de capítulos, aunque falta alguno (como el de Enrique IV) y tampoco se corresponden exactamente con los que figuran en la «Tabla» final, en la que se introducen epígrafes que no aparecen transcritos en el texto (como «Razonamiento fecho a la reina, nuestra señora», «Garcilaso de la Vega», «Juan de Sayavedra» o

---

[32] Francisco Vindel, *El arte de la imprenta en España durante el siglo XV*, Madrid, Dirección General de Relaciones Culturales, 1945, t. VI.

«Rodrigo de Narváez»). El texto de Vázquez presenta también unas cuantas lagunas, particularmente en la transcripción de algún nombre propio, que queda en blanco en la página correspondiente. Y no faltan errores típicos del proceso de impresión, producidos por letra invertida *(cansa* por *causa, al* por *el)*, pérdida de una letra *(coninuos* por *continuos, acrentado* por *acrecentado)* o cambio de una letra por otra *(iegar* por *logar)*, aparte de errores de interpretación *(Huelva* por *Huelma, Maulio* por *Manlio)* y un sistemático uso de -*s* por -*z* en posición final *(dies* por *diez, bos* por *boz, pas* por *paz, vejes* por *vejez)*.

A partir de la edición de Vázquez *(H)*, la obra de Pulgar gozó de una amplia e intensa difusión en la imprenta. De esa edición, a través de alguna otra interpuesta, salieron, por un lado, la edición de Zaragoza, por Pablo Hurus, hacia 1493 *(Z)* y, por otro, las ediciones de Stanislao Polono en Sevilla, 1500, una de 24 de abril *(A)* y otra de 22 de mayo *(M)*. De *A* siguieron otras, como la de Toledo, por Pedro Hagembach, hacia 1505-1510 *(T)*, la de Zaragoza, por Jorge Coci, hacia 1515 *(Z2)*, o las dos de Alcalá de Henares, por Miguel de Eguía, 1524 *(AH1)* y 1526 *(AH2)*.

Además de esta tradición impresa, hay otra tradición manuscrita, de no fácil catalogación. Uno de los testimonios es *S*, un manuscrito de fines del siglo XV o principios del XVI, que sigue la edición *Z*, pero que la enmienda en aquellas lagunas mencionadas y la adiciona con algunas referencias más a los personajes históricos, especialmente al final de su semblanza, donde incluye las fechas de su muerte y muchas veces el lugar de su enterramiento. Copia de *S* parece sin más *P*. Del impreso *M*, por su parte, salieron también copias manuscritas, como *G* o *B*. Todo este proceso de transmisión, hasta aquí visto, fue ya descrito por Robert B. Tate al frente de su edición de 1971[33].

De los demás manuscritos, ofrece especial interés *E*, que en realidad es un solo folio (270*rv*) al final de una copia del año 1521 de la *Tercera Crónica General*, folio que contiene únicamente

---

[33] Robert B. Tate (ed.), *Claros varones de Castilla*, Oxford, Clarendon Press, 1971.

la semblanza de Juan Pacheco, marqués de Villena. Esta copia presenta diversas variantes significativas respecto del texto de *H*, lo que ha llevado a pensar a su descubridora y editora, M.ª Isabel Hernández González, en una mayor antigüedad del texto de esta copia e incluso a postular una tradición manuscrita anterior a *H*, de la que este folio *E* sería sólo la punta del iceberg[34]. En esa misma línea de búsqueda, Hernández González, ha hallado un nuevo manuscrito, el *Sc*, que considera estrechamente vinculado a *H* y al texto a partir del que *H* se imprimió. Es un manuscrito incompleto y fragmentario (contiene sólo quince retratos, hay algunos folios perdidos y algunas lagunas textuales), en el que a la del copista principal se superponen otras dos manos que introducen numerosas adiciones y correcciones[35]. Las variantes que tanto *E* como *Sc* introducen respecto de *H* y la tradición impresa abonan la opinión de la preexistencia de una tradición manuscrita que por un corto tiempo difundió la obra de los *Claros varones de Castilla*, tradición que, sin embargo, no nos es bien conocida, sólo a través de estos testimonios incompletos. Los demás manuscritos relacionados en las fuentes textuales derivan claramente de las ediciones impresas.

Ante la situación descrita, baso mi edición en el texto de la *princeps*, la edición de Juan Vázquez de 1486, que creo sigue siendo prevalente. Tengo sólo en cuenta los testimonios activos de la tradición, es decir los que arrojan algún tipo de variantes significativas: en los impresos, *Z, A* y *M* (pues prácticamente todos los demás derivan de *A); de los manuscritos, ofrezco en el aparato textual las adiciones de *S* y las variantes de *E* y *Sc* estudiadas por Hernández González.

La existencia de errores comunes en los cuatro impresos *HZAM (requiría* por *requiriría, Maulio* por *Manlio, pertescía* por *pertenescía* [*perternescía M*]) llevan a postular la existencia de un arquetipo, posiblemente el manuscrito de imprenta, donde ya se hallarían esos errores. Las frecuentes lecciones de

---

[34] M.ª Isabel Hernández González, «El texto de los *Claros varones de Castilla*», art. cit. más abajo.

[35] M.ª Isabel Hernández González, «De la tradición impresa a la tradición manuscrita...», art. cit. más abajo.

ZAM frente a *H* (*quasi* por *casi*, *saetas* por *saetadas*, *ni menos* por *e mucho menos*, *honorable reino* por *miserable reino*, *mercedes* por *merced*, *naturales de Portugal* por *naturales del reino de Portugal*, *viéndose* por *veyéndose*) indican también la existencia de un subarquetipo que los agrupara, aunque *Z* mantiene su individualidad, pues muchas veces lee solo (*prelados* por *perlados*, *a la fin* por *al fin*, *viviría* por *bivirá*, *membrándose* por *nembrándose*, *fizo mal* por *fue mal*, *fortales* por *fortalezas*). Las numerosas lecciones de *AM* frente a *HZ* (*ensalçándolos* por *exaltándolos*, *ambas* por *amas*, *teniendo* por *biviendo*, *impiden* por *impidíen*, *grande acto* por *gran acto*, *los tiranos que en aquel tiempo eran* por *los tiranos*, *muchas de vezes* por *muchas vezes*, *casaron todas* por *casaron*, *interese muy mucho* por *interese*, *vegadas* por *vezes*, *avía de mirar* por *avía de dar*, *piedras* por *piedra*, *por espacio* por *por tiempo*, *perdía* por *perdería*, *çaguera* por *reçaga*, *riquezas e bienes* por *riquezas*), así como las de *HZ* frente a *AM* (*Huelva* por *Huelma*, *pudo* por *puedo*, *magnanidad* por *magnanimidad*) reclaman un subarquetipo independiente para *AM*. En consecuencia, el estema que, a mi entender, presentaría la tradición impresa sería el siguiente:

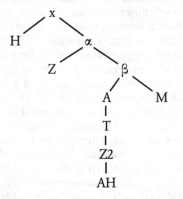

Utilizo, pues, el de *H* como texto base de la edición, sobre el que introduzco las siguientes modificaciones. Corrijo los errores evidentes, obra seguramente del impresor, como las capitales en blanco, casos de letra invertida ya mencionados, omisión de una letra (*perjuzio*, *Nápoes*, *libral*, *coniunos*, *aboresci-*

do, acrcentado, gand), haplografías *(requiría* por *requiriría, pertescía* por *pertenescía, magnanidad* por *magnanimidad)*, sustituciones *(contraversias* por *controversias)*, parecido de palabras *(propriedades* por *prosperidades)*, así como los errores comunes, que procederían del antígrafo *(Huelva* por *Huelma, Maulio* por *Manlio)*. Las tres lagunas del texto referidas a nombres de persona o de lugar (dos en el capítulo del conde de Alba y una en el del marqués de Villena) aparecen igualmente en todos los impresos y manuscritos. Sólo el manuscrito *S* completa alguna de ellas, tal como queda registrado en nuestro aparato textual.

En el aparato de variantes, tengo sólo en cuenta la tradición textual activa, no registro las puramente gráficas que ofrecen otros testimonios y dejo prevalecer el texto de *H*. No doy cuenta, por tanto, de variantes del tipo *ombre/hombre/ome, fijo/hijo, fazer/hazer, catorze/quatorze*. Tampoco de las que sólo reflejan la vacilación de la vocal átona: *logar/lugar, afición/afeción, enduzimientos/induzimientos*. Sí registro la alternancia de grupos consonánticos: *acebtos/aceptos, corrubción/corrupción, precebtos/preceptos*.

En cuanto a la grafía, mantengo la del texto (incluso en usos de *ç, qu-, -sc-, -nd)*, pero elimino la alternancia gráfica entre *u / v (escriuieron > escrivieron)* y entre *i / y / j (reyna > reina, iusta > justa)*, reduzco las consonantes dobles sin valor fonológico *(Enrrique > Enrique, honrra > honra)*, restituyo la elisión vocálica *(entrellos > entre ellos, d'armada > de armada, quel > que él*; pero dejo los más habituales *dél, della, deste, desta)*. Elimino el uso sistemático que hace de -*s* en vocablos donde el uso castellano es -*z (bos, pas, Telles, Álvares, Péres, vejes, raes, pertinas)*, uso que en ocasiones extiende a interior de palabra *(visco* por *vizco, indusió* por *induzió, mescló* por *mezcló, mayorasgo* por *mayorazgo)*. Desarrollo las abreviaturas, transcribo el signo tironiano siempre en *e*, y ajusto al uso moderno las mayúsculas, la acentuación y la puntuación.

vuestros auuelos lo deuer aues y no medre dios quien cõsolato
riãos enbiase sobre ello. ¶Dize vra merced que os pesa. si
quando fueredes enla corte se os quitare el pesar que tenes por
la perdida ó aquella villa.y creo muy noble señor que recelays
no os acaesca lo que acaescio a sant pedro.el qual como fuese es/
forçado verdadero y constante entrando enla cort de cayfas.
luego se mudo y nego y enflaquecio. ¶Esto muy noble señor
es verdad que acaesce enlas corte delos Reyes malos ytiranos
do se fase el buen cauallero malo y el malo peor. Pero no ha lo
gar por cierto enla corte delos buenos Reyes & catholicos co
mo son estos ñros por q̃ alli se ha tal dotrina con q̃ el buen caua
llero es mejor y el malo no tanto y aun alli puede el buen caua
llero ganar su alma quando recta & leal mente se ouiere enlas
cosas. ¶Desia el obispo dõ alfonso que el cauallero q̃ no yua
ala corte y el clerigo que no yua a Roma no valia vn cornado.

¶Deo gracias.

¶Acabose este libro delos claros varones vispera ó pascua de
nauidad dl año dl señor ó mill cccclxxxvj copilado por fernãdo
del pulgar.dirigido ala Reyna nra señora.inpresso enla noble
cibdad de toledo.enla casa del venerable varon juan vasques fa
miliar del Reuerendo señor obispo de badajos.

Colofón de la edición de Juan Vázquez, Toledo, 1486.

Las fuentes textuales

EDICIONES

H   *Libro delos claros varones de castilla / dirigido ala Reyna nuestra se-*
    ñora. [Al fin:] Acabose este libro delos claros varones vispera
    de pascua de / nauidad del año del señor de mill cccclxxxvj
    copilado por fernando / del pulgar. dirigido ala Reyna nues-
    tra señora. inpresso enla noble / cibdad de toledo. enla casa
    del venerable varon juan vasques fa /   miliar del Reuerendo
    señor obispo de badajos.
    Toledo, Juan Vázquez, 1486.
    4.°, 68 fols.. Papel. Letra gótica.
    Ej.: Hispanic Society of New York, 269

Z   [Se inicia con la tabla: «Comiença la tabla delos claros varo- /
    nes. ordenada por Fernando del pulgar: secretario / e coronis-
    ta del rey e dela reyna nuestros señores»] *Libro delos claros va-*
    rones de / castilla dirigido ala Reyna nuestra señora.
    [Zaragoza, Pablo Hurus, *ca.* 1493]
    4.°, 90 fols. Papel. Letra gótica.
    Ej.: Biblioteca Nacional de Lisboa, Inc. 1486 (Res. 2351)

A   *Los claros va / rones despaña / fecho por hernando del pulgar: / diri-*
    gido ala reyna nuestra señora. [Al fin:] Aqui se acaba el libro de-
    los / claros varones de España. Compuesto por / Fernando de
    pulgar coronista del Rey e / Reyna nuestros señores. Dirigido
    ala / reyna nuestra señora: con otras car / tas e notas del dicho
    coronista para / algunos grandes e otros señores / assi del rey-
    no de castilla como / de portugal. e mandaron lo en / premir
    maestre gracia de / la torre e alonso loren / ço libreros. Fue en
    / premido enla muy / noble e muy le / al ciudad de se / uilla

61

por Sta / nislao polo / no. acabose / a xxiiij dias / de abril de / Mill e / d. años.

Sevilla, Stanislao Polono, 1500, 24 de abril.

4.°, 92 fols. Papel. Letra gótica.

Ej.: Biblioteca Nacional de Madrid, I-566.

M   *Los claros va / rones despaña. / hecho por hernando de pulgar: di / rigido ala reyna nuestra señora.* [Al fin:] Aqui se acaba el libro delos / claros varones de España. Compuesto por fernan / do de pulgar. coronista del Rey e Reyna nuestros / señores. Dirigido a la Reyna nuestra señora: con o- / tras cartas e notas del dicho coronista: para algu- / nos grandes e otros señores: assi del reyno de Ca / stilla: como de Portugal. El qual fue imprimido en / la muy noble e muy leal cibdad de Seuilla por Sta / nislao Polono. E acabosse a xxij dias del mes de / Mayo. año del nacimiento de nuestro señor jesu xpo / de mill e quinientos.

Sevilla, Stanislao Polono, 1500, 22 de mayo.

4.°, 90 fols. Papel. Letra gótica.

Ej.: Biblioteca Nacional de Madrid, I-96.

T   *Los claros varones (...)*

Toledo, sucesor de Pedro Hagembach, s.l., s.i. [*ca* 1505-1510, Tate]

Ej.: Madrid, Real Biblioteca, I-A-224

Z2   *Los claros varones (...)*

Zaragoza, Jorge Coci, s.l., sa. [*ca* 1515, según Norton]

Ej.: Madrid, Real Academia Española, R-41.

Bibl.: F. J. Norton, *A Descriptive Catalogue of Printing in Spain and Portugal 1501-1520,* Cambridge University Press, Londres-Nueva York-Melbourne, 1978, núm. 682.

AH1   *Los claros varones (...)*

Alcalá de Henares, Miguel de Eguía, 1524

Ej.: Madrid, Biblioteca Nacional, R-36490

AH2   *Los claros varones (...)*

Alcalá de Henares, Miguel de Eguía, 1526

Ej.: Madrid, Biblioteca Nacional, R-29508

V   *Los claros varones (...)*

Valladolid, Francisco Fernández de Córdova, 8 de noviembre de 1545

Ej.: Madrid, Biblioteca Nacional, R-11002

S   Comiença la tabla delos claros varones que / ordeno Fernando del pulgar secretario e co- / ronista del rey e reyna nuestros señores [*añadido de otra mano:* don Fernando y doña ysabel]
Santander, Biblioteca de Menéndez Pelayo, M-11, fols. 360r-398v.
Manuscrito facticio de diferentes épocas. Contiene también la *Crónica de Enrique IV*. El texto de la obra de Pulgar hubo de ser copiado a finales del siglo xv, después de 1493, pues sigue la edición de Zaragoza de aquel año. Letra de una sola mano, letra marrón Descripción en Marcelino González Pascual, *Manuscritos anteriores a 1500 de la Biblioteca de Menéndez Pelayo*, Santander, Ayuntamiento de Santander, 2000, págs. 106-109.

B   Los claros / varones / de Hespa / ña / hechos por Her / nando del pulgar, coronista de los muy virtuosos e ca / tolicos reyes, el rey don Hernando y la reyna doña Ysa / bel de gloriosas memorias, los quales fueron dirigidos a su / alteza
Madrid, Biblioteca Nacional, Ms. 7867
Papel, siglo xvii, 111 fols.
Bibl.: A. Bonilla y San Martín, «Sobre un manuscrito de los *Claros varones de España* de Hernando del Pulgar», en *Anales de la Literatura Española*, Madrid, 1904, 157-163.
El texto de los *Claros varones* va a continuación del *Tratado de los Reyes de Granada* y sus orígenes, en los fols. 63-111v. Está copiado de *M* (R. B. Tate), aunque de forma incompleta, pues se interrumpe en el obispo de Ávila. A continuación del retrato de don Rodrigo Manrique incluye uno nuevo de don Pedro de Granada y a continuación del de don Juan de Saavedra otro de don Alonso de Granada. Ninguno de los dos son obra de Fernando de Pulgar. Pueden verse en apéndice en la edición de Domínguez Bordona.

G   *Los claros varones...*
Madrid, Real Academia Española, Ms.150.
Crespo Tobarra, ed. (1991), *Catálogo de manuscritos de la Real Academia Española*, 1991.
Tratado de los reyes de Granada y su origen; fols. 86-151v, *Claros varones de España*.
Como advertía R. B. Tate, es transcripción de una edición perdida, conforme a lo que afirma el colofón del fol. 151v:

«Aquí se acavan los claros varones de España, los quales se compilaron en la noble e muy grande e nombrada çibdad de Granada por mandado e cuidado de el Señor Juan Lorençio mercader, en casa de Andrés de Burgos, a quince de agosto, año de el señor de mill e quinientos e diez y ocho años».

E   *Tercera Crónica General*
     fol. 270: Don Iohan Pacheco, maestre de Santiago
     San Lorenzo de El Escorial: Monasterio Y.I.9
     Copia de hacia 1490-1510.
     Bibl.: M.ª Isabel Hernández González, «El texto de los *Claros varones de Castilla*», en *Quién hubiese tal ventura: Medieval Hispanic Studies in Honour of Alan Deyermond*, Londres, Department of Hispanic Studies, Queen Mary and Westfield College, 1997, 135-147.

Sc   [*Libro de los claros varones...*]
     Toledo, Museo de Santa Cruz, G-10241
     «Códice del siglo XV (anterior a 1486); consta en su estado actual de 48 folios (225 × 155 mm.), en papel; letra de una sola mano, con adiciones y correcciones de otras dos manos coetáneas. Foliación moderna en arábigos, con restos de foliación antigua. Ha perdido varios folios y está trunco por su final; fol. 1 ilegible por manchas de humedad» (M.ª Isabel Hernández González, «Fernando de Pulgar», en *Diccionario filológico de Literatura medieval española. Textos y transmisión*, ed. C. Alvar y J. Manuel Lucía Megías, Madrid, Castalia, 2002, pág. 527, quien sostiene que se trata de la versión que se utilizó para la edición príncipe de 1486, aunque no de un testimonio más depurado, en línea con el texto original de Pulgar.
     Bibl.: M.ª Isabel Hernández González, «De la tradición impresa a la tradición manuscrita. Consideraciones sobre el "Libro de los claros varones de Castilla" de Fernando de Pulgar a la luz de un nuevo testimonio manuscrito del siglo XVI», en *Actas del VIII Congreso Internacional de la Asociación Hispánica de Literatura Medieval*, Santander, AHLM, 2000, págs. 946-947.

Bibliografía

EDICIONES

PULGAR, Hernando de, *Claros varones de Castilla,* ed. J. Domínguez Bordona, Madrid, Espasa-Calpe, 1942.
— *Claros varones de Castilla,* ed. Robert B. Tate, Oxford, Clarendon Press, 1971.
— *Claros varones de Castilla,* ed. R. B. Tate, Madrid, Taurus, 1985.
— *Text and Concordance of Fernando del Pulgar «Claros varones de Castilla» and «Letras»,* ed. Michael L. Dangerfield, Madison, Hispanic Seminary of Medieval Studies, 1986.
— *Los Claros Varones de España (ca. 1483),* A Semi-Paleographic Edition, por Joseph Abraham Levi, Nueva York, Peter Lang (American University Studies), 1996.
— *Crónica de los Reyes Católicos,* ed. Juan de Mata Carriazo, Madrid, Espasa-Calpe, 1943.
— *Claros varones de Castilla,* transcripción de Michael L. Dangerfield, corrección de Manuel Raíndo, ADMYTE, 1, 1992.
— *Letras,* transcripción de Michael L. Dangerfield, corrección de Manuel Raíndo, ADMYTE, 1, 1992.
— *Letras,* ed. Paola Elia, Pisa, Giardini Editori, 1982.
— *Coplas de Mingo Revulgo glosadas por Fernando del Pulgar,* ed. facs. y prefacio de Artur Anselmo, Lisboa, Biblioteca Nacional, 1984.
— *Las Coplas de Mingo Revulgo,* ed. V. Brodey, Madison, Hispanic Seminary of Medieval Studies, 1986.

ESTUDIOS

ALONSO, Dámaso, «La bella de Juan Ruiz, toda problemas», en *De los siglos oscuros al de Oro,* Madrid, Gredos, 1958, 7-28.

ARRIBAS HERNÁNDEZ, M.ª Luisa, «Las *Décadas* de Antonio de Nebrija ¿traducción de la *Crónica* de Hernando del Pulgar?», en *Antonio de Nebrija: Edad Media y Renacimiento,* ed. Carmen Codoñer y J. A. González Iglesias, Salamanca, Universidad, 1955, 283-94.

BALLESTER Y CASTELL, Rafael, *Las fuentes narrativas de la Historia de España durante la Edad Media,* Palma de Mallorca, 1903.

BELTRÁN, Vicenç, «La transmisión de las *Generaciones y semblanzas* y la propaganda isabelina», *Anuario Medieval,* 3 (1991), 50-65.

BERMEJO CABRERO, José Luis, «La biografía como género historiográfico en *Claros varones de Castilla*», *Cuadernos de Historia,* 6 (1975), 441-459.

CALDERÓN, Carlos, «Testimonio y estrategia: de Del Pulgar a Aponte», *Revista de Lengua y Literatura,* 1516 (1994), 9-26.

CANO AGUILAR, Rafael, «La sintaxis española en la época del Descubrimiento», en *Estudios Filológicos en homenaje a Eugenio de Bustos Tovar,* Salamanca, Ediciones Universidad, I, 1992, 183-197.

CANTERA BURGOS, Francisco, «Fernando del Pulgar y los conversos», *Sefarad,* 4 (1944), 295-348.

CARR, Derek C., «Pérez de Guzmán and Villena: A Polemic on Historiography», en *Hispanic Studies in Honor of Alan D. Deyermond. A North American Tribute,* Madison, Hispanic Seminary of Medieval Studies, 1986, 57-70.

CARRASCO, Félix, «*Claros varones de Castilla:* construcción e ideología», en M. Criado de Val (dir.), *Literatura Hispánica. Reyes Católicos y Descubrimiento,* Actas del Congreso Internacional, Barcelona, PPU, 1989, 171-176.

CARRIAZO, Juan de Mata, «Las arengas del Pulgar», *Anales de la Universidad Hispalense,* 15 (1954), 43-74.

CLAVERÍA, Carlos, «Notas sobre la caracterización de la personalidad en *Generaciones y semblanzas*», *Anales de la Universidad de Murcia,* 10, 1951-1952, 481-526.

FARAL, Edmond, *Les arts poétiques du XIIe et du XIIIe siècle,* París, Champion, 1971.

FRADEJAS LEBRERO, José, «La patria de Fernando del Pulgar», *Epos,* 6 (1990), 469-75.

— *Fernando de Pulgar. Vida y obra,* conferencia pronunciada el 19-2-2004 en el Centro Cultural de la Villa de Madrid, Madrid, 2006.

GARCÍA DE LA CONCHA, Víctor, «El retrato literario en el Renacimiento», *Homenaje a Francisco Yndaráin. Príncipe de Viana,* Anejo 18, Pamplona, 2000, 137-152.

GOLDBERG, Harriet, «Moslem and spanish christian literary portrait», *Hispanic Review,* 45 (1977), 311-326.

— «Personal descriptions in medieval texts: decorative or functional?», *Hispanófila*, 87 (1986), 1-12.

HAMON, Philippe, *La description littéraire, de l'Antiquité à Roland Barthes, une anthologie*, París, Macula, 1991.

— *Du descriptif*, París, Hachette, 1993.

HERNÁNDEZ GONZÁLEZ, M.ª Isabel, «El texto de los *Claros varones de Castilla*», en *Quién hubiese tal ventura: Medieval Hispanic Studies in Honour of Alan Deyermond*, Londres, Department of Hispanic Studies, Queen Mary and Westfield College, 1997, 135-147.

— «De la tradición impresa a la tradición manuscrita. Consideraciones sobre el "Libro de los claros varones de Castilla" de Fernando de Pulgar a la luz de un nuevo testimonio manuscrito del siglo XVI», en *Actas del VIII Congreso Internacional de la Asociación Hispánica de Literatura Medieval*, Santander, AHLM, 2000, 946-947.

— «Fernando de Pulgar», en *Diccionario filológico de Literatura medieval española. Textos y transmisión*, ed. C. Alvar y J. Manuel Lucía Megías, Madrid, Castalia, 2002, 521-557.

La nobleza peninsular en la Edad Media. VI Congreso de Estudios Medievales, Ávila, 1999.

La storiografia umanistica, Messina, Sicania, 1992.

LÓPEZ CASAS, Mercè, «La técnica del retrato en las *Generaciones y semblanzas* de Fernán Pérez de Guzmán y las *Artes poéticas* medievales», *Revista de Literatura Medieval*, 4 (1992), 145-162.

LÓPEZ ESTRADA, Francisco, «La retórica de las *Generaciones y semblanzas* de Fernán Pérez de Guzmán», *Revista de Filología Española*, 30 (1946), 310-352.

MARICHAL, Juan, *La voluntad de estilo*, Madrid, Revista de Occidente, 1971.

MENÉNDEZ PIDAL, Ramón, «La lengua en tiempo de los Reyes Católicos», *Cuadernos Hispanoamericanos*, 13 (1950), 9-24.

NETANYAHU, Benzion, *Los orígenes de la Inquisición en la España del siglo XV*, Barcelona, Crítica, 1999.

Orígenes de la monarquía hispánica: Propaganda y legitimación (ca. 1400-1520), Madrid, Dykinson, 1999.

PARRILLA GARCÍA, Carmen, «La *Narratio* en la *Crónica incompleta de los Reyes Católicos*», en *Actas del II Congreso de la Asociación Hispánica de Literatura Medieval* (Segovia, del 5 al 19 de octubre de 1987), II, Universidad de Alcalá, 1992, 619-629.

PAZ Y MELIA, A., *El cronista Alonso de Palencia: su vida y sus obras*, Madrid, The Hispanic Society of America, 1914.

PÉREZ PRIEGO, Miguel Ángel, «El retrato historiográfico de Fernando del Pulgar», en *Actas del X Congreso Internacional de la Asociación Hispánica de Literatura Medieval*, Universitat de Alacant, 2004, 169-183.

PINEDA, M.ª Victoria, «Las consolaciones de Fernando del Pulgar», en *Medioevo y Literatura. Actas del V Congreso de la Asociación Hispánica de Literatura Medieval*, ed. Juan Paredes Núñez, Granada, Universidad, IV, 1995, 66-73.

PONTÓN, Gonzalo, «La ejemplaridad en la *crónica* de Fernando de Pulgar», en *Actas del VI Congreso de la Asociación Hispánica de Literatura Medieval*, II, Universidad de Alcalá, 1997, 1207-1215.

— «Sobre algunas epístolas de Fernando del Pulgar», en *Actas del VIII Congreso Internacional de la Asociación Hispánica de Literatura Medieval*, Santander, AHLM, 2000, 1487-1499.

RÁBADE OBRADÓ, M.ª Pilar, «La mujer en las crónicas reales castellanas del siglo XV», *Anuario de Estudios Medievales*, 17 (1987), 533-550.

ROMERO, José Luis, *Sobre la biografía y la historia*, Buenos Aires, Sudamericana, 1945.

SALVADOR MIGUEL, Nicasio, «Judíos y conversos en la literatura medieval castellana: hechos y problemas», en *Los sefardíes. Cultura y literatura*, ed. Paloma Díaz-Mas, San Sebastián, Universidad del País Vasco, 1987, 49-59.

SÁNCHEZ ALONSO, B., *Historia de la historiografía española*, I, Madrid, CSIC, 1947.

SENABRE, Ricardo, *El retrato literario (Antología)*, Salamanca, Ediciones Colegio de España, 1997.

TATE, Brian R., «La historiografía en el reinado de los Reyes Católicos», en *Antonio de Nebrija: Edad Media y Renacimiento*, ed. Carmen Codoñer y J. A. González Iglesias, Salamanca, Universidad, 1995, 17-28.

TATE, Robert B. y LAWRANCE, J. (eds.), Alfonso de Palencia, *Gesta Hispaniensia ex annalibus suorum dierum collecta*, ed. B. Tate y J. Lawrance, Madrid, Real Academia de la Historia, 1998, 2 vols.

ZINATO, Andrea, *Fernán Pérez de Guzmán. Mar de historias*, Padua, Biblioteca Spagnola Unipress, 1999.

Libro de los Claros varones de Castilla

Dirigido a la reina, nuestra señora

Comiéça la tabla delos claros varones. ordenada por fernādo
ōl pulgar secretario ⁊ coroñīsta ōl Rey ⁊ Reyna ñōs señores

Prologo.

Tabla de la edición de Juan Vázquez, Toledo, 1486.

Muy exçelente e muy poderosa reina nuestra señora. Algunos istoriadores griegos e romanos escrivieron bien por estenso las fazañas que los claros varones de su tierra fizieron e les parescieron dignas de memoria. Otros escritores ovo que las sacaron de las istorias e fizieron dellas tratados aparte a fin 5 que fuesen más comunicadas, segund fizo Valerio Máximo e Plutarco e otros algunos que, con amor de su tierra o con afeçión de personas o por mostrar su eloqüençia, quisieron adornar su fechos, exaltándolos con palabras algo por ventura más de lo que fueron en obras. 10

Yo, muy exçelente reina e señora, de amas cosas veo menguadas las corónicas destos vuestros reinos de Castilla e de

---

1. Muy] *en* H *falta la letra capital, para la que queda un hueco reservado en la impresión, como ocurría en los manuscritos y es habitual en los primeros impresos de Juan Vázquez.*   9. adornar] ordenar M // exaltándolos] ensalçándolos AM   11. amas] ambas AM   12. las corónicas] las crónicas A la crónica M

5. *tratado aparte:* 'semblanza, biografía breve', como habían usado en la antigüedad Plutarco, Suetonio o Valerio Máximo. Volverían a esa forma historiográfica los humanistas del siglo XV, como Eneas Silvio Piccolomini, Bartolomeo Facio o Paolo Cortesi. En Castilla cultivaron el género principalmente Fernán Pérez de Guzmán y Fernando de Pulgar.

6. *Valerio Máximo:* historiador romano del siglo I d.C., escribió una famosa obra, *Factorum et dictorum memorabilium libri IX,* que contenía numerosos ejemplos históricos y morales protagonizados por romanos y extranjeros; dirigida al emperador Tiberio, por su tono sentencioso y ejemplarizante, tuvo gran difusión en la Edad Media, así como en épocas posteriores.

7. *Plutarco:* escritor helenístico del siglo I d.C., autor de una copiosísima obra repartida en tratados morales y obras históricas. Sus *Vidas paralelas,* su gran obra historiográfica, también muy estimada en la Edad Media, es una colección de biografías presentadas por parejas (un griego y un romano), con fuerte énfasis en los valores éticos y tendiendo a resaltar la superioridad de los griegos; *afeçión:* 'afección', 'afición, inclinación'.

12. *corónica:* variante muy extendida de *crónica,* por desarrollo de vocal anaptíctica.

León, en perjuizio grande del onor que se deve a los claros varones naturales dellos e a sus decendientes. Porque como sea
15 verdad que fiziesen notables fechos, pero no los leemos esten-
didamente en las corónicas cómo los fizieron, ni veo que ninguno los escrivió aparte como fizo Valerio e los otros. Verdad
es que el noble cavallero Fernand Pérez de Guzmán escrivió
en metro algunos claros varones naturales dellos que fueron
20 en España. Asimismo escrivió brevemente en prosa las condiciones del muy alto e excelente rey don Juan de esclarecida
memoria, vuestro padre, e de algunos cavalleros e perlados,
sus súbditos, que fueron en su tiempo. Eso mismo vi en Francia el compendio que fizo un maestre Jorge de la Vernada, se-
25 cretario del rey Carlos, en que copiló los fechos notables de
algunos cavalleros e perlados de aquel reino que fueron en su
tiempo. E aun en aquel libro de la sacra escritura que fizo Jhe-
sú, fijo de Sirac, quiso loar los varones gloriosos de su nación.
Tanbién sant Gerónimo e otros algunos escrivieron loando

---

13. perjuizio] perjuzio H perjuizio AM   22. perlados] prelados Z

18. *Fernand Pérez de Guzmán:* Fernán Pérez de Guzmán (1379-1460), noble
letrado de la época de Juan II, aliado con los infantes de Aragón y enfrentado
a don Álvaro de Luna, por quien sería encarcelado en 1432. Conseguida la libertad, desengañado, se retira de la política y dedica sus últimos años al culti-
vo de las letras y al ejercicio de un generoso espiritualismo cristiano. Pulgar
alude aquí a dos obras de Pérez de Guzmán: los *Loores de los claros varones de
España,* compendio histórico en verso sobre personajes del pasado nacional, y las *Generaciones y semblanzas,* galería de retratos sobre personajes históricos de la época de Juan II. No hace referencia a su *Mar de historias,* sobre personajes de la antigüedad y tiempos medios, en el que sigue la obra de Giovanni Colonna.
24. *Jorge de la Vernada:* se desconoce la obra de este Georges de la Vernade,
a quien se refiere nuestro autor como secretario de Carlos VII de Francia. Quizá supiera de él Pulgar con motivo de su viaje a la corte francesa de Luis XI,
en 1475, como embajador de los Reyes Católicos.
28. *Sirac:* el libro titulado *Sabiduría de Jesús, hijo de Sirac,* es el *Libro del Eclesiástico,* que contiene en sus capítulos 44 a 50 una breve semblanza de los patriarcas hebreos, a los que rinde ferviente homenaje de alabanza.
29. *sant Gerónimo:* padre de la Iglesia, del siglo IV-V, fue un prolífico autor,
conocido especialmente por su traducción de la Biblia al latín, su epistolario
o sus traducciones y comentarios a Eusebio. Pulgar se refiere aquí al libro *De
viris illustribus,* colección de ciento treinta y cinco biografías de escritores y santos cristianos.

los ilustres varones dignos de memoria para loable enxemplo   30
de nuestro bevir.

Yo, muy exçelente Reina e señora, criado desde mi menor
hedad en la corte del rey vuestro padre e del rey don Enrique
vuestro hermano, movido con aquel amor de mi tierra que
los otros ovieron de la suya, me dispuse a escrevir de algunos   35
claros varones, perlados e cavalleros, naturales de los vuestros
reinos, que yo conosçí e comuniqué, cuyas fazañas e notables
fechos, si particularmente se oviesen de contar, requiriría fa-
zerse de cada uno una grand istoria. E por ende brevemente,
con el ayuda de Dios, escreviré los linajes e condiciones de   40
cada uno e algunos notables fechos que fizieron, de los quales se puede bien creer que en autoridad de personas e en ornamento de virtudes e en las abilidades que tovieron, así en
ciencia como en armas, no fueron menos excelentes que
aquellos griegos e romanos e franceses que tanto son loados   45
en sus escripturas.

E primeramente pensé poner la vida e condiciones del rey
don Enrique quarto, vuestro hermano, cuya ánima Dios aya,
por aver concurrido en su tiempo.

---

32. *criado:* Pulgar se dice educado e instruido en las cortes de Juan II y de
Enrique IV.   38. requiriría] requiría H reqría ZAM.

36. *perlado:* variante vulgar por metátesis de *prelado,* frecuente en la lengua
antigua, muy utilizada por Pulgar.
37. *comuniqué:* 'tuve comunicación'.
47. *primeramente:* 'en primer lugar'.

[Enrique IV]

El rey don Enrique quarto, fijo del rey don Juan el segundo, fue ombre alto de cuerpo e fermoso de gesto e bien proporcionado en la conpostura de sus mienbros. E este rey, se-

---

1. *Falta el título en* HZAM   2. El] *falta la letra capital en* H   4. E este] e *om.* AM a este Sc

4. *conpostura de sus mienbros:* el cronista Diego Enríquez del Castillo detalla con más pormenores esta compostura física de Enrique IV: «Era persona de larga estatura y espeso en el cuerpo y de fuertes miembros; tenía las manos grandes y los dedos largos y recios; el aspecto feroz, casi a semejanza de león, cuyo acatamiento ponía temor a los que miraba; las narices romas e muy llanas, no que así naciese, mas porque en su niñez rescibió lisión en ellas; los ojos garzos e algo esparcidos, encarnizados los párpados: donde ponía la vista, mucho les duraba el mirar; la cabeza grande y redonda, la frente ancha, las cejas altas, las sienes sumidas, las quixadas luengas y tendidas a la parte de ayuso, los dientes espesos y traspellados, los cabellos rubios, la barba luenga e pocas veces afeitada, el tez de la cara entre rojo y moreno, las carnes muy blancas, las piernas muy luengas y bien entalladas, los pies delicados» (Diego Enríquez del Castillo, *Crónica del rey don Enrique el Cuarto de este nombre,* ed. Cayetano Rosell, *Crónicas de los Reyes de Castilla,* III, Madrid, Biblioteca de Autores Españoles, 1953, t. LXX, cap. I, págs. 100-101). Mucho más severo es el retrato físico del rey por Alfonso de Palencia: «Sus ojos eran feroces, de un color que ya por sí demostraba crueldad: siempre inquietos en el mirar, revelaban con su movilidad excesiva la suspicacia o la amenaza. La nariz era bastante deforme, ancha y remachada en su mitad a consecuencia de un accidente que sufrió en la primera niñez, dándole las facciones de un simio. Los labios delgados, que no prestaban ninguna gracia a la boca, y los carrillos anchos afeaban la cara. La barba, larga y saliente, hacía parecer cóncavas las facciones debajo de la frente, como si algo se hubiese arrancado del medio del rostro. El resto de su figura era de hombre proporcionado, pero siempre cubría su hermosa cabellera con sombreros vulgares, un capuz o un birrete indecoroso. La

yendo príncipe, diole el rey su padre la ciudad de Segovia e 5
púsole casa y oficiales, seyendo en hedad de catorze años.
   Estovo en aquella ciudad apartado del rey su padre los más
días de su menor hedad, en los quales se dio a algunos deleites que la mocedad suele demandar e la onestedad deve negar. Fizo ábito dellos, porque ni la hedad flaca los sabía refre- 10
nar ni la libertad que tenía los sofría castigar. No bevía vino
ni quería vestir paños muy preciosos, ni curava de la cirimo-
nia que es devida a persona real. Tenía algunos moços acebtos

---

5. diole] dio Sc   13. acebtos] aceptos ZAMS

blancura de la tez estaba cubierta de manchas rojizas. Afeaba su alta estatura y
sus muslos, piernas y pies bien proporcionados, como dije, con trajes indignos
y calzados aún más descuidados» (Alfonso de Palencia, *Gesta Hispaniensia
exannalibus suorum dierum collecta*, ed. B. Tate y J. Lawrance, Madrid, Real Academia de la Historia, 1998, I, Lib. I, cap. 2, pág. 6, traducción castellana de los
autores de la edición). De algunos retratos iconográficos de la época trata Gregorio Marañón en su conocido *Ensayo biológico sobre Enrique IV de Castilla y su
tiempo*, Madrid, Mundo Latino, 1930, págs. 63-69; de especial interés es el del
códice donde se copia el texto del viaje que Jorge de Ehingen realizó a la Península, que Marañón interpreta con estas palabras: «se aprecia bien en esta
imagen del códice la corpulencia displásica del rey, la deformidad de su nariz
y, sobre todo, la expresión obsesiva de su mirada, acentuada por la convergen-
cia y elevación del cabo interno de las cejas, que dan un aire trágico —casi de
tragedia convencional, de actor caracterizado— a la extraña figura, que parece
atormentada de sombríos presagios» (ob. cit., 66).
   5. *seyendo:* 'siendo'; *Segovia:* en 1429, a los cinco años de edad, Enrique fue
dotado de casa propia, de la que formaban parte, entre otros, Pedro Fernández
de Córdoba, que tenía a cargo su custodia, fray Lope Barrientos o el joven
Diego de Valera. Alejado de sus padres, los escenarios de su educación serán
el alcázar de Madrid y el alcázar de Segovia.
   8. *deleites que la mocedad:* «Tuvo flaquezas humanas de hombre y, como rey,
magnanimidades de mucha grandeza» (Enríquez del Castillo, *Crónica*, cap. I,
101*b*). Gregorio Marañón concluía en su citado ensayo: «lo seguro es que la
juventud de don Enrique inició ya las dos grandes líneas de su psicología: la
abulia y la sensualidad anormal» (ob. cit., 34).
   11. *vino:* «Fue su vivir e vestir muy honesto, ropas de paños de lana del tra-
ge de aquellos sayos luengos y capuces e capas. Las insignias e cerimonias reales muy agenas fueron de su condición. Su comer más fue desorden que glo-
tonía (...) nunca jamás bebió vino» (Enríquez del Castillo, cap. I, 101*ab*).
   13. *moços acebtos:* «Tuvo muchos servidores y criados, y de aquellos hizo
grandes señores, pero los más de ellos le fueron ingratos, de tal guisa que sus
dádivas y mercedes no se vieron agradecidas ni respondidas con lealtad» (Enríquez del Castillo, cap. I, 101*b); acebtos: açeptos,* 'recibidos, allegados, aceptos'.

de los que con él se criavan. Amávalos con grand afeción e
15 dávales grandes dádivas. Desobedesció algunas vezes al rey su
padre, no porque de su voluntad procediese, mas por induzi-
miento de algunos que, siguiendo sus proprios intereses, le
traían a ello.

Era ombre piadoso e no tenía ánimo de fazer mal ni ver pa-
20 descer a ninguno, e tan humano era que con dificultad mandava executar la justicia criminal. E en la execución de la cevil e en las otras cosas necesarias a la governación de sus reinos, algunas vezes era negligente e con dificultad entendía en
cosa agena de su deletación, porque el apetito le señoreava la
25 razón. No se vido en él jamás punto de sobervia en dicho ni
en fecho, ni por cobdicia de aver grandes señoríos le vieron
fazer cosa fea ni desonesta. E si algunas vezes avía ira, durává-
le poco e no le señoreava tanto que dañase a él ni a otro. Era
grand montero e plazíale muchas vezes andar por los bosques
30 apartado de las gentes.

---

15. grandes] muy grandes M   29. andar] de andar M

21. *justicia criminal:* «Era lleno de mucha clemencia, de la crueldad ageno, piadoso, a los enfermos caritativo y limosnero de secreto, rey sin ninguna ufanía, amigo de los humildes, desdeñador de los altivos» (Enríquez del Castillo, cap. I, 101*a*).
23. *negligente:* «A sus pueblos pocas veces se mostraba, huía de los negocios,
despachábalos muy tarde» (Enríquez del Castillo, cap. I, 101*a*).
29. *montero:* la afición del rey a la caza era bien conocida: «Era gran caçador de
todo linaje de animales y bestias fieras, su mayor deporte andar por los montes y
en aquellos hazer edifiçios y sitios çercados» (Enriquez del Castillo, I, 101). Palencia, I, 2, puntualiza con tintes más sombríos aquella afición: «Huía huraño del
concurso de las gentes. Era tan enamorado de lo tenebroso de las selvas que sólo
en las más espesas buscaba el descanso, de modo que con grandes expensas mandó construir en varios sitios unas guaridas inaccesibles, cada una con su muro y
edificios adecuados para su residencia y recreo, y pobló los cotos cercados con co-
lecciones de animales recogidos de todas partes. Encargó a hombres salvajes y feroces de cuidarlos y de alejar a la gente mientras él se encerraba allí con pocos y
malos amigos». Por su parte, Rodrigo Sánchez de Arévalo, en 1456, le dedicaría un
Vergel de príncipes, una forma particular de 'espejo de príncipes' que se ocupa únicamente de los ocios y *trebejos* de aquél, como el ejercicio de las armas, el deporte
de la caza y la delectación de la música. Sobre cada uno de ellos va reflexionando
el autor y va dando cuenta de sus numerosas bondades. De la caza se enumeran
hasta doce cualidades: acaba con la ociosidad, es comienzo de reinar (Nembroth),
da salud en los cuerpos, imita a los actos de guerra, ejercita la virtud de fortaleza,
prepara a los hombres para los actos de guerra, aparta tristezas y nocivos pensa-

Casó, seyendo príncipe, con la princesa doña Blanca, fija
del rey don Juan de Aragón, su tío, que estonces era rey de
Navarra, con la qual estovo casado por espacio de diez años.
E al fin ovo divorcio entre ellos por el defeto de la genera-
ción, que él imputava a ella e ella imputó a él.   35
   Muerto el rey don Juan, su padre, reinó luego pacíficamen-
te en los reinos de Castilla e de León, seyendo ya en hedad de
treinta años. E luego que reinó usó de grand manificencia con
ciertos cavalleros e grandes señores de sus reinos, soltando a
unos de las prisiones en que el rey su padre los avía puesto, e   40

---

34. al fin] a la fin ZS   36. muerto] murió M

mientos, aparta ociosidad y pereza, desarraiga vicios, vigoriza el espíritu y el
entendimiento, es deporte sin culpa ni pecado y sin injuria para otras personas y, por último, fue usada por justos varones (véase M. Á. Pérez Priego, «Sobre la configuración literaria de los *espejos de príncipes* en el siglo XV castellano»,
en *Studia Hispanica Medievalia,* III, Actas de las IV Jornadas Internacionales de
Literatura Española Medieval, agosto de 1993, Buenos Aires, Universidad Católica Argentina, 1995, págs. 137-150).
   31. *doña Blanca:* por mandato del rey, acudieron a recibir a la princesa Íñigo López de Mendoza, el obispo de Burgos y el conde de Haro. El conde celebró en sus tierras muchas fiestas en honor de doña Blanca. El recibimiento
real se produjo en Valladolid, donde, en medio de festejos diversos, se celebraron las bodas, «pero —sentencia Palencia con su habitual animosidad— sin el
verdadero gozo del matrimonio; después de las bodas la doncella quedó tan
virgen como antes (...) Durante algún tiempo no despreció abiertamente a su
esposa, para aparentar algún respeto al amor de su suegro. Sin embargo, mientras su mujer procuraba agradarle y ganar su cariño, él hubiera preferido ayun-
tarla con algún adúltero para que con su conocimiento y aprobación concibie-
ra ilícitamente un hijo ajeno para asegurar, si fuese posible, la sucesión al trono» (I, 1 y 2). También describe las bodas la *Crónica de Juan II,* año 1440,
cap. XV, que pone en circulación la misma especie: «e la boda se hizo quedando la princesa tal qual nasció, de que todos ovieron grande enojo».
   32. *estonces:* forma ya arcaica, por 'entonces'.
   37. *en hedad de treinta años:* Enrique había nacido en enero de 1425 y Juan
II falleció en julio de 1454. Con gran precisión refiere Diego de Valera su pro-
clamación en Valladolid: «Fallescido el rey don Juan el segundo, comenzó a
reinar en estos reinos don Enrique quarto, hijo suyo y de la reina doña María,
hija del rey don Fernando de Aragón, en la villa de Valladolid, martes veinte
y tres días del mes de julio, año del nascimiento de nuestro Salvador y Reden-
tor de mill e quatrocientos y cinquenta e quatro años, siendo en hedad de
veinte e nueve años y medio y diez y ocho días» *(Memorial de diversas hazañas,*
ed. Juan de Mata Carriazo, Madrid, Espasa Calpe, 1941, cap. I).

reduziendo e perdonando a otros que andavan desterrados de sus reinos. E restituyóles todas las villas e logares e rentas e todos sus patrimonios e oficios que tenían. Biviendo la primera muger de quien se apartó, casó con otra fija del rey de Portugal. E en este segundo casamiento se manifestó su impotencia, porque, como quier que estovo casado con ella por espa-

45

---

43. biviendo] teniendo AM

41. *desterrados de sus reinos:* se refiere principalmente al conde de Alba, Fernán Álvarez de Toledo, puesto en prisión por don Álvaro de Luna, y al almirante don Fadrique Enríquez, desterrado, parcial de los infantes de Aragón. Como muestra de la clemencia del rey y consecuencia de las paces con Navarra, explica Enríquez del Castillo estos hechos, *Crónica...,* cit., 103 a-b.

45. *segundo casamiento:* el segundo casamiento de Enrique IV fue con la infanta doña Juana, hermana del rey Alfonso de Portugal, autorizado por bula de Nicolás V en 1453 por la que confirmaba el divorcio de Enrique con doña Blanca y dispensaba la consanguinidad de los nuevos contrayentes. Las bodas se celebraron con grandes festejos en Córdoba, en mayo de 1455. Juana era una joven muy bella y alegre, «a quien placían hablas de amores», al decir de Pulgar en su crónica. En seguida cobró fama de mujer liviana. Pulgar en su *Letra VII* desmiente su adulterio con don Beltrán pero no quita autoridad a la voz del pueblo. Hoy parece probable, dada la dificultad del parto y testimonios como el del viajero alemán Jerónimo Münzer, que la fecundación de la reina y el consiguiente parto y nacimiento de la infanta Juana ('la Beltraneja'), fuera ocasionado por un cierto procedimiento de inseminación artificial y no por adulterio de la reina (José Luis Martín, *Enrique IV de Castilla,* Hondarribia, Nerea, 2003, 230-233). El adulterio sí se produjo después de que Enrique, en 1467, mandara a la reina al castillo de Alaejos custodiada por el arzobispo de Sevilla, Alfonso de Fonseca, con cuyo sobrino, Pedro de Castilla 'el Mozo', Juana tuvo dos hijos, don Apóstol y don Pedro, y con el que vivió desde 1468. Murió en 1475 retirada en el convento de San Francisco, en Madrid.

46. *impotencia:* los historiadores de la época, sobre todo Palencia, pero también Diego de Valera e incluso Enríquez del Castillo sin desmentirla, difundieron esta condición del rey. El propio Pulgar en su *Crónica de los Reyes Católicos,* cap. IV, es más explícito que en este pasaje: «porque se tenía por muy cierta la impotencia del rey, la qual por muchas experiencias era conocida e señaladamente porque a todo el reino era notorio que estovo casado con la princesa doña Blanca, hija del rey don Juan de Navarra, por espacio de trece años e más, en los quales nunca ovo a ella acceso como marido lo debe a la muger, ni menos se halló que lo oviese en todas sus edades pasadas a ninguna otra muger, puesto que amó estrechamente a muchas, ansí dueñas como doncellas, de diversas edades y estados, con quien había secretos yuntamientos e las tovo de contino en casa, y estovo con ellas solo en lugares apartados, e muchas veces las hacía dormir con él en su cama, las cuales confesaron que jamás pudo haber con ellas cópula carnal. E de esta impotencia del rey no solamen-

cio de quinze años e tenía comunicación con otras mugeres, nunca pudo aver a ninguna allegamiento de varón.

Reinó veinte años y en los diez primeros fue muy próspero e llegó grand poder de gentes e de thesoros, e los grandes e ca- 50 valleros de sus reinos con grand obediencia cumplían sus mandamientos. Era ombre franco e facía grandes mercedes y dádivas, e ni repitía jamás lo que dava ni le plazía que otros en su presencia gelo repitiesen. Llegó tanta abundancia de thesoros que, allende de los grandes gastos e dádivas que fa- 55 zía, mercava qualquier villa o castillo, o otra grand renta que en sus reinos se vendiese, para acrecentar el patrimonio real.

Era ombre que las más cosas fazía por sólo su arbitrio o a plazer de aquellos que tenía por privados. E como los aparta-mientos que los reyes fazen e la grand afeción que sin justa 60 causa muestran, a unos más que a otros, e las eçesivas dádivas

---

58. cosas] vezes M   61. eçesivas] excesivas ZA grandes M

te daban testimonio la princesa doña Blanca, su muger, que por tanto tiempo estovo con él casada, e todas las otras mugeres con quien, como habemos di-cho, tovo estrecha comunicación, más aún los físicos e las mugeres e otras per-sonas que desde niño tovieron cargo de su crianza».

47. *otras mugeres:* una de esas mujeres con quien tuvo relación el rey fue doña Guiomar de Castro, una de las damas que trajo en su corte la reina, hija natural de don Álvaro de Castro, conde de Monsanto. Era mujer bella, ambi-ciosa e intrigante, «con la qual el rey tomó pendencia de amores», según Enrí-quez del Castillo, cap. XXIII, aunque inventados y no conseguidos, en opi-nión de Palencia, IV, 2. De todos modos, parece que el rey trató de dar noto-riedad y escándalo a aquella relación buscando el enfrentamiento con la reina, instalando a la portuguesa en una lujosa mansión o incorporándola a su séqui-to en la expedición a la guerra de Granada. Otra de estas damas que quiso pa-sar por amante parece que fue doña Catalina de Sandoval, a quien nombró abadesa del monasterio de San Pedro de las Dueñas, en Toledo. De relaciones supuestamente homosexuales con distintos y sucesivos varones de la corte tra-ta Palencia en su crónica. Comenzarían ya con Juan Pacheco, el ayo que le pone Álvaro de Luna en su adolescencia, y continuarían con Gómez de Các-res, Francisco Valdés, Miguel Lucas de Iranzo y hasta el propio don Beltrán de la Cueva (Palencia, *Gesta Hispaniensia*, cit., especialmente V, 3 y 4).

48. *allegamiento de varón:* 'ayuntamiento, cópula carnal'.

50. *llegó:* 'allegó, juntó, recogió'.

61. *eçesivas dádivas:* notorias fueron precisamente las concedidas a sus cria-dos más allegados, a quienes «acordó de sublimar y hacerlos grandes hom-bres»: «proveyó e dio el maestrazgo de Alcántara a don Gómez de Cáceres, su mayordomo mayor, e la mayordomía a don Beltrán de la Cueva, otro criado

que les dan, suelen provocar a odio, e del odio nacen malos
pensamientos y peores obras, algunos grandes de sus reinos, a
quien no comunicava sus consejos ni la governación de sus
65 reinos e pensavan que de razón les devía ser comunicado,
concibieron tan dañado concepto que algunas vezes conjura-
ron contra él para lo prender o matar. Pero como este rey era
piadoso, bien así Dios usó con él de piedad e le libró de la prisión e de los otros males que contra su persona se imagina-
70 ron. E ciertamente se deve considerar que, como quier que
no sea ageno de los ombres tener afeción a unos más que a
otros, pero especialmente los reyes, que están en el miradero
de todos, tanto menor licencia tienen de errar quanto más señalados e mirados son que los otros, mayormente en las cosas
75 de la justicia, de la qual tan bien deven usar mostrando su afeción templada al que lo meresciere como en todas las otras
cosas. Porque de mostrarse los reyes afecionados sin templan-
ça e no a quién ni cómo ni por lo que lo deven ser, nascen
muchas vezes las enbidias, do se siguen las desobediencias e
80 vienen las guerras e otros inconvenientes que a este rey acaescieron.
　　Era grand músico e tenía buena gracia en cantar e tañer e
en fablar en cosas generales. Pero en la execución de las parti-

---

69. persona] persona real M　　79. muchas] muy muchas M

suyo que había sido paje de lanza; e la condestablía dio a don Miguel Lucas
de Iranzo, y el priorato de San Juan a don Juan de Valenzuela» (Enríquez del
Castillo, cap. XVI).
　　72. *miradero:* lugar al que se mira, y también 'espejo'. Es una imagen muy
común de la literatura política y moral, que inspira precisamente el género de
los «espejos de príncipes»: «[los reyes] son como espejo en que los homes veen
su semejanza de apostura o de enatieza» *(Partida Segunda,* 5, 4), «E como en espejo se catan las gentes en el príncipe o regidor casto, e ámanselo e lóanlo...»
(Libro de los doce sabios, pág. 79), «[el rey] es espejo en que todos los hombres
se catan» *(Castigos de Sancho IV,* cap. IIIa). El propio Enrique IV la utiliza en
respuesta a su contador Diego Arias, según la crónica de Enríquez del Castillo, cap. XX: «Vos habláis como Diego Arias e yo tengo de obrar como rey, en
quien como en espejo todos se han de mirar e tomar doctrina».
　　82. *músico:* Enríquez del Castillo, cap. I, subraya su afición por la música
más bien triste y melancólica: «el tono de su voz dulce e muy proporcionado;
todo canto triste le daba deleite: preciábase de tener cantores y con ellos cantaba muchas veces. En los divinos oficios mucho se deleitaba. Estaba siempre

culares e necesarias, algunas vezes era flaco, porque ocupava
su pensamiento en aquellos deleites de que estava acostunbra-   85
do, los quales impidíen el oficio de la prudencia a qualquier
que dellos está ocupado. E ciertamente veemos algunos ombres fablar muy bien, loando generalmente las virtudes e vitu-
perando los vicios, pero, quando se les ofresce caso particular
que les toque, estonces vencidos del interese o del deleite, no   90
an logar de permanecer en la virtud que loaron ni resistir el vicio que vituperaron.

Usava asimismo de magnificencia en los recebimientos de
grandes ombres e de los enbaxadores de reyes que venían a
él, faziéndoles grandes e suntuosas fiestas e dándoles grandes   95
dones, otrosí en fazer grandes hedeficios en los alcáçares e casas reales e en iglesias e logares sagrados.

---

86. impidíen] impiden AM

retraído, tañía dulcemente laúd; sentía bien la perfección de la música: los instrumentos de ella le placían». Una parte del citado *Vergel*, que le dedica Sánchez de Arévalo, está dedicada a la música, sus deleites y cualidades.

94. *enbaxadores:* extraordinarias fueron las fiestas con que, en el verano
de 1459, agasajó a los embajadores de Bretaña, que describe con detalle Enríquez del Castillo, cap. XXIV. Las celebró en El Pardo, «lugar muy deleitoso y
dispuesto, así por la espesura de los montes que alrededor avía, como por los
muchos animales que dentro del sitio estaban, que es a dos leguas de Madrid». La fiesta duró cuatro días: «el primero se hizo una fiesta de justa de
veinte caballeros, diez de cada parte, todos con muy ricos paramentos y atavíos... El segundo día corrieron todos a caballo e después un juego de cañas
en que avía cien caballeros, cincuenta por cincuenta... El tercero día fue una
señalada montería, donde se mataron muchos e diversos animales bravos e
peligrosos, así a caballo como a pie». El cuarto día, en la vuelta de El Pardo
a Madrid, se celebró un paso de honor mantenido por su mayordomo don
Beltrán de la Cueva, que cerraba el camino y desafiaba a los que regresaban:
«Estaba puesta una tela barreada en derredor, de madera con sus puertas, por
donde avían de entrar los que venían del Pardo, en cuya guarda estaban ciertos salvajes que no consentían entrar a los caballeros e gentiles hombres que
llevasen damas de la rienda sin que prometiesen de hacer con él seis carreras
e, si no quisiesen justar, que dexasen el guante derecho. Estaba junto, cabe
la tela, un arco de madera bien entallado, donde había muchas letras de oro
muy bien obradas, e avía tal postura que cada caballero que quebrase tres
lanzas iba al arco y tomaba una letra en que comenzase el nombre de su
amiga».

Este rey fundó de principio los monesterios de la Virgen
Santa María del Parral, de Segovia, e de Sant Gerónimo del
100 Paso, de Madrid, que son de la orden de sant Gerónimo, e
dotóles magníficamente, e otrosí el monesterio de Sant Antonio, de Segovia, de la orden de sant Francisco. E fizo otros
grandes hedeficios e reparos en otras muchas iglesias e monesterios de sus reinos, e dióles grandes limosnas e fízoles mu-
105 chas mercedes.
Otrosí mandava pagar cada año en tierras e acostamientos
grand número de gente de armas. E allende desto gastava
cada año en sueldo para la gente de cavallo continua que traía
en su guarda otra grand cantidad de dinero. E con esto fue
110 tan poderoso, e su poder fue tan renonbrado por el mundo,
que el rey don Fernando de Nápoles le enbió suplicar que le
recibiese en su omenaje. Otrosí la ciudad de Barcelona con
todo el principado de Catalunia le ofreció de se poner en su

---

111. Nápoles] Napoes H Nápoles A Neápoles M

99. *Santa María del Parral:* monasterio jerónimo de Segovia, cuya edificación inició Juan II en 1447; Enrique IV continuó su fábrica y le concedió numerosos privilegios y donaciones.
100. *San Gerónimo del Paso:* lo mandó eregir en el lugar donde se había celebrado el referido paso de armas: «Y como aquel paso fuese cosa señalada,
queriendo el rey honrar su mayordomo e favorecer su fiesta, mandó allí hacer
un monasterio de la orden de Sant Gerónimo, que se llama agora Sant Gerónimo del Paso» (Enríquez del Castillo, cap. XXIV).
101. *San Antonio de Segovia:* monasterio de San Antonio el Real, en Segovia; en sus orígenes era un pabellón de caza de Enrique IV, quien lo donó
como convento a la orden franciscana en 1455.
106. *acostamientos:* 'sueldo, estipendio que se daba a los que servían al rey
o a algún señor'.
108. *gente continua:* era oficio de la casa del rey, habitualmente servían
como guardia de palacio: «Ca traía de contino en la guarda de su persona tres
mil e seiscientas lanzas, hombres de armas y ginetas, con muy singulares capitanes» (Enríquez del Castillo, cap. XX).
111. *Fernando de Nápoles:* Ferrante de Nápoles, hijo bastardo y sucesor de
Alfonso V, tío de Enrique IV, muerto en 1458.
113. *principado de Catalunia:* tras la muerte del Príncipe de Viana y ante la
actitud tiránica de Juan II de Aragón en contra de los derechos de su hija Blanca, en junio de 1462 la ciudad de Barcelona toma la iniciativa de declarar a
Juan II enemigo del principado, al tiempo que proclamaba que a Enrique IV
correspondía la legítima sucesión de los reyes del Casal d'Aragó como Príncipe y Conde de Barcelona, invitándole a trasladarse al Principado para tomar

señorío, e de le dar los tributos devidos al rey don Juan de
Aragón, su tío, a quien por estonces aquel principado estava 115
rebelde.

Por enduzimientos e persuasiones de algunos que estavan
cerca dél en su consejo, más que procediendo de su voluntad,
tovo algunas diferencias con este rey de Aragón, su tío, que
asimismo se intitulava rey de Navarra. E entró por su persona 120
poderosamente en el reino de Navarra e enbió grand copia de
gente de armas con sus capitanes al reino de Aragón, e fizo
guerra a los aragoneses e navarros. E puédese bien creer que,
segund su grand poder e la disposición del tiempo e de la tierra e la flaqueça e poca resistencia que por estonces avía en la 125
parte contraria, si este rey fuera tirano e inhumano, todos
aquellos reinos e señoríos fueran puestos en su obediencia,
dellos con pequeña fuerça e dellos de su voluntad. E para pacificar estas diferencias se trataron vistas entre él e el rey don
Lois de Francia, que como árbitro se interpuso a las pacificar, 130
a las quales vistas fue acompañado de grandes señores e perlados e de grand multitud de cavalleros e fijosdalgo de sus reinos. E en los gastos que fizo e dádivas que dio, e en los arreos
e otras cosas que fueron necesarias de se gastar e destribuir
para tan grand acto, mostró bien la franqueza de su coraçón 135
e paresció la grandeza de sus reinos, e guardó la preheminen-
cia de su persona e la honra e loable fama de sus súbditos. Fue

---

133. e en los gastos] *om.* e A   135. grand acto] grande acto AM gran acto Z

posesión. Por diversas razones, asesorado por sus consejeros Carrillo y Pacheco, Enrique no se decidió a aceptar el nombramiento de rey de Aragón y príncipe de Cataluña, que era la herencia de Carlos de Viana (puede verse Luis
Suárez, *Enrique IV de Castilla*, Barcelona, Ariel, 2001, págs. 252-258).

117. *enduzimientos:* 'inducimientos, instigamientos'.

130. *Lois de Francia:* Luis XI, ofreció como amigo y aliado su mediación en
el conflicto con Juan II, rey de Navarra y Aragón. Dictó sentencia de arbitraje
en virtud de la cual Enrique abandonaba Navarra y retiraba sus tropas de Cataluña, obteniendo a cambio la ciudad de Estella y una importante indemni-
zación en metálico, cuyo abono se señalaba a largo plazo (L. Suárez, ob. cit.,
págs. 261-262).

132. *fijosdalgo:* ya en sentido genérico, 'hidalgos, libres de nacimiento, nobles, no villanos'.

133. *arreos:* 'atavíos, adornos, composturas'.

la fabla destos dos reyes entre la villa de Fuente Rabía, que es
del reino de Castilla, e la ciudad de Bayona, que es del reino
140 de Francia, en la ribera de la mar.

Continuó algunos tiempos guerra contra los moros. Fizo
algunas entradas con grand copia de gente en el reino de Granada. En su tiempo se ganó Gibraltar e Archidona e otros algunos logares de aquel reino. Constriñó a los moros que le
145 diesen parias algunos años por que no les fiziese guerra. E los
reyes comarcanos temían tanto su grand poder que ninguno
osava fazer el contrario de su voluntad. E todas las cosas le
acarreava la fortuna como él las quería e algunas mucho mejor de lo que pensava, como suele fazer a los bienafortuna-
150 dos. E los de sus reinos todo aquel tiempo que estovieron en
su obediencia gozavan de paz e de los otros bienes que della
se siguen.

Fenecidos los diez años primeros de su señorío, la fortuna,
enbidiosa de los grandes estados, mudó, como suele, la cara
155 próspera e començó a mostrar la adversa. De la qual mudança muchos veo quexarse e, a mi ver, sin causa porque, segund
pienso, allí ay mudança de prosperidad do ay corrubción de

---

147. osava] asava A   157. corrubción] corrupción ZAM

138. *la fabla destos dos reyes:* a finales de abril de 1463 se celebraron las vistas entre Enrique IV y Luis XI, junto a la frontera que marca el río Bidasoa, acompaña-
dos de sendas comitivas reales: «El día que ovieron de ser las vistas, el rey de Francia se vino a Sant Juan de Luz, que está junto con el río de Fuenterrabía, e con él
el arzobispo de Toledo, que aquel día comió con él. Y el Rey con mucha caballería e principales señores de su corte pasaron en barcas hasta la otra parte del río,
donde el rey de Francia con muchos señores y perlados le estaban esperando a
pie (...) En otras barcas iban otros muy señalados caballeros de estado, cuyos
nombres sería grand proligidad contar por extenso. Todos fueron tan ricamente
ataviados e vestidos quanto en ningún tiempo se pudo ver en Castilla, tanto e de
tal guisa que los franceses quedaron muy maravillados (...) el rey de Francia dio
por su sentencia que el Rey desistiese de la impresa de Cataluña y que, en equi-
valencia de aquella y de los gastos que había hecho, el rey de Aragón le diese la
cibdad de Estella con toda su merinidad, que es en el reino de Navarra, e así mesmo cinquenta mil doblas» (Enríquez del Castillo, cap. XLIX).
143. *Gibraltar:* la plaza fue conquistada el 16 de agosto de 1462 por el duque de Medinaceli, que, aunque trató de incorporarla a su señorío, hubo de
entregarla al rey y al patrimonio real.
157. *mudança de prosperidad:* los cronistas contemporáneos suelen señalar
dos etapas distintas en el reinado de Enrique IV, una más o menos próspera y

costunbres. E así por esto como porque se deve creer que Dios, quiriendo punir en esta vida alguna desobediencia que este rey mostró al rey su padre, dio logar que fuese desobedecido de los suyos e permitió que algunos criados de los más aceptos que este rey tenía e a quien de pequeños fizo ombres grandes e dio títulos e dignidades e grandes patrimonios, quier lo fiziesen por conservar lo avido, quier por lo acrecentar e añadir mayores rentas a sus grandes rentas, erraron de la vía que la razón les obligava. E no podiendo refrenar la enbidia concebida de otros que pensavan ocuparles el logar que tenían, conocidas en este rey algunas flaquezas nacidas del ábito que tenía fecho en los deleites, osaron desobedecerle e poner disensión en su casa. La qual, porque al principio no fue castigada segund devía, cresció entre ellos tanto que fizo descrecer el estado del rey e el temor e obediencia que los grandes de sus reinos le avían.

Donde se siguió que algunos destos se juntaron con otros perlados e grandes señores del reino e tomaron al príncipe don Alfonso su hermano, moço de onze años, e faziendo di-

160

165

170

175

---

175. perlados] prelados Z   176. don Alfonso] don Alonso AM

venturosa, y otra desastrada y calamitosa. Durante la primera, hasta 1462, cuenta con los grandes del reino, despliega una positiva política internacional y reanuda con éxito la guerra de reconquista. A partir de 1463 se rebela contra él la alta nobleza, se propagan los rumores sobre la ilegitimidad de Juana y se plantea agriamente el problema sucesorio en favor de su hermanastro el príncipe Alfonso. El poeta Jorge Manrique, en sus célebres *Coplas sobre la muerte de su padre,* cantó también ese revés de fortuna en la trayectoria del rey: «Pues el otro, su heredero, / don Enrique, ¡qué poderes / alcançava! / ¡quán blando y quán falaguero / el mundo con sus plazeres / se le dava! / Mas verás quán enemigo, / quán contrario, quán cruel / se le mostró: / aviéndole seido amigo, / ¡quán poco duró con él / lo que le dio!» (ed. M. Á. Pérez Priego, Madrid, Espasa Calpe, 1999, pág. 162).

176. *príncipe don Alfonso:* a la edad de once años, en junio de 1465, ante las murallas de Ávila, fue coronado rey por una facción de la nobleza castellana, de la que formaban parte Juan Pacheco, el arzobispo Carrillo, los Enríquez y los Manrique, entre otros (en el partido realista, en cambio, se alineaban los Mendoza y los Velasco). Esa 'farsa de Ávila', como se la ha denominado, en la que fue depuesto Enrique IV en simulacro de un muñeco con los atributos reales, que inmediatamente fueron traspasados a Alfonso entre aclamaciones de los presentes, desencadenó en Castilla una enconada lucha civil, que duraría hasta la muerte de Alfonso en 1468.

visión en Castilla lo alçaron por rey della. E todos los grandes
e cavalleros e las ciudades e villas estovieron divisos en dos
partes. La una permanesció siempre con este rey don Enri-
180 que, la otra estovo con aquel rey don Alfonso, el qual duró
con título de rey por espacio de tres años, e murió en hedad
de catorze. En esta división se despertó la cobdicia e creció el
avaricia, cayó la justicia e señoreó la fuerça, reinó la rapina e
disolvióse la luxuria. E ovo mayor logar la cruel tentación de
185 la sobervia que la humilde persuasión de la obediencia. E las
costunbres por la mayor parte fueron corronpidas e disolutas,
de tal manera que muchos, olvidada la lealtad e amor que devían a su rey e a su tierra, e siguiendo sus intereses particulares, dexaron caer el bien general de tal forma que el general e
190 el particular peresçía.

E nuestro Señor, que algunas vezes permite males en las tierras generalmente para que cada uno sea punido particularmente segund la medida de su yerro, permitió que oviese tantas guerras en todo el reino que ninguno puede dezir ser exhi-
195 mido de los males que della se siguieron. Y especialmente
aquellos que fueron causa de la principiar se vieron en tales
peligros que quesieran dexar grand parte de lo que primero tenían con seguridad de lo que les quedase, e ser salidos de las
alteraciones que a fin de acrecentar sus estados inventaron. E
200 así pudieron saber con la verdadera esperiencia lo que no les
dexó conocer la ciega cobdicia. Y por cierto así acaesce que
los ombres, antes que sientan el mal futuro, no conocen el
bien presente. Pero quando se veen enbueltos en las necesidades peligrosas en que su desordenada cobdicia los mete, es-
205 tonces querrían e no pueden fazer aquello que con menor
daño pudieran aver fecho.

Duraron estas guerras los otros diez años postrimeros que
este rey reinó, e los ombres pacíficos padecieron muchas fuer-

---

207. Duraron] Sc *comienza el párrafo con la siguiente frase, tachada por una
mano posterior a la de la copia original:* E porque la ferviente afeçión de personas
e la çiega cobdiçia de los bienes fazen perder el buen juizio en las cosas, duraron.

183. *rapina:* es forma etimológica, que convive en la lengua antigua con *ra-
piña.*

ças de los ombres nuevos que se levantaron e fizieron grandes
destruiciones. Gastó en estos tiempos el rey todos sus theso-   210
ros, e allende de aquellos gastó e dio sin medida casi todas las
rentas de su patrimonio real. E muchas dellas le tomaron los
tiranos, de manera que aquel que con el abundancia de los
thesoros comprava villas e castillos, vino en tanta estrema necesidad que vendió muchas vezes las rentas de su patrimonio   215
para el mantenimiento de su persona.

Bivió este rey cinqüenta años, de los quales reinó veinte. E
murió en el alcáçar de la villa de Madrid de dolencia del ijada, de la qual en su vida muchas vezes fue gravemente apasionado.   220

---

211. casi] quasi ZAM   212. le tomaron] que le tomaron AM // los tiranos]
los tiranos que en aquel tiempo eran AM   215. muchas vezes] muchas de vezes AM // de su] del su AM   219. de la qual] *om.* qual A   220. apasionado]
apasionado: murio a diez de dezienbre de setenta e quatro años S

217. *veinte:* nació en Valladolid el 1 de enero de 1425 y murió en Madrid
el 12 de diciembre de 1474, reinó de 1454 a 1474.

218. *alcáçar de la villa de Madrid:* erigido sobre un antiguo castillo árabe, sobre él se asienta hoy el Palacio Real; los Trastámara lo acondicionaron e hicieron de él su residencia habitual. Enrique pasó muchos días de su vida en Madrid: «La cibdad de Segovia e la villa de Madrid fueron dos señalados lugares
donde el rey más se holgaba (...) señaladamente [estaba] lo más del tiempo en
Madrid, porque la comarca suya era más abundosa de vituallas e manteni-
mientos para los cortesanos» (Enríquez del Castillo, cap. XVII).

218. *dolencia de ijada:* «nombre con el que entonces se designaban un conjunto de enfermedades dolorosas del vientre aún no diferenciadas, principalmente las litiasis renal y hepática» (G. Marañón, ob. cit., 59). Cronistas como
Palencia, Diego de Valera o Enríquez del Castillo, hablan además de abundante flujo sanguíneo, vómitos y deformación de todo su cuerpo, síntomas
que Marañón no creía acomodados a aquella dolencia y que más bien le ha-
cían sospechar en un envenenamiento por arsénico (ob. cit., 59-61 y 140-141).
Aunque así pudiera haber sido, no hay base documental que lo corrobore
(L. Suárez, ob. cit., 526-528).

219. *apasionado:* 'molestado y fatigado de alguna enfermedad'.

El almirante don Fadrique

El almirante don Fadrique, fijo del almirante don Alfonso
Enríquez e nieto de don Fadrique, maestre de Santiago, e visnieto del rey don Alfonso, fue pequeño de cuerpo e fermoso
5 de gesto. Era un poco corto de vista. Ombre de buen entendimiento. Fue en los tiempos del rey don Juan e del rey don
Enrique. Tenía muchos parientes, porque tenía por hermano
de madre al adelantado Pero Manrique, que fue un grand se-

---

1. Título ij. del almirante don fadrique Z 2. El] *falta la letra capital en* H //
Alfonso] Alonso AM

4. *rey don Alfonso:* los Enríquez eran linaje descendiente de uno de los numerosos bastardos de Alfonso XI. Fadrique, según cierta leyenda hijo de Alfonso y de Paloma su concubina judía («En Castilla casi no hay señor que no
descienda de doña Paloma»), fue hermano de Enrique II, maestre de Santiago
y murió asesinado por mandato de Pedro I. Descendiente suyo, también por
vía ilegítima, fue Alfonso Enríquez, designado almirante de Castilla en 1405
por el rey Enrique III a la muerte de su suegro Diego Hurtado de Mendoza.
Le sucedió nuestro Fadrique Enríquez, que fue padre de Juana Enríquez, segunda esposa de Juan II de Navarra y Aragón y madre de Fernando el Católico. Era, por tanto, abuelo del Rey cuando escribe Pulgar, lo que seguramente
explique el puesto preeminente que le concede en su galería de retratos. El señorío de los Enríquez, que no fue condado porque sus miembros prefirieron
titularse con el cargo de almirante, que se transmitía hereditariamente, se encontraba en Tierra de Campos, en Valladolid, Palencia, Medina de Rioseco
(su lugar solariego), Aguilar de Campoo, Villalar, Torrelobatón. Puede verse
José Manuel Calderón Ortega, *El Almirantazgo de Castilla. Historia de una insti-
tución conflictiva (1250-1560)*, Alcalá de Henares, Universidad de Alcalá, 2003.
8. *Pero Manrique:* adelantado de León, era hermano de madre de don Fadrique, hijo de doña Juana de Mendoza, que casó en segundas nupcias con Alfonso Enríquez. Fue el padre del maestre Rodrigo Manrique y del poeta Gómez Manrique.

ñor en Castilla, e tovo de su padre e madre otro hermano, que fue conde de Alva de Liste, e nueve hermanas, que casa- 10 ron con ombres de linaje, que tenían casas de mayoradgos antiguas. E de parte de doña Juana de Mendoça, su madre, fija de Pero Gonçález de Mendoça, tenía por deudos de sangre todos los más de los grandes señores de Castilla. Amava los parientes e allegávalos e trabajava en procurar su honra e 15 interese.

Fue cavallero esforçado e ombre de tan grand coraçón que osadamente cometía muchas vezes su persona y estado a los golpes de la fortuna por la conservación de sus parientes e por adquerir para sí honra e reputación. Usando de su oficio 20 de almirante andovo por la mar con grand flota de armada, e ovo recuentros e batallas marinas con moros e con christianos, en las quales fue vencedor e alcançó fama de esforçado capitán.

---

10. casaron] casaron todas AM   12. E de parte] E de la parte AM   16. interese] interese muy mucho AM   17. tan grand] grand tan H (*aunque* grand *tachado y corregido al margen*).   18. vezes] vegadas AM   22. e con christianos] *om.* con AM

10. *Alva de Liste:* la familia de los Enríquez estaba constituida por dos ramas, la mayor era la del almirantazgo, que hereda don Fadrique Enríquez, y la menor, la del condado de Alba de Liste (o Aliste), que corresponde a su hermano Enrique Enríquez.
10. *nueve hermanas:* las nueve hermanas casaron, en efecto, con hombres de linaje, como Rodrigo Alfonso Pimentel, conde de Benavente; Juan Ramírez de Arellano; Pedro de Mendoza, señor de Almazán; Juan de Rojas, señor de Serón; Juan de Tevar, señor de Astudillo y Berlanga; Pedro Puertocarrero, señor de Moguer; Pedro Núñez de Herrera, señor de Pedraza; Juan Manrique, hijo del conde de Castañeda; Rodrigo Álvarez de Osorio, alférez de Fernán Álvarez de Toledo.
13. *deudo:* 'pariente'.
21. *almirante:* dignidad que tenía a su cargo la marina real y las competencias navales; desde 1405 el almirantazgo de Castilla quedó vinculado al linaje Enríquez, pasando a ser una dignidad honorífica más que un cargo efectivo. Alfonso Enríquez transmitió a su hijo Fadrique el almirantazgo pocos días antes de su muerte en 1428. En 1430 combatió desde el mar posesiones del rey de Aragón en Alicante e Ibiza, en 1431 la flota dominaba aguas andaluzas impidiendo la ayuda a Granada por vía marítima. En años posteriores habrá escasa actividad marítima y las tareas del almirantazgo serán más bien de carácter administrativo.

25   Era franco e liberal e siempre pospuso la cobdicia del guardar thesoros a la gloria que sintía en los gastar por aver honra. Era ombre impaciente e no podía buenamente tolerar las cosas que le parescían ecesivas e contrarias a la razón, e reprehen-
díalas con algún rigor. Especialmente increpava la grand
30   afeción que el rey don Juan tenía al maestre de Santiago, don
Álvaro de Luna, condestable de Castilla, e el grand poder que
en su corte e reino le dio e las dádivas inmensas que le fizo.
Otrosí reprehendía las cosas ecesivas que este condestable,

---

25. liberal] libral H // del guardar] de guardar AM   32. en su corte] en su
persona e en su corte Sc

32. *dádivas inmensas:* entre las numerosas dádivas que Álvaro de Luna recibió de Juan II, pueden contarse la donación de la villa de San Esteban de Gor-
maz, que fue la primera, en 1420, con ocasión del casamiento del infante don
Enrique con doña Catalina, hermana de Juan II; el nombramiento de condestable de Castilla, en 1423, tras el castigo a los conjurados de Tordesillas; la donación del castillo de Montalbán, en 1437, posesión de la reina doña María;
o el nombramiento de maestre de Santiago, en 1445, tras la batalla de Olmedo.
33. *cosas ecesivas:* el apoderamiento de la voluntad del rey fue una de las in-
culpaciones por parte de sus enemigos contra don Álvaro de Luna, quien, según la *Crónica de Juan II,* año 1440, cap. V, tenía atadas todas sus potencias
corporales e intelectuales por mágicas y diabólicas encantaciones. Fernán Pérez de Guzmán, en sus *Generaciones y semblanzas,* incluye esta densa enumera-
ción de los destierros, prisiones y muertes causados por don Álvaro: «Ca en
esta confusión e turbación de tienpo fue preso el noble prínçipe don Enrique,
maestre de Santiago, fijo del ilustrísimo don Fernando, rey de Aragón, e desterrados el adelantado Pero Manrique e con él dos buenos cavalleros sus parientes, Gómez de Benavides e Lope de Rojas. E fue desterrado don Ruy López Dávalos, condestable de Castilla e murió en el destierro perdiendo todo
su patrimonio. E fue preso don García Ferrández Manrique, conde de Castañeda, e Ferrant Alfonso de Robles e el duque don Fadrique e don Fadrique de
Luna, conde. Estos dos murieron en las prisiones, non de muerte natural, segunt algunos dizen. E después fueron presos don Gutierre de Toledo, arçobispo de Toledo e su sobrino don Ferrand Álvarez de Toledo, conde de Alva, e
con ellos Ferrand Pérez de Guzmán e Garçi Sánchez d'Alvarado. E perdió el
maestrazgo de Alcántara don Johan de Sotomayor e fue desterrado, e preso
mosén Diego de Vadillo, alcaide de las taraçanas, e desterrado el obispo de Segovia e Pero Niño que después fue conde. E fue preso el conde de Castro e Ferrand López de Saldaña, e después libre de la prisión e desterrado, murió en el
destierro. E preso el adelantado de Gallizia e segunda vez preso el conde d'Alva e el conde de Benavente e Pedro de Quiñones e su hermano Suero de Quiñones. E dos vezes preso don Enrique, hermano del almirante don Fadrique,

con el grand favor que del rey tenía, fazía, e no las podía sofrir ni disimular. E desta condición se le seguieron discordias   35
e enemistades con aquel maestre e con otros cavalleros que si-
guían su parcialidad, de las quales procedieron guerras e escándalos en el reino. Porque era ombre de grand autoridad,
así por respeto de su persona e grand casa, como por los muchos e grandes señores que tenía por parientes.   40

Casó una fija con el rey de Aragón, que a la ora era rey de
Navarra, e por causa deste casamiento e de las parcialidades
que tenía en el reino, se le siguieron algunos infortunios. Especialmente en el vencimiento de la batalla que el rey don
Juan ovo contra el rey de Navarra e contra el infante don En-   45
rique, sus primos, e contra otros cavalleros cerca de la villa de
Olmedo. En la qual, como quier que este almirante fue ven-

---

e desterrados el dicho almirante don Fadrique e el conde de Castro. E muerto por justiçia Garçi Sánchez d'Alvarado, e desterrados segunda vez los nobles
príncipes, rey de Navarra e infante don Enrique e otra vez repartido su patrimonio» (ed. cit., pág. 48).

41. *rey de Aragón:* Juan II de Aragón (1398-1479), rey de Navarra desde 1425
por su casamiento con doña Blanca, recibió la corona catalanoaragonesa
en 1458 al morir sin hijos Alfonso V. En 1443 casó con Juana, hija del almirante. De ese modo, quedaba todavía más patente la parcialidad de don Fadrique con los infantes de Aragón y su rivalidad con don Álvaro de Luna.

46. *otros cavalleros:* en 1437, junto con el adelantado Pedro Manrique y el
conde de Ledesma, Pedro de Stúñiga, se oponen abiertamente a Álvaro de
Luna y piden al rey que ponga límite al poder del valido. En 1441, en Arévalo, los jefes de los más importantes linajes del reino constituyeron una Liga y
enviaron un cartel de desafío a don Álvaro. Llevando a cabo una verdadera declaración de guerra, se envió a las ciudades un manifiesto que firmaron el almirante don Fadrique y los condes de Benavente y de Plasencia. Era un alega-
to contra la tiranía de don Álvaro y una firme declaración de principios, en la
que el gobierno con la nobleza es considerada la única solución justa para los
problemas políticos castellanos *(Crónica de Juan II,* 1441, XXX).

47. *Olmedo:* fue la batalla definitiva del rey Juan II contra los infantes de
Aragón y sus aspiraciones al trono de Castilla, librada en 1445. En ella murió
el infante don Enrique y salió herido y vencedor don Álvaro de Luna, a quien
el rey hizo elegir maestre de Santiago. Don Fadrique Enríquez, del partido de
los infantes, pues, como quedó dicho, era suegro de Juan de Navarra y Aragón, fue preso y desterrado del reino *(Crónica de Juan II,* año 1439, cap. VI). En
realidad, el almirante fue capturado sin ser reconocido y quedó en poder de
Fernando de la Carrera, caballero en otro tiempo amigo suyo, que lo libró del
enojo del rey y lo condujo a su propio castillo de Torrelobatón (Alonso de Palencia, *Gesta Hispaniensia,* I, VII).

cido del maestre de Santiago, su enemigo, e preso por un escudero de su capitanía, pero no le falleció ánimo en la ora del
50 infortunio e, con fuerça de razones que dixo al que le pren-
dió, le puso en libertad. Y fueron tomados todos sus bienes e
él andovo desterrado del reino sintiendo aquel grave senti-
miento que el vencido siente veyendo su enemigo vencedor.
Sufrió este cavallero sus pérdidas con igual cara e ninguna
55 fuerça de la fortuna le abaxó la fuerça de su coraçón.
    Loan los istoriadores romanos por varón de grand ánimo a
Catón, porque se mató no podiendo con paciencia sofrir la
vitoria de Çésar, su enemigo. Y no sé yo por cierto qué mayor
crueldad le fiziera el Çésar de la que él se fizo. Porque, repug-
60 nando la natura e al común deseo de los ombres, fizo en su
persona lo que todos aborrescen fazer en la agena. E adornan
su muerte diziendo que murió por aver libertad. E ciertamente no puedo entender qué libertad puede aver para sí ni para
dar a otro el ombre muerto. Así que, como aya grande razón
65 para loar su vida, no veo que la aya para loar su muerte, porque anticiparse ninguno a desatar aquel conjuntíssimo e natural atamiento que el ánima tiene con el cuerpo, temiendo que
otro le desate, cosa es más por aborrecer que para loar. No se
mata el marinero en la fortuna antes que le mate la fortuna,
70 ni el cercado se da la muerte por miedo de la servidumbre del
cercador. A todos sostiene la esperança que no pudo sostener
a Catón, el qual sí tovo ánimo para sofrir los bienes de la
prosperidad y no los males de la fortuna.
    Con mayor razón podemos loar este almirante, porque el
75 uno paresció en su muerte tan flaco que no pudo sofrir sus

---

54. Sufrió] Sc *comienza el párrafo con la siguiente frase, tachada por una mano
posterior a la de la copia original:* E como quier que donde ay pérdida ay dolor,
pero este cavallero sufrió.   74. el uno paresció] el non paresció A

57. *Catón:* partidario de Pompeyo, cuando este fue vencido por César en la
batalla de Ematia, huyó a la ciudad de Útica y, temiendo caer en manos de
César, su mortal enemigo, se dio muerte con su propia espada. Otros autores
castellanos, como el Marqués de Santillana, en sus *Proverbios,* vv. 441-444, no
dejaron de expresar su admiración por el suicidio de Catón: «¡Quánto bien
murió Catón, / si permitiese / nuestra ley e consintiese / tal razón!».
69. *fortuna:* el autor juega en esta frase con el doble sentido de *fortuna* 'tor-
menta en la mar' y *fortuna* 'azar, suerte, destino'.

males y éste paresció en su vida tan fuerte que tovo esperança de cobrar sus bienes, aunque se vido desterrado e vencido e a su enemigo próspero y vencedor. Porque aquel es dicho varón magnánimo que, sufriendo la mala, sabe buscar la buena fortuna. E si el otro fue reprehensor de pecados, tanbién fue este almirante reprehensor de aquello que le parescía fuera de razón, aunque de reprehender errores agenos más vezes se sigue odio al castigador que emienda al castigado.

Y tanbién devemos considerar que si los juizios de Dios no podemos comprehender, menos los devemos reprehender, porque no sabemos sus misterios ni los fines que su providencia tiene ordenados en los actos de los ombres. Y por ende el que pudiere refrenar su ira e dar pasada a las cosas que se pueden tolerar e aver sufrimiento para las disimular, sin dubda bivirá vida más segura e no se porná, segund este almirante se puso, a los golpes peligrosos de la fortuna. En los quales en alguna manera se pudo dezir bien fortunado, porque sus deudos e amigos le fueron gradecidos, e sus criados e servidores le fueron leales. Los quales, nenbrándose de algunos beneficios que dél recibieron, le ayudaron quanto pudieron e ayudaran mejor si pudieran. Porque el amor verdadero ni dexa de amar ni cansa de aprovechar.

En estos tiempos de adversidades que por este cavallero pasaron, conoció bien la lucha continua que entre sí tienen el trabajo, de la una parte, e el deleite, de la otra. E como quier que el uno o el otro vencen a vezes, pero ninguno dellos dura en el vencimiento luengamente, al fin, faziendo el tiempo las mudanças que suele e los amigos e servidores las obras que deven, rodeó Dios las cosas en tal manera que tornó a Castilla e recobró todos sus bienes y patrimonio. E ovo logar de lo acrecentar y fue restituido en la grand estimación que primero estava.

E murió lleno de días e en grand prosperidad, porque dexó sus fijos en buen estado e vido en sus postrimeros días a su

89. bivirá] viviría ZS   94. nenbrándose] membrándose ZS   97. ni cansa] ni causa H   105. logar] iegar H lugar ZAM

94. *nenbrándose:* forma disimilada por *membrándose* 'acordándose'.

110 nieto, fijo de su fija, ser príncipe de Aragón, porque era único
     fijo al rey de Aragón, su padre. E otrosí le vido príncipe de los
     reinos de Castilla e de León, porque casó con la princesa de
     Castilla, doña Isabel, que fue reina destos reinos.

---

111. al rey de Aragón] del rey de Aragón A   113. reinos] reinos, murio en
agosto año de setenta e tres años S

110. *nieto:* se refiere, claro está, a Fernando el Católico. Otro nieto famoso de
nuestro almirante fue su homónimo Fadrique Enríquez de Cabrera (1460-1538),
también almirante de Castilla, literato y mecenas. Ha sido estudiado por Juan
Bautista Avalle-Arce, *Cancionero del Almirante don Fadrique Enríquez*, Barcelona,
Sirmio (Quadernes Crema), 1994.

El conde de Haro

Don Pero Fernández de Velasco, conde de Haro, fijo de
Juan de Velasco e nieto de don Pero Fernández de Velasco,
fue ombre de mediana estatura. Tenía las cervices torcidas e
los ojos un poco vizcos. Era de linaje noble e antiguo. Fállase 5
por las corónicas que él e su padre e avuelos fueron camareros mayores de los reyes de Castilla subcesivamente por espacio de ciento e veinte años.

Era ombre agudo e de buen entendimiento. Bivió en los
tiempos del rey don Juan el segundo e del rey don Enrique 10
quarto, su fijo. En su joventud, la hedad loçana e no aún madura ni esperimentada en los inconvinientes que acaescen en
la vida, le induzió que se juntase en parcialidades con otros

---

1. Título iij. del conde de haro Z   2. Don] *falta la letra capital en* H

2. *conde de Haro:* Pedro Fernández de Velasco (c. 1400-1470) era hijo de
Juan de Velasco, señor de Medina de Pomar y de Briviesca, y de María Solier,
señora de Villalpando y de Siruela. En mayo de 1430, Juan II le concedió el título de conde de Haro, que era ciudad del rey de Navarra.
6. *camareros mayores:* el de camarero mayor era uno de los grandes cargos
de oficales de la Corona, jefe de la cámara del rey y de los aposentos reales
(puede verse David Torres Sanz, *La Administración central castellana en la Baja
Edad Media,* Universidad de Valladolid, 1982). El cargo lo ocupó ya su abuelo con Juan I, que también lo nombró señor de Briviesca, y luego su padre con
Enrique III. Desde entonces la familia creció en poder y dominios. Sus terre-
nos se encontraban en la frontera navarra, en la ruta de la lana a los puertos
cántabros, por Burgos y La Rioja.
13. *parcialidades:* hacia 1430 Fernández de Velasco formaba parte del bando del infante don Enrique, lo que le causaría algún *infortunio.*

grandes del reino, sus parientes, e repugnase la voluntad e afe-
15 ción grande que el rey don Juan mostrava en obras e en palabras a algunos privados. E por esta causa estovo algún tiempo en la indignación del rey e padesció algunos infortunios.
E como acaesce algunas vezes que las adversidades dan al ombre mejor dotrina para ser cauto que las prosperidades para
20 ser templado, este cavallero despertó en la adversidad su buen
entendimiento e conosció cómo dende en adelante biviese
con más seguridad e menos peligro.

Fablava con buena gracia e con tales razones traídas a propósito que todos avían plazer de le oír. Era temeroso de Dios
25 e ombre de verdad e inclinado a justicia, la qual como sea dividida en partes, una de las quales se dize legal, porque es ins-
tituida por ley, otra igual, que la razón natural nos manda seguir. Puédese por cierto creer deste cavallero que ni falesció en
lo que manda la razón natural ni era transgresor de lo escrito
30 por ley. Antes fue un tan grand zelador de la justicia que no

---

19. prosperidades] propriedades H prosperidades ZAMS

17. *infortunios:* en febrero de 1432, junto con el obispo de Palencia y otros
nobles del reino, fue mandado detener por el rey Juan II porque «andavan en
algunos tratos que no cunplían a su servicio» (Pedro Carrillo de Huete, *Crónica del halconero de Juan II*, ed. Juan de Mata Carriazo, Madrid, Espasa Calpe, 1946,
cap. CXIV, en adelante *Halconero*). Pero en carta de 1439, que envía a su adelantado Pedro Manrique, Juan II dice lo siguiente del conde: «a mí plaze de
vos enviar a don Pedro Fernández de Velasco, conde de Haro, mi camarero
mayor e del mi Consejo, que es uno de los grandes e principales de los mis reinos, e persona de quien yo mucho fio e con quien vosotros tan grandes deb-
dos tenedes; con el cual podedes fablar» (*Halconero*, CCXXXIII).
25. *justicia:* «En la justicia civil y en el derecho público se puede distinguir
lo que es natural y lo que es puramente legal. Es natural lo que en todas partes tiene la misma fuerza y no depende de las resoluciones que los hombres
puedan tomar en un sentido o en otro. Lo puramente legal es todo lo que en
un principio puede ser indiferentemente de tal modo o del modo contrario,
pero cesa de ser indiferente desde que la ley lo ha resuelto» (Aristóteles, *Éticas,*
V, 7). El propio Pulgar, en su *Glosa a las Coplas de Mingo Revulgo*, c. XI, recuerda estas dos clases de justicia de las *Éticas:* «una es aquella que nos dice la razón y nos muestra la igualdad aunque no sea ordenado por ley, así como no
matar hombre o hacer fuerza, porque esto tal (sin que nos lo mande la ley) nos
parece cosa injusta, desigual. Otra es legal, conviene saber, la que nos manda
la ley, que se ordena en las tierras do vivimos, según la calidad de la Providencia lo requiere».

se puede dezir otro en sus tiempos que con tan grand estudio la mirase, ni con mejor diligencia e moderación la cumpliese e executase. E esta virtud mostró bien en la governación de sus villas e logares e otras muchas tierras que tovo en administración. Porque, allende del derecho que igualmente fazía 35 guardar de unos e otros, dio tal forma en sus tierras que los ministros que ponía en la justicia dellas eran obligados de pagar todo el robo que en el campo se fiziese a los moradores o a otra qualquier persona que pasase por ellas, o dar el malfechor que lo oviese fecho o perseguirlo fasta lo aver, o dar razón 40 donde fuese recebtado e defendido. E luego que sabía el logar do estava, fazía tales diligencias que avía el malfechor e fazía justicia dél, o apremiava en tal manera al que lo recebtava que le fazía restituir el robo y el robado quedava satisfecho.

E con esta diligencia que tenía en la justicia, sus tierras eran 45 bien guardadas e florescían entre todas las otras comarcanas. Tenía tierras vezinas a las montañas, e como quier que juntó en parentela con algunos de los cavalleros dellas, pero conoscida la gente ser turbulenta e presta al rigor, con tal prudencia los sopo tratar que en su tiempo no le alcançó parte de algunos 50 males que de sus disensiones les vinieron. Porque era varón inclinado a paz e enemigo de discordia, e grand zelador del bien público, en la governación del qual le plazía gastar el tiempo e el trabajo.

Loan los istoriadores a Bruto, cónsul romano, que mató 55 sus fijos porque contra el bien público de Roma tratavan de

---

52. de discordia] de la discordia M

34. *muchas tierras que tovo en administración:* hacia 1446, después de la batalla de Olmedo, el condado de Haro abarcaba la mayor parte de las actuales provincias de Burgos y Logroño, extendiéndose además a las de Palencia y Álava (Haro, Arnedo, Herrera de Pisuerga, Frías, Medina de Pomar, Briviesca, Salas de los Infantes, Santo Domingo de Silos, Villalpando, Cuenca de Campos, Tamarite). En los últimos años de Enrique IV, los Velasco aspiraron a reconstruir el antiguo señorío de la casa de Lara, pues se sentían descendientes de un linaje que se remontaba a Fernán González y los Jueces de Castilla.

41. *recebtado:* del lat. *receptare,* 'recibir, acoger, dar refugio', 'ocultar, encubrir algún delito'.

55. *Bruto:* «De semejante rigor de justiçia usó Bruto, cónsul romano, el qual como tuviese dos fijos, los quales avían deliberado de reduzir a Tarquino

reduzir al rey Tarquino. E dizen que la grand cobdicia de loor
venció al amor natural e alega Virgilio que fue caso infelice. E
si infelice, no sé cómo la infelicidad deva ser loada ni qué loor
60 puede conseguir aquel que repugna la natura e contraría la razón. Podemos bien creer que este cónsul, si lo fizo con ira,
fue mal y, si con deliberación, peor. Porque de muchos gover-
nadores castellanos leemos que, no matando sus fijos mas
templando sus pasiones, sopieron muy bien governar sus tie-
65 rras y provincias.
    E este noble conde, no señoreado de ambición por aver
fama en esta vida mas señoreando la tentación por aver gloria
en la otra, governó la república tan rectamente que ovo el premio que suele dar la verdadera virtud, la qual conoscida en él,
70 alcançó tener tanto crédito e autoridad que, si alguna grande
e señalada confiança se avía de fazer en el reino, quier de personas quier de fortalezas o de otra cosa de qualquier calidad,
sienpre se confiava dél. E en algunas diferencias que el rey
don Juan ovo con el rey de Navarra e con el infante don En-
75 rique, sus primos, e en algunos otros debates e controversias
que los grandes del reino ovieron unos con otros, si para se pacificar era necesario que los de la una parte e de la otra se jun-
tasen en algún logar para platicar en las diferencias que tenían, siempre se confiavan la salvaguarda de tal logar do se
80 juntavan a este cavallero. E la una parte e la otra confiavan sus
personas de su fe e palabra, e muchas vezes se remitían a su
arbitrio y parescer.

---

62. fue mal] fizo mal ZS   75. controversias] contraversias H

el Sobervio a la señoría de Roma, de la qual fuera lançado por sus deméritos
e por la fuerça fecha a Lucreçia por Sesto Tarquino, fijo suyo, fueron por su
padre descabeçados, aviéndolos por henemigos de la romana libertad» (Diego
de Valero, *Doctrinal de príncipes*).
    58. *Virgilio:* «Infelix! utcumque ferent ea facta minores: / vincet amor pa-
triae laudumque immensa cupido» *(Eneida,* VI, 822-823).
    81. *se remitían a su arbitrio y parescer:* aunque, como quedó dicho tuvo sus
parcialidades, lo cierto es que el conde siempre supo estar entre las dos facciones contendientes, la de los infantes de Aragón y la del rey Juan II, mediando
muchas veces entre ellas. En junio de 1439 intervino en el seguro de Tordesillas, en agosto de 1440 es uno de los nobles que van a recibir a la princesa
Blanca de Navarra, en 1443 no quiso participar en la detención de Juan II en

98

Fue eso mismo ombre que por ganar honra deseava fazer cosas maníficas e, siguiendo esta su condición, juntó muchas vezes grand copia de gente de su casa, así para la guerra con- 85 tra los moros como para servir al rey e sostener el stado e pre- minencia real en las diferencias e guerras que en el reino acaescieron. E esto fizo en logares e tiempos tan necesarios que, como quier que sufrió grandes miedos e se puso a mu- chos discrímines e aventuras, pero al fin destos trabajos ganó 90 grand honra e reputación, e su casa por respeto de sus servi- cios fue acrecentada.

Quería levar las cosas por orden e que no saliesen punto de la razón. E esta condición le fazía mirar tanto en los negocios e poner tales dubdas e inconvenientes que tarde e con grand 95 dificultad se determinava a las fazer. Verdad es que tardío e ser súbito en la determinación de las cosas son dos estremos que se deven huir. Tanbién es cierto que recibe alguna pena el que delibera en deliberar tarde, e el que le espera en esperar mu- cho. Pero por la mayor parte veemos más e mayores inconve- 100 nientes en la persona e fechos de aquel que delibera súbito que en el que es grave e tardío en sus movimientos. Porque, si por deliberar tarde se pierde alguna vez el bien que se po- dría aver, por determinar presto vimos perder muchas vezes el bien avido, e acarrear tales mudanças e variedades y aun vani- 105 dades que afean la persona e pierden la honra.

Era deseoso, como todos los ombres, de aver bienes, e só- polos adquerir e acrecentar e muy bien conservar. Era asimis- mo reglado en sus gastos continuos e con tanta diligencia mi-

---

86. stado] estado AM   105. y aun vanidades] *añadido de otra mano, por en- cima de la línea* Sc   109. continuos] coninuos H

Rámaga y todavía era mediador en la década de los sesenta. Su mediación más famosa fue la de 1439, cuando se le entregó la villa de Tordesillas con el fin de garantizar la seguridad del rey Juan II, los infantes de Aragón, el condestable Álvaro de Luna y otros nobles de ambos bandos que allí se reunieron. Sobre ese episodio él mismo escribiría una breve crónica, donde, aparte el propio su- ceso, da cuenta del ceremonial de las relaciones entre la nobleza y de los usos cortesanos de la época (hay edición moderna de Nancy F. Marino, *El «Seguro de Tordesillas» del Conde de Haro, don Pedro Fernández de Velasco,* Valladolid, Pu- blicaciones de la Universidad de Valladolid, 1992).
90. *discrímines:* del lat. *discrimen,* 'situación crítica, peligro'.

110   rava a quién avía de dar e cómo e por qué le dava, que algunas vezes fallescía en la virtud de la liberalidad.
    Era ombre esencial e no curava de apariencias, ni fazía
muestras de lo que tenía ni de lo que fazía. Aprendió letras latinas y dávase al estudio de corónicas e saber fechos pasados.
115 Plazíale asimismo la comunicación de personas religiosas e de
ombres sabios, con las quales comunicava sus cosas.
    Al fin, veyéndose en los días de la vejez, porque ovo verda-
dero conoscimiento de los gozos falsos y miserias verdaderas
que este mundo da a los que en él están enbueltos, apartóse
120 dél y puso fin a todas las cosas mundanas, e encomendó su
casa e toda su gente de armas a su fijo mayor. E fundó en la
su villa de Medina de Pumar un monesterio de monjas
de la orden de santa Clara e un ospital para pobres, e dotóles de
lo necesario e allí de su voluntad se retroxo, antes que muriese,
125 por espacio de diez años. E como quier que fue requerido algunas vezes por el rey e por otros grandes señores sus parientes que saliese de aquel retraimiento para entender en las di-

---

110. avía de dar] avía de mirar AM   124. retroxo] retruxo Z retraxo AM

112. *apariencias:* no obstante, sabemos, por ejemplo, que en 1440 hizo
grandes fiestas en su palacio de Briviesca precisamente con ocasión del recibimiento de los nobles castellanos a la princesa Blanca de Navarra que venía a
casar con el príncipe Enrique: «las mayores fiestas de más nueva y estraña manera que en nuestros tiempos en España se vieron (...) cien hombres de armas
de caballos encubertados se dieron de las lanzas, las quales rotas pusieron
mano a las espadas (...)» *(Crónica de Juan II, 1440, XIV).*
121. *fijo mayor:* tuvo seis hijos, cuatro varones y dos mujeres; el mayor llevó también el nombre de Pedro Fernández de Velasco, y fue condestable de
Castilla, a la muerte de Miguel Lucas de Iranzo. Pulgar le dirigió su *Letra XIII*
durante el asedio de Montánchez (1479).
122. *Medina de Pumar:* la describe así, en torno a 1465, el viajero bohemio
León de Rosmital: «Medina de Pomar, ciudad que está a la falda de los montes y que parece que está sujeta a un conde; pasa junto a ella un río llamado
Rivo, y se ve cerca un hermoso monasterio. A dos millas hay un lugar del mismo conde en el cual se hace sal de este modo: el agua se recoge en piscinas o
lagunas, donde se deja algún tiempo para que se cuaje y endurezca, y esta sal
se pone como piedras» *(Viaje del noble boemio Leon de Rosmital de Blatna, por España y Portugal, hecho del año 1465 a 1467,* ed. A. M.ª Fabié, *Viajes por España,*
Madrid, Fernando Fe [Libros de Antaño, VIII], 1879, págs. 53-54).
127. *retraimiento:* en 1455, fundó en su villa de Medina de Pomar un Hospital de la Vera Cruz con el fin de acoger y sustentar a doce hidalgos ancianos

sensiones que en aquellos tiempos acaecieron en el reino, no quiso mudar su propósito. Antes acordó de tomar en su casa conpañía de ombres religiosos de buena e onesta vida, e fizo 130 grande y estrecha inquisición sobre las cosas de su conciencia desde el día que fue de hedad para pecar. E cometióles que alimpiasen su ánima, así en la penitencia de su persona como en la restitución que devía fazer de sus bienes. E todos los que en aquellos tiempos vinieron a le demandar qualquier cargo, 135 así de servicios que le oviesen fecho como de otra qualquier calidad a que de justicia fuese obligado, fueron oídos e satisfechos.

E al cabo de aver fecho su penitencia e restituciones, dexó su casa e patrimonio a su fijo mayor, que fue condestable 140 de Castilla, e dexó otros dos fijos herederos e en buen stado. E dando dotrina de honrado bevir e enxemplo de bien morir, feneció en hedad de setenta años, dentro en aquel monesterio que fundó.

144. fundó] fundo. murio en el mes de março año de Mccclxx años S

y de cuidar a los enfermos y pobres de la región. Él mismo se retiró a ese lugar y lo dotó de una nutrida biblioteca, que iba destinada a esa especie de orden sacro caballeresca y tenía esa orientación ideológica. Por el inventario que conocemos, allí había libros romancescos, como la *Demanda del santo Grial* o la *Conquista de Troya;* tratados caballerescos, como el *Árbol de las batallas* de Honoré de Bonet; junto con obras místicas franciscanas, como las *Meditaciones de la Pasión* de San Buenaventura o tratados de San Juan Crisóstomo, y otras obras religiosas, como los comentarios a los *Salmos,* los *Soliloquios* de San Agustín, tratatos eremíticos, escritos de conversos sobre la venida del Mesías. Y no faltaban clásicos latinos, como Tito Livio, Lucano, Valerio Máximo o Cicerón. Ha sido estudiada por Antonio Paz y Melia, «Biblioteca fundada por el conde de Haro en 1455», *RABM,* 1 (1897), 18-24, 60-66, 156-163, 255-262, 452-462; 4 (1900), 535-541, 662-667; 6 (1902), 198-206, 372-382; 7 (1902 bis), 51-55; 19 (1908), 124-136; 20 (1909), 277-289; y Jeremy Lawrance, «Nueva luz sobre la biblioteca del conde de Haro: inventario de 1455», *El Crotalón,* 1 (1984), 1073-1111.

El marqués de Santillana

Don Íñigo López de Mendoça, marqués de Santillana e
conde del Real de Mançanares, señor de la casa de la Vega,
fijo del almirante don Diego Hurtado de Mendoça e nieto de
5   Pero Gonçález de Mendoça, señor de Álava, fue ombre de mediana estatura, bien proporcionado en la compostura de sus
mienbros e fermoso en las faciones de su rostro, de linaje noble castellano e muy antiguo.

Era ombre agudo y discreto, e de tan grand coraçón que ni
10 las grandes cosas le alteravan ni en las pequeñas le plazía entender. En la continencia de su persona e en el resonar de su
fabla, mostrava ser ombre generoso e magnánimo. Fablava
muy bien e nunca le oían dezir palabra que no fuese de no-

---

1. Título iv. del marqués de santillana Z   2. Don] *falta la letra capital en* H

7. *linaje noble castellano e muy antiguo:* la de los Mendoza era una de las familias de la vieja nobleza castellana, de antiguo señorío en Álava y afincada desde hacía casi un siglo en tierras de Hita y Buitrago. Diego Hurtado de Mendoza, fue almirante mayor de Castilla y había casado en segundo matrimonio
(en primeras nupcias lo había hecho con María de Castilla, hija del rey Juan I)
con Leonor de La Vega, también de la vieja nobleza y con rico señorío en las
Asturias de Santillana. El retrato físico de don Íñigo contrasta con el que de su
padre nos dejó Fernán Pérez de Guzmán en sus *Generaciones y semblanzas:* «pequeño de cuerpo e descolorado de rostro, la nariz un poco roma, pero bueno
e graçioso senblante, e segunt el cuerpo asaz de buena fuerças» (ed. José Antonio Barrio, Madrid, Cátedra, 1998, págs. 100-101).
12. *fabla:* otro testimonio sobre su habla ofrecen la satíricas *Coplas de la panadera:* «Con habla casi estranjera, / armado como francés, / el nuevo noble
marqués / su valiente voto diera...».

Íñigo López de Mendoza, Marqués de Santillana.

tar, quier para dotrina quier para plazer. Era cortés e honrador
15 de todos los que a él venían, especialmente de los ombres de
ciencia.

Muertos el almirante, su padre, e doña Leonor de la Vega,
su madre, e quedando bien pequeño de hedad, le fueron ocu-
padas las Asturias de Santillana e grand parte de los otros sus
20 bienes. E como fue en hedad que conoció ser defraudado en
su patrimonio, la necesidad que despierta el buen entendimiento e el coraçón grande que no dexa caer sus cosas, le fizieron poner tal diligencia que, vezes por justicia vezes por las
armas, recobró todos sus bienes.
25 Fue muy templado en su comer e bever, e en esto tenía una
singular continencia. Tovo en su vida dos notables exercicios,

---

19. *los otros sus bienes:* muertos su hermano don García (1403) y su propio
padre (1404), don Íñigo se vio heredero del mayorazgo y acosado por las insi-
dias de familiares que le disputaban sus posesiones. Aldonza de Mendoza, hija
del primer matrimonio de don Diego y casada con don Fadrique de Castro,
conde de Trastámara y duque de Arjona, fue quien primero puso pleito a su
hermanastro por la posesión del señorío del Real de Manzanares. Al tiempo,
otro familiar por rama materna, Garci Fernández Manrique, que luego sería
señor de Castañeda, casado con su también hermanastra Aldonza Téllez, ocu-
paba tierras de las Asturias de Santillana alegando que su suegra no tenía derechos sobre ellas. Su tío y homónimo Íñigo López, hermano de don Diego, se
apoderaba también de algunas casas de Guadalajara pertenecientes a su sobrino. Doña Leonor, la madre, murió años más tarde y, en realidad, fue ella
quien tuvo que velar por el mayorazgo durante la tutela y curatela de su hijo
(Sobre estos pleitos y, en general, para la biografía de Santillana, puede verse
el estudio de José Amador de los Ríos al frente de sus *Obras de don Íñigo López
de Mendoza, Marqués de Santillana,* Madrid, 1852, págs. I-CLXXX; Francisco
Layna Serrano, *Historia de Guadalajara y sus Mendozas en los siglos xv y xvi,* I,
Madrid, 1942, págs. 162-164 y *passim;* y Rogelio Pérez Bustamante, *El Marqués de
Santillana (Biografía y documentación),* Madrid, Taurus-Fundación Santillana, 1983,
quien transcribe copiosa documentación de archivo, así como Luis Rubio
García, *Documentos sobre el Marqués de Santillana,* Universidad de Murcia, 1983;
una síntesis actualizada, en M. Á. Pérez Priego, introducción a la edición de
Poesía lírica, Madrid, Cátedra, 1999).

26. *dos notables exercicios:* como tantas veces se ha dicho, su ideal de vida fue
una armoniosa alianza entre armas y letras. Así lo proclama en la conocida
sentencia al frente de los *Proverbios:* «la sçiençia non embota el fierro de la lan-
ça ni faze floxa la espada en la mano del cavallero». Y así lo contempla también Juan de Mena, poeta y amigo, que lo retrata luciendo a la vez en su persona «armas y toga», y hasta lo coronará en las cimas del Parnaso con la corona de roble de los guerreros y con la de laurel de los poetas.

uno en la diciplina militar, otro en el estudio de la ciencia.
E ni las armas le ocupavan el estudio, ni el estudio le impedía el
tiempo para platicar con los cavalleros e escuderos de su casa
en la forma de las armas necesarias para defender e quáles   30
avían de ser para ofender, e cómo se avía de ferir el enemigo e
en qué manera avían de ser ordenadas las batallas e la disposición de los reales, e cómo se avían de conbatir y defender las
fortalezas e las otras cosas que requiere el exercicio de la cavallería. E en esta plática se deleitava por la grand abituación   35
que en ella tovo en su mocedad. E por que los suyos sopiesen
por esperiencia lo que le oían dezir por dotrina, mandava
continuar en su casa justas e ordenava que se fiziesen otros
exercicios de guerra por que sus gentes, estando abituados en
el uso de las armas, les fuesen menores los trabajos de la   40
guerra.

Era cavallero esforçado e, ante de la fazienda, cuerdo y
templado e, puesto en ella, era ardid e osado. E ni su osadía
era sin tiento ni en su cordura se mezcló jamás punto de covardía. Fue capitán principal en muchas batallas que ovo con   45
christianos e con moros, donde fue vencedor y vencido. Especialmente ovo una batalla contra los aragoneses cerca de Ara-

---

38. ordenava] ordonava H ordenava ZAM   39. guerra] guera H

38. *justas:* la *Crónica de Juan II* da cuenta de unas justas de que fue mantenedor con ocasión de las cortes que el rey celebró en Madrid: «Estando el Rey
en Madrid, se hizo una justa de guerra bien notable, de que fueron mantene-
dores Íñigo López de Mendoza, señor de Hita y de Buitrago, e Diego Hurtado su hijo, e veinte caballeros e gentiles-hombres de su casa, e fue aventurero
el condestable don Álvaro de Luna con bien sesenta caballeros e gentiles-hombres suyos (...) Ovo en esta justa muchos e señalados encuentros, e hizo la fiesta Íñigo López, con quien fueron a cenar el Condestable e todos los justadores e aun otros caballeros e gentiles-hombres de la casa del Rey» *(Crónica de
Juan II,* año 1433, cap. II). Véase también *Halconero,* pág. 147. Grandes fiestas
celebró también en Guadalajara en 1436 con motivo de las bodas de su primogénito Diego Hurtado de Mendoza con Brianda de Luna, sobrina de don
Álvaro, a las que asistieron los reyes.
42. *fazienda:* 'asunto, trabajo por hacer, faena'.
47. *Araviana:* en 1429, expulsado de Castilla el infante don Juan y ante las
incursiones de navarros y aragoneses, el rey nombra a Íñigo López frontero en
Ágreda para que defienda los límites de Castilla. El episodio, como es sabido,
se cerrará con las treguas de Majano al año siguiente. De aquellos hechos de

viana, otra batalla cerca del río de Torote, e estas dos batallas
fueron muy heridas e sangrientas, porque peleando e no hu-
50 yendo murieron de amas partes muchos ombres e cavallos, en
las quales, porque este cavallero se falló en el campo con su
gente, aunque los suyos vido ser en número mucho menor
que los contrarios, pero porque veyendo al enemigo delante
reputava mayor mengua bolver las espaldas sin pelear que
55 morir o dexar el campo peleando, cometióse a la fortuna de
la batalla e peleó con tanto vigor y esfuerço que, como quier

---

armas surgen los versos del *Decir contra los aragoneses,* poema de desafío en el
que don Íñigo anuncia altaneramente la victoria sobre el enemigo: «no será
grant maravilla, / pues tan çerca viene el mayo, / que se vistan negro sayo / navarros e aragoneses / e que pierdan los arneses / en las faldas de Moncayo»,
bravatas a las que responderá en tono semejante Juan de Dueñas, asimismo
poeta y soldado del bando enemigo: «Aunque visto mal argayo, / ríome desta fablilla, / porque algunos de Castilla / chirlan más que papagayo». El relato
de esta batalla en los campos de Araviana es favorable a don Íñigo en la *Crónica de Juan II,* pero no así en una carta de Alfonso V: «E porque sabemos
que_n de hauredes plazer, vos certificamos que el viernes mas cerca passado
mossèn Johan de Gurrea, quí es frontalero de la part de Taraçona, entró a co-
rrer en Castiella d'aquí a (?) a d'Agreda, e de tornada Enyego Loppez de Mendoça exióle al camino con bien quatrozientos rocines o más, e qualesque ccc.
hombres a piet, veniendo a batalla con el dito Enyego Loppez, han lo descon-
fido e desbaratado, que_y es muerto grant gent, e muytos apresonados, e de
feyto hauria preso el dito Enyego Loppez sino que huvo buen cavarllo» (Mar-
çal Olivar, «Documents per la biografia del Marqués de Santillana», *Estudis
Universitaris Catalans,* 11 (1926), 110-120).
48. *Torote:* en esta ocasión Íñigo López está del lado de los infantes de Aragón y combate a las tropas y aliados de don Álvaro de Luna, llega a tomar Alcalá de Henares pero es derrotado y herido cerca del arroyo de Torote por
Juan Carrillo, enviado por el arzobispo de Toledo Juan de Cerezuela, hermano del condestable. En aquella batalla, según la *Crónica de Juan II,* año 1441,
cap. XIII, don Íñigo López «peleó de tal manera que gran pieza del día estuvo
en peso la batalla en gran dubda de quién habría la victoria (...) e Íñigo López
fue ferido de una ferida muy grande, e con todo eso nunca dexó de pelear hasta tanto que conosció ser los más de los suyos feridos y presos, e por eso fuele forzado de volver las espaldas (...) e fueron presos de la gente de Íñigo López ochenta de caballo e así se dio fin a este rencuentro, el qual debe ser grande exemplo a todo capitán, porque en las cosas de la guerra no solamente es
menester esfuerzo e osadía, mas gran discreción e destreza (...) No fue pequeño el llanto que se hizo en la casa de Íñigo López ni menor el alegría que el
Arzobispo y los suyos deste caso rescibieron». Puede verse F. Castillo Cáceres,
«La caballería y la idea de la guerra en el siglo XV, el Marqués de Santillana y
la batalla de Torote», *Medievalismo,* 8 (1998), 79-108.

que fue herido y vencido, pero su persona ganó honra e reputación de valiente capitán.

Conocidas por el rey don Juan las abilidades deste cavallero, le enbió por capitán de la guerra contra los moros, el qual   60
rescibió el cargo con alegre cara e lo tovo en la frontera grand
tiempo. El qual ovo con el rey de Granada e con otros capitanes de aquel reino muchas batallas e grandes recuentros, do
fue siempre vencedor e fizo muchas talas en la vega de Granada. E ganó por fuerça de armas la villa de Huelma, e puso los   65
moros en tal estrecho que ganara otros logares e fiziera otras
grandes fazañas dignas de memoria, salvo que el rey, constre-
ñido por algunas necesidades que en aquel tiempo ocurrieron
en su reino, le enbió mandar que cesase la guerra que fazía e
les diese tregua. E como ovo esta comisión, fizo la guerra tan   70
cruda a los moros que los puso so el yugo de servidumbre e
los apremió a dar en parias cada año mayor cantidad de oro
de la qual el rey esperava rescebir ni ellos jamás pensaron dar.
E allende del oro que dieron, les constriñó que soltasen todos
los christianos que estavan cativos en tierra de moros, los qua-   75
les este marqués redimió del cativerio en que estavan e los
puso en libertad.

Governava asimismo con grand prudencia las gentes de armas de su capitanía e sabía ser con ellos señor y compañero,
e ni era altivo en el señorío ni raez en la compañía. Porque   80
dentro de sí tenía una humildad que le fazía amigo de Dios e
fuera guardava tal autoridad que le fazía estimado entre los
ombres. Dava liberalmente todo lo que a él como a capitán

64. siempre] *om.* AM 65. Huelma] Huelva HZS Huelma AM

65. *Huelma:* luego de su servicio como frontero, Íñigo López intervendría
por primera vez en la guerra de Granada cuando Juan II decide reemprender-
la en 1430. Desgraciadamente no podrá proseguir la expedición y tiene que
abandonar enfermo en Córdoba, donde queda convaleciente. En 1438, de
nuevo junto a Juan II, retornará a la guerra de Granada con el cargo de Capitán Mayor para defender la frontera de Córdoba y Jaén. Sus principales victorias serán la toma de la villa de Huelma y la fortaleza de Bexis *(Crónica de Juan II,*
año 1438, cap. II), hazañas que cantará Juan de Mena en su *Coronación del
Marqués de Santillana.* Firmadas treguas con el rey de Granada en 1439, don
Íñigo regresará a Castilla. Todavía en 1454 acompañará a Enrique IV en una
nueva expedición a la vega de Granada.

mayor pertenecía de las presas que se tomavan e, allende de
85 aquello, les repartía de lo suyo en los tiempos necesarios. E al
que le regradescía las dádivas que dava, solía dezir: «Si desea-
mos bienes al que bien nos da, devémoslos dar al que bien
nos desea». E guardando su continencia con graciosa liberalidad, las gentes de su capitanía le amavan. E temiendo de le
90 enojar, no salían de su orden en las batallas.

Loan mucho las estorias romanas el caso de Manlio Torcato, cónsul romano, el qual, como constituyese que ninguno
sin su licencia saliese de la hueste a pelear con los latinos contrarios de Roma e un cavallero de la hueste contraria conbida-
95 se a batalla singular de uno por uno al fijo deste cónsul, vitu-
perando con palabras a él e a los de la hueste porque no osavan aceptar la batalla, no podiendo el mançebo sofrir la
mengua que de su mengua resultava a los romanos, peleó con
aquel cavallero e lo mató. E viniendo como vencedor a se
100 presentar con los espojos del vencido ante el cónsul, su padre,
le fizo atar e, contra voluntad de toda la hueste romana, le
mandó degollar por que fuese enxemplo a otros que no osa-
sen ir contra los mandamientos de su capitán. ¡Cómo si no
oviese otro remedio para tener la hueste bien mandada sino
105 matar el capitán, su fijo! Dura deviera ser por cierto e muy

---

86. Si] *om*. M   87. nos da] nos haze AM   91. Manlio] Maulio HZAM
Manlio *originariamente en* Sc, *luego corregido erróneamente por* Maulio   95. singu-
lar] de singular AM   97. acebtar] aceptar AM   100. espojos] despojos AM

91. *Manlio Torcato:* según cuenta Valerio Máximo, II, 7, 6, fue extremado
ejemplo de la disciplina militar romana, pues durante la guerra contra los latinos al ver que su hijo regresaba victorioso de un combate con el general de los
tusculanos, por el solo hecho de que había salido a luchar sin que él le hubiera dado la orden, ordenó que fuera preso y decapitado. Aluden a él muchos
escritores e historiadores latinos, como Tito Livio, Cicerón, Salustio, y también Petrarca. En la literatura castellana, lo había recordado Juan de Mena, *Laberinto de Fortuna*, c. CCXVI: «estava Torquato con digna memoria, / seyendo
del fijo cruel matador, / maguer que lo vido venir vençedor, / porque passara
la ley ya notoria». Y también lo evoca Calisto en su monólogo del auto XIV
de *La Celestina*: «Mira a Torcato romano cómo mató a su hijo porque excedió
la tribunicia constitución». Pulgar amplifica y dramatiza de forma original la
historia, concediéndole un mayor desarrollo literario.
100. *espojos:* 'botín', del lat. *spolium*.

pertinaz la rebelión de los romanos, pues tan cruel enxemplo les era necesario para que fuesen obedientes a su capitán. E por cierto yo no sé qué mayor vengança pudo aver el padre del latino vencido de la que le dio el padre del romano vencedor. Deste caso fazen grand minción Frontino e Máximo e otros estoriadores, loando al padre de buen castigador e al fijo de buen vencedor. Pero yo no sé cómo se deva loar el padre de tan cruel castigo como el fijo se quexa, ni cómo loemos al fijo de tan grand transgresión como el padre le impone. Bien podemos dezir que fizo este capitán crueldad digna de memoria, pero no dotrina digna de enxemplo ni mucho menos digna de loor. Pues los mismos loadores dizen que fue triste por la muerte del fijo e aborrescido de la joventud romana todo el tiempo de su vida, y no puedo entender cómo el triste e aborrescido deva ser loado.

No digo yo que las constituciones de la cavallería no se devan guardar por los inconvenientes generales que no se guardando pueden recrecer, pero digo que deven ser añadidas, menguadas, interpretadas e en alguna manera templadas por el príncipe, aviendo respeto al tiempo, al logar, a la persona e a las otras circunstancias e nuevos casos que acaescen, que son tantos e tales que no pueden ser comprehendidos en los ringlones de la ley. E porque estas cosas fueron bien consideradas por este claro varón en las huestes que governó, con mayor loor por cierto y mejor enxemplo de dotrina se puede fazer memoria dél, pues sin matar fijo ni fazer crueldad inhumana, mas con la autoridad de su persona y no con el miedo de su cuchillo, governó sus gentes, amado de todos e no odioso a ninguno.

---

110. Máximo] Valerio Máximo Sc   118. aborrescido] aborescido H
119. puedo] pudo HZ puedo AM

110. *Frontino:* militar y escritor romano del siglo I d.C. Fue autor de los *Strategemata*, tratado de historia y técnica militar.
118. *aborrescido de la joventud romana:* cuenta Valerio Máximo, IX, 3, 4, que cuando Manlio Torcuato regresó a Roma vencedor de los latinos, le recibieron con aplauso las personas mayores, pero no salió a recibirlo ninguno de los jóvenes porque había decapitado a su propio hijo, joven como ellos y valeroso.

135 Conoscidas por el rey don Juan las claras virtudes deste cavallero e cómo era digno de dignidad, le dio título de marqués de Santillana e le fizo conde del Real de Mançanares, e
le acrecentó su casa e patrimonio. Otrosí confiava dél su persona e algunas vezes la governación de sus reinos, el qual go-
140 vernava con tanta prudencia que los poetas dezían por él que
en corte era grand Febo, por su clara governación, e en campo Aníbal, por su grand esfuerço.
 Era muy celoso de las cosas que a varón pertenescía fazer e
tan reprehensor de las flaquezas que veía en algunos ombres
145 que, como viese llorar a un cavallero en el infortunio que es-

---

143. pertenescía] pertescia HZA perternescia M

136. *título:* en 1445, tras su intervención en la batalla de Olmedo, en la que
Juan II derrota definitivamente a los infantes de Aragón, el rey concede a don
Íñigo los títulos de marqués de Santillana y conde del Real de Manzanares, títulos que había querido recibir juntos, a pesar de que Juan II había intentado
otorgarle antes el de marqués de Santillana: «Por la presente vos fago y crío mi
Conde del vuestro Real de Manzanares y ansimesmo vos fago y crío mi Marqués de la vuestra villa de Santillana (...) e quiero e mando que de aquí adelante, para siempre jamás, sea Condado dicho Real de Manzanares, e asy mesmo
sea Marquesado la dicha villa de Santillana, e que con estos títulos las ayan e
puedan aver vuestros desçendientes (...) Fecho en Burgos, a ocho días de agosto, año del nasçimiento de nuestro Señor Jhesu Christo de mill y quatroçientos e quarenta e çinco años. Yo el Rey» (J. Amador de los Ríos, *Obras de don
Íñigo López de Mendoza, Marqués de Santillana*, Madrid, 1852, pág. CXLIX). En
su propia biblioteca, se conservaba también un breve tratado que describía
aquella ceremonia: «(...) A todo esto el marqués estuvo delante del rey de ro-
dillas. Respondió lo que se sigue; besando las manos a su alteza tomó la mano
derecha al Rey y púsola sobre su cabeça en señal de sojubçión (...) Tomó la
vandera de la mano del Rey y diola a Gonçalo Ruiz de la Vega, su hermano,
el qual la tomó y tovo desplegada ante el Rey, hasta tanto que los reyes d'armas ovieron hecho y dicho su abto, y después el dicho Gonçalo Ruiz la dio
al haraute del marqués. Y luego los reyes d'armas dixeron a grandes bozes lo
que se sigue: "Nobleza, nobleza, nobleza y honor, y más estado que el muy
poderoso y muy exçelente príncipe el rey don Juan, nuestro señor, illustra y
haze marqués de Santillana y con del Real de Mançanares al muy noble varón
don Yñigo López de Mendoça, señor de la casa de la Vega, y de Hita y de Buitrago. Nobleza, nobleza"» (Mario Schiff, *La Bibliothèque du Marquis de Santilla-
ne*, París, 1905 (reimp. G. Olms, Hildesheim-Nueva York, 1978).
140. *los poetas dezían:* alude a los versos que le dirige Juan de Mena («En corte grand Febo, en campo Aníbal...»), en respuesta a la pregunta y adivinanza
poética que le había formulado don Íñigo («Dezid, Juan de Mena, e mostrad-
me quál...»).

tava, movido con alguna ira le dixo: «¡O quánd digno de reprehensión es el cavallero que por ningún grave infortunio que le venga derrama lágrimas sino a los pies del confesor.» Era ombre magnánimo y esta su magnanimidad le era ornamento e compostura de todas las otras virtudes. Acaescióle 150 un día que, fablándole en su fazienda e ofresciéndole acrecentamiento de sus rentas, como ombre poco atento en semejantes pláticas, respondió: «Eso que dezís no es mi lenguaje. Fablad», dixo él, «esa cosa allá con ombres que mejor la entiendan». E solía dezir, a los que procuravan los deleites, que 155 mucho más deletable devía ser el trabajo virtuoso que la vida sin virtud, quanto quier que fuese deletable. Tenía una tal piedad que qualquier atribulado o perseguido que venía a él, fallava defensa e consolación en su casa, pospuesto qualquier inconveniente que por le defender se le pudiese seguir. Consi- 160 derava asimismo los ombres e las cosas segund su realidad e no segund la opinión. Y en esto tenía una virtud singular e casi divina, porque nunca le vieron fazer acebción de personas, ni mirava dónde ni quién, sino cómo e quál era cada uno. 165

Este cavallero ordenó en metros los proverbios que comiençan: «Fijo mío, mucho amado, etc.», en los quales se

---

148. confesor] confeso M 149. magnanimidad] magnanidad HZ magnanimidad AM 157. deletable] delectable A deleitable M 159. defensa] muy buena defensa M 163. acebción] acebeción H acepción ZAM

166. *los Proverbios:* es un poema de cien estrofas en que alternan octosílabos y versos de pie quebrado («centiloquio»), escrito por encargo de Juan II para educación moral de su hijo el príncipe don Enrique, entonces de unos doce años de edad. Lo compondría seguramente tras la prolongada estancia del rey en Guadalajara en 1436, ocasión en la que departirían ambos sobre éste y otros asuntos literarios y humanísticos. Don Íñigo, ya en plena madurez y cargado de experiencias y saberes, asumirá ese papel de educador del príncipe ofreciéndole un original «espejo de príncipes» en verso: un poema de «moralidades e versos de doctrina», que encierra todo un programa de filosofía moral, con recomendaciones sobre los deberes de gobierno y relación con los súbditos, o sobre la actitud ante los bienes de fortuna o los bienes morales. Y un poema que es también un aprendizaje, una inducción al saber. De ahí las numerosas referencias históricas del texto, cargadas de dificultad para un lector en formación como era el príncipe (que necesitaron de glosas explicativas, primero 'históricas' del propio Santillana y luego 'morales' del confesor Pero

contienen casi todos los precebtos de la filosofía moral que
son necesarios para virtuosamente bivir. Tenía grand copia de
170   libros e dávase al estudio, especialmente de la filosofía moral
e de cosas peregrinas e antiguas. Tenía siempre en su casa doctores e maestros con quien platicava en las ciencias e leturas

---

168. contienen] contiene H contienen ZAM // casi] quasi AM // preceb-
tos] preceptos AM   170. e dávase] e segund he dicho dávase Sc   171. Tenía]
E tenía M

Díaz de Toledo) y el estilo sentencioso, proverbial, que invita a la meditación
reflexiva y al desciframiento del concepto.
    169. *grand copia de libros:* en su palacio de Guadalajara, llegó a formar una
importantísima biblioteca, poblada de cuidados manuscritos miniados y orna-
mentados con su escudo de armas, en los que se contenía lo más selecto y
avanzado del saber de la época. Allí se encontraban, como muestra de la moderna inquietud humanística, los clásicos griegos y latinos así como los moder-
nos autores italianos (Dante, Petrarca, Boccaccio, Leonardo Bruni, Pier Candido Decembrio, Giannozzo Manetti). Junto a ellos pervivían obras representati-
vas del pensamiento religioso medieval o de sus preocupaciones por la historia
o el arte militar (Egidio de Roma, Gil de Zamora, Guido delle Colonne, Honoré Bonnet). No sabemos bien el número de libros que poseería Santillana ni los
que han sobrevivido de su biblioteca. En su testamento dejó ordenado que se
vendiesen todos a excepción de cien que dejaba a la elección de su heredero. Sucesivos avatares por los que atravesó la biblioteca del Infantado sólo permiten el
reconocimiento de unos cuantos volúmenes que fueron del Marqués, la mayoría de los cuales hoy se encuentran en la Biblioteca Nacional de Madrid, procedentes de la biblioteca de los Duques de Osuna. Pueden verse: J. Amador de los
Ríos, «Tabla alfabética de los autores mencionados en estas obras. Biblioteca del
Marqués de Santillana», apéndice a su edición de *Obras de don Íñigo López de
Mendoza,* cit., págs. 591-645; Mario Schiff, *La Bibliothèque du Marquis de Santilla-
ne,* cit.; Mario Penna, *Exposición de la Biblioteca de los Mendoza del Infantado en el siglo XV,* Madrid, Dirección General de Archivos y Bibliotecas, 1958; Pedro Manuel Cátedra, «Sobre la biblioteca del Marqués de Santillana: la *Ilíada* y Pier
Candido Decembrio», *Hispanic Review,* 51 (1983), 23-28.
    172. *doctores e maestros:* Santillana mantuvo un auténtico círculo literario,
compuesto por doctores y maestros en ciencias y letras, así como traductores,
copistas y artistas que trabajaban en su rica biblioteca. Para ésta hizo traer de
Italia las mejores versiones de los clásicos latinos e italianos, muchas de las
cuales mandó traducir a la lengua castellana. En esas tareas colaboraron el capellán Pero Díaz de Toledo, los bachilleres Antón de Zorita, Juan de Salcedo
y Alonso de Zamora, su secretario Diego de Burgos, o su escudero Martín de
Ayala. Frecuentaban su biblioteca y círculo literario, Juan de Mena, Juan de
Lucena o Gómez Manrique. Inquietudes literarias compartió con él Alonso
de Cartagena, obispo de Burgos, que le puso en relación con humanistas italianos, así como el cordobés Nuño de Guzmán también mecenas y bibliómа-
no, y un tiempo residente en Florencia.

que estudiava. Fizo asimismo otros tratados en metros e en prosa, muy dotrinables para provocar a virtudes e refrenar vicios. E en estas cosas pasó lo más del tiempo de su retraimiento. Tenía grand fama e claro renonbre en muchos reinos fuera de España, pero reputava mucho más la estimación entre los sabios que la fama entre los muchos.

E porque muchas vezes veemos responder la condición de los ombres a su complisión e tener sinistras inclinaciones aquellos que no tienen buenas complisiones, podemos sin dubda creer que este cavallero fue en grand cargo a Dios por le aver compuesto la natura de tan igual complisión que fue ábile para recebir todo uso de virtud e refrenar sin grand pena qualquier tentación de pecado. No quiero negar que no toviese algunas tentaciones de las que esta nuestra carne suele dar a nuestro espíritu, e que algunas vezes fuese vencido, quier de ira quier de luxuria, o que excediese faziendo o faltase alguna vez no faziendo lo que era obligado. Porque estando como estovo enbuelto en guerras e en otros grandes fechos que por él pasaron, dificile fuera entre tanta multitud de errores bevir sin errar. Pero, si verdad es que las virtudes dan alegría e los vicios traen tristeza, como sea verdad que este cavallero lo más del tiempo estava alegre, bien se puede juzgar que mucho más fue acompañado de virtudes que dan alegría que señoreado de vicios que ponen tristeza. E como quiera que pasaron por él infortunios en batallas e ovo algunos pesares por muertes de fijos e de algunos otros sus propincos, pero sufríalos con aquella fuerça de ánimo que a otros dotrinava que sufriesen.

Feneció sus días en hedad de sesenta e cinco años con grand honra e prosperidad. E si se puede dezir que los ombres

175

180

185

190

195

200

---

177. mucho] muy mucho M   180. sinistras] siniestras AM   184. e refrenar] om. e AM   198. propincos] propinquos AM   199. que sufriesen] que fuessen M

197. *pesares por muertes:* en 1454 moría el rey Juan II, en poco tiempo ve morir a su hijo Pero Laso de la Vega, así como a su propia esposa doña Catalina de Figueroa, en 1456 moría Juan de Mena, a quien manda erigir en la iglesia de Torrelaguna suntuoso sepulcro, que no llegó a realizarse.

201. *fenesció sus días:* ocurrió su muerte el 25 de marzo de 1458 (había nacido el 19 de agosto de 1398), en el palacio de Guadalajara. Estuvieron presen-

alcançan alguna felicidad después de muertos, segund la opinión de algunos, creeremos sin dubda que este cavallero la
205   ovo, porque dexó seis fijos varones. E el mayor, que heredó
su mayorazgo, lo acrecentó e subió en dignidad de duque.
E el segundo fijo fue conde de Tendilla e el tercero fue conde
Curuña. E el quarto fue cardenal de España e arçobispo de
Toledo e obispo de Cigüença, e uno de los mayores perlados
210   que en sus días ovo en la iglesia de Dios. E a estos quatro e a
los otros dos, que se llamaron don Juan e don Hurtado, dexó
villas e logares e rentas de que fizo cinco casas de mayorazgos, allende de su casa e mayorazgo principal.

---

206. e subió] y lo subió M   213. mayorazgo] mayorasgo H mayorazgo A
mayoradgo M

tes sus hijos, su primo el conde de Alba y el capellán Pero Díaz de Toledo,
quien literaturizaría aquel dramático momento y escribiría un diálogo repro-
duciendo aquella escena familiar del tránsito del Marqués. Aparte este *Diálogo e raçonamiento en la muerte del Marqués de Santillana* de Pero Díaz de Toledo,
se escribieron otras notables obras inspiradas en el mismo acontecimiento. Así
el extenso poema de Gómez Manrique *Planto de las Virtudes e poesía por el magnífico señor don Íñigo López de Mendoça*, que va precedido de una sentida carta a
su hijo Pero González de Mendoza, obispo de Calahorra, o el alegórico *Triunfo del Marqués* compuesto por su secretario Diego de Burgos.

114

Don Fernand Álvarez de Toledo, conde de Alva

Don Fernand Álvarez de Toledo, conde de Alva, fijo de Garcí Álvarez de Toledo e nieto de Fernand Álvarez de Toledo, era de linaje noble de los antiguos cavalleros de aquella 5 ciudad, ombre de buen cuerpo e de fermosa disposición, gracioso e palanciano en sus fablas. Era de buen entendimiento

---

1. Título v. de don fernán álvarez de toledo, conde de alva Z Fernando A 3. Don] *falta la letra capital en* H // Fernand] Fernando A 4. Fernand Álvarez de Toledo] *laguna en blanco* HZAMSc Fernán Álvares S

5. *linaje noble:* Fernán Álvarez de Toledo (+ *ca.* 1460) heredó el señorío de Valdecorneja y de Alba de Tormes a la muerte de su padre. Era sobrino de Gutierre Álvarez de Toledo, que fue obispo de Salamanca y arzobispo de Sevilla y de Toledo, y primo de Íñigo López de Mendoza, con quien se educó en la infancia. Casó con María Carrillo. Fue protegido en un principio por don Álvaro de Luna, que lo eleva en 1439 al condado de Alba de Tormes, pero luego lo encarcela. Fue adelantado de Cazorla, capitán general de la frontera de Aragón y Navarra, copero mayor de Juan II, oficio del que le hizo cesión su suegro Pedro Carrillo de Toledo, junto con el de alguacil mayor de Toledo y merino mayor de Burgos, que confirmó Juan II en 1438. El condado de Alba, constituido ya en señorío en 1369, comprendía, además de Alba y su alfoz, Fuenteguinaldo, Salvatierra, Huéscar, San Felices de los Gallegos, Granadilla, Abadía, Castronuevo, Piedrahita y El Barco de Ávila. Una guerra enconada mantienen los Stúñigas y los Álvarez de Toledo por el control de Salamanca, guerra que se extendería posteriormente a Extremadura.
7. *palanciano:* 'palaciego, cortesano, noble, fino', se opone a 'villano'; Juan del Encina, *Égloga de Cristino y Febea,* vv. 546-550: «No le puedo bien entrar / ni tomar, / que es un poco palanciano; / hazme un otro más villano, / que sea de mi manjar».

e cavallero esforçado. Fue criado en la diciplina militar e siempre desde su moçedad deseó fazer en el ábito de la cavallería
10 cosas dignas de loable memoria.

Conoscida por el rey don Juan la abilidad deste cavallero,
le mandó estar en la villa de Requena por capitán de cierta
gente de armas en el tiempo que tenía guerra con el rey don
Alfonso de Aragón, su primo. E fizo tanta guerra a los del rei-
15 no de Valencia que ganó por fuerça de armas la villa e castillo
de Xalance con otras tres fortalezas de las principales de aquel
reino. Asimismo venció la batalla campal que ovo con algunos cavalleros de aquel reino de Valencia cerca de [...] de donde ovo grand despojo e les tomó las vanderas que traían. Fe-
20 nescida por concordia esta guerra de Aragón, el rey don Juan
encomendó a este cavallero la frontera de los moros, en la
qual estovo por espacio de tres años.

Era muy cauto e astuto en los engaños de la guerra. Venció
al rey moro e a otros capitanes de Granada en batallas campa-
25 les, e tomó las vanderas de los enemigos en los vencimientos
que ovo, las quales e las vanderas que tomó en la batalla do
venció a los valencianos, están oy puestas en la su casa de
Alva de Tormes, e las traen sus subcesores en las orladuras de
sus armas. Ganó asimismo las villas e fortalezas de Benamau-

---

18. *laguna en* HZAM *ilegible* S   23. cauto] acuto M   29. fortalezas] fortales
Z fortalezas S // Benamurel] Benamauerel A

21. *frontera de los moros:* el marqués de Santillana narra de manera semejante estos hechos en el proemio de su tratado *Bías contra Fortuna,* dedicado a Fernán Álvarez: «Nin es quien pueda negar que, fechas las treguas con los reinos
de Aragón e de Navarra, e levantadas las huestes del Garray e del Majano, çes-
sadas las guerras, en las quales viril e muy virtuosamente te hoviste, e por ti ob-
tenidas las inexpugnables fuerças de Xalançe e Theresa, Zaara e Xarafuel en el
reino de Valençia, haver tú seído de los primeros que contra Granada la frontera enprendiesse, çiertamente estando ella en otro punto e mayor prosperidad
que la tú dexaste, al tiempo que triunphal e gloriosamente, por mandado de
nuestro Rey, de las fronteras de Córdova e Jaén te partiste, haviendo vençido la
batalla de Guadix e la pelea de Xeriz, e ganado tantas e más villas e castillos, assí
guerreándolas como combatiéndolas e entrándolas forçosamente que ninguno
otro». La batalla campal a que alude el texto, la dejan en blanco todos los testimonios y tampoco la mencionan Santillana ni Pérez de Guzmán.
29. *Benamaurel:* en mayo de 1436 toma por trato la fortaleza de Benamaurel, «logar de trecientos casados moros», que deja custodiada «con cient ombres de armas e cien vallesteros e cien escuderos» *(Halconero, CCV).*

116

rel e Bençalema, e Castril e Arenas, que son muy fuertes, e 30
tomó muchas presas e fizo otras notables fazañas en servicio de Dios e del rey e con amor de su patria e deseo de su honra.

Entre las quales acaesció que entrando una vez en el reino de Granada con toda la gente de su capitanía a fazer guerra a 35
una tierra que dizen el Exerquía, que es cercana a la mar e confina con la ciudad de Málaga, como fue sentido por los moros que en aquellas partes moran, juntáronse grand multitud dellos e, antes que se pudiese proveer, le cercaron por todas partes en un valle tal que, segund la disposición de la tie- 40
rra, no podía salir salvo peleando por un logar muy estrecho e con grand daño suyo e de las gentes de su capitanía. Veyéndose cercado este capitán, por la una parte de la mar, por la otra de las sierras, e que los enemigos se le llegavan e avían tomado aquel paso por do podía salvar su gente, conoscido 45
aquel peligro e visto cómo su gente desmayava, no se le amortiguó el ánimo en el tiempo del terror, como faze a los covardes, mas despertó esfuerço de valiente capitán, como fazen los varones fuertes, e fabló a sus gentes:

«Cavalleros», dixo él, «en tal logar nos ha puestos la fortu- 50
na que, si somos covardes, tenemos cierta la muerte e el cativerio e, si somos esforçados, podrá ser cierta la vida e la honra. «Yo», dixo él, «elijo antes pelear para nos salvar, si podiéremos, que rendirnos para ser cativos como piensan los moros».

E juntando a grand priesa la obra con las palabras, se apeó 55
del cavallo con fasta treinta ombres de armas e púsose con ellos en aquel portillo, e mandó salir por él toda su gente. E él con aquellos treinta, peleando con los moros e sufriendo por todas partes grand multitud de saetadas e lançadas e otros golpes de piedra, dava priesa con grand ardideza, a una parte 60
para se defender e a otra para ofender e ferir en los moros, faziendo logar para que pasase toda su gente, la qual peleava

30. Castril] Cristal M   31. tomó] tomaron M   38. moran] moravan AM
39. todas partes] todas las partes AM   48. despertó] espertó de M   50. puestos] puesto ZAM   53. elijo] eligo HZA elijo M   59. saetadas] saetas ZAM
60. piedra] piedras AM

117

con los moros que fallava delante, e aquél caía muerto que
menos esfuerço tenía peleando. E así duró aquella priesa por
65 espacio de tres oras, en las quales murieron e fueron feridos
muchos de la una parte e de la otra. E al fin el conde, vista ya
su gente en logar seguro, cavalgó a cavallo e salió él e los que
con él estavan por pura fuerça de armas e de coraçón de aquel
grand peligro en que la fortuna le avía metido.
70 E ciertamente veemos por esperiencia que, así como el
miedo derriba al covarde, así pone ánimo al ombre esforçado.
E como el cometer e el durar en las lides son dos atos perte-
nescientes a la virtud de la fortaleza, e para el acometer sea necesaria la ira e para el durar en la obra convenga tener buen
75 tiento, por cierto las claras fazañas deste cavallero nos mostra-
ron que tovo gracia singular para usar de lo uno e de lo otro,
de cada cosa en sus tiempos. Esta fazaña fizo este conde, en
la qual nos dio a conocer que la virtud de la fortaleza no se
muestra en guerrear lo flaco, mas paresce en resistir lo fuerte,
80 e que tovo tan buen ánimo para no ser vencido como buena
fortuna para ser vencedor.
Al fin, quando por mandado del rey dexó el cargo de aquella guerra, avidas en ella grandes presas de los moros e venido
a su tierra con honra e provecho, don Gutierre de Toledo su
85 tío, arçobispo que fue de Toledo, conoscida la grand suficiencia deste cavallero su sobrino, e cómo sienpre le sirvió e en todas las cosas le fue obediente, concibió dél grand amor, allende del que por razón del deudo era obligado de le aver, e
como quier que tenía otros sobrinos en el grado que aquél
90 era, deliberó dexarle por heredero universal de todos sus bienes, entre los quales le dio la su villa de Alva de Tormes, de la
qual el rey don Juan le dio título de conde. E en todas las guerras e diferencias del reino, fue de los principales cavalleros de
quien se fazía cuenta e estimación.

---

72. cometer] acometer AM   90. deliberó] deliberó de M

88. *deudo:* 'parentesco'.
92. *conde:* el 25 de dicembre de 1439 el rey hizo conde de Alba de Tormes
a Fernán Álvarez de Toledo, señor de Valdecorneja *(Halconero,* CCXLIX).

E como veemos que la prosperidad e el infortunio andan 95
en esta vida variando con los ombres, e vezes lo uno sube, vezes lo otro deciende, acaeció que estando en la amistad e parcialidad del condestable don Álvaro de Luna, maestre de Santiago, a quien el rey don Juan confiava la governación de sus
reinos, el maestre tovo manera que este conde fuese preso, 100
juntamente con otros condes e cavalleros que el rey mandó
prender en la villa de Tordesillas, e fuele tomada grand parte
de su patrimonio. Este infortunio que le vino sufrió con buena cara, mostrando coraçón de varón, pero quexávase gravemente de aver recebido aquel daño por voluntad e rodeo del 105
maestre de Santiago, confiándose dél e aviéndole fecho obras
de amigo.

Fue ombre deseoso de alcançar honra e procurávala por todas las vías que podía. Tenía la cobdicia común que los ombres tienen de aver bienes, e trabajava mucho por los adque- 110
rir. Era ombre liberal, así en el distribuir de los bienes como
en los otros negocios que le ocurrían, e sin enpacho ninguno
dava o determinava presto lo que avía de fazer. En algunas cosas era airado e mal sufrido, especialmente en aquellas que entendía tocarle en la honra, de lo qual se le siguieron algunos 115
debates, gastos e fatigas. Duró en la prisión do estava fasta
que el rey don Juan murió e reinó el rey don Enrique su fijo,
que le puso en libertad e restituyó todos sus bienes. E después

---

110. mucho] *om.* AM

95. *infortunio:* a pesar de sus muchos servicios a Juan II y a su Condestable,
en la frontera de Aragón y en la guerra de Granada, en 1448, Fernán Álvarez,
junto con otros nobles del reino, entre los que se hallaban el conde de Benavente y Pero y Suero de Quiñones, fue hecho preso por conspirar a favor de
Juan de Navarra y contra Álvaro de Luna. Según la *Crónica de Juan II,* la detención fue instigada por don Álvaro quien se había concertado con el marqués
de Villena «para governar a su placer al rey y al príncipe» y anular la influen-
cia de la nobleza. El cautiverio, primero en Roa y después en Segovia, se pro-
longaría durante varios años. A petición suya y como consolatoria ante aquella situación aherrojada y vejatoria, el marqués de Santillana, su primo y amigo de la infancia, escribiría el tratado *Bías contra Fortuna,* un tenso y dramático
poema en el que dialogan Fortuna y el filósofo Bías.

de suelto bivió en honra e prosperidad algunos años fasta que
120 murió en su casa conosciendo a Dios e dexando a su fijo su
casa y patrimonio mucho más acrecentada que lo él ovo de su
padre.

---

122. padre] padre. Murió en hedad de sesenta años en el año de Mcccclx S

120. *su fijo:* Garci Álvarez de Toledo, primer duque de Alba.

Don Juan Pacheco, maestre de Santiago

Don Juan Pacheco, marqués de Villena e maestre de Santiago, fijo de Alfonso Téllez Girón, fue ombre de mediana estatura, el cuerpo delgado e bien compuesto, las faciones fermosas e buena gracia en el gesto. Era de nación portoguesa, de los más nobles de aquel reino, nieto de Juan Fernández Pacheco, uno de los cavalleros que vinieron de Portogal a Castilla al servicio del rey don Juan, el que fue vencido en la batalla de Aljubarota.

Era ombre agudo e de grand prudencia. E seyendo moço vino a bivir con el rey don Enrique quando era príncipe, e al-

5

10

---

1. Título vj. de don juan pacheco, maestre de santiago Z   Título vij. de don juan pacheco, maestre de santiago AM   3. Don] *falta la letra capital en* H   7. Juan Fernández Pacheco] *laguna en blanco* HZAMESc Martín Vázquez de Acuña? S

6. *de nación portoguesa:* entre los caballeros que vinieron de Portugal, en tiempo de la guerra de Enrique III con Juan de Portugal, estaba Juan Fernández Pacheco, a quien el rey hizo merced de la villa de Belmonte y su tierra, en la Mancha de Aragón, a comienzos del siglo xv. Contrajo matrimonio con Teresa Téllez Girón y sólo tuvieron una hija, que casó con el conde de Valencia, matrimonio del que nació Alonso Téllez Girón. Este tuvo dos hijos, Juan Pacheco, que sería marqués de Villena y maestre de Santiago, y Pedro Girón, maestre de Calatrava.

11. *seyendo moço:* Juan Pacheco fue de muchacho paje del condestable don Álvaro de Luna, quien era mayordomo del príncipe don Enrique. Pacheco pasó pronto a formar parte de la cámara de Enrique, de quien fue doncel y mayordomo mayor, siendo uno de los servidores más aceptos y queridos, de manera que, cuando Enrique pasó a reinar, lo hizo su privado y confió en él la gobernación del reino.

cançó tanta gracia que fue más acebto a él que ninguno de los
que en aquel tiempo estavan en su servicio. E así por el amor
15 que el príncipe le avía, como porque creciendo en días florescían en él las virtudes inteletuales, le encargó la governación
de los grandes negocios que le ocurrían. Fablava con buena
gracia e abundancia en razones, sin prolixidad de palabras.
Tenblávale un poco la boz por enfermedad acidental e no
20 por defeto natural. En la hedad de moço tovo seso e autoridad de viejo. Era ombre esencial e no curava de aparencias ni
de cirimonias infladas.

En el tiempo que el rey don Juan ovo alguna indignación
contra el rey de Aragón, que estonces era rey de Navarra, este
25 cavallero, seyendo bien mancebo, entendió por parte del
príncipe en algunas dissensiones que por estonces en el reino
acaescieron. E ora procediese de su buena dicha, ora lo impu-
temos a su sagacidad, él sopo rodear las cosas de tal manera
que el rey don Juan, a suplicación del príncipe, le dio título
30 de marqués de Villena e en pocos días le fizo merced de todas
las más villas e logares de aquel marquesado, las que eran del
rey de Aragón.

---

13. acebto] acepto AM   17. con buena] con muy buena E   18. e abundancia en] e abundava en E   24. Navarra] Navarra e con otros algunos cavalleros sus súbditos E   31. logares] ligares H

19. *tenblávale un poco la boz:* el modo de hablar de Pacheco parece que era
característico y no dejaba de prestarse a algunas chanzas, como cuenta Palencia, III, 10: «el conde Gonzalo de Guzmán decía que había tres cosas que no
se bajaría a coger si las viese arrojadas en la calle: la verga de Enrique, la pro-
nunciación del marqués y la gravedad del arzobispo de Sevilla (...) En efecto,
el marqués hablaba desacordada y tardamente, y a este defecto natural su afec-
tación añadía el de balbucir, de modo que los que lo escuchaban tenían que
aguardar el fin de sus períodos con gran atención, pendientes de sus labios y
palabras».
30. *marqués de Villena:* aunque estuvo un tiempo en las intrigas de los infantes de Aragón contra Juan II e intervino en el destierro de don Álvaro de Luna,
abandonó al rey de Navarra y combatió contra la nobleza y los infantes en la
batalla de Olmedo en 1445, lo que le recompensó Juan II con el título de marqués de Villena y todas sus tierras. Al príncipe Enrique y a Pacheco, que estaba a su servicio, les concedió el rey diversas villas y lugares para que acudiesen
a su deliberación y no se alejaran de su partido: «e se entregasen a Juan Pacheco Villanueva de Barcarota e Salvatierra e Salvalron, lugares de Badajoz, de
que el rey le había hecho merced» *(Crónica de Juan II,* 1445, XI y XVII).

Tenía muy grand abilidad para la governación destas cosas temporales, para la qual, como sean necesarias agudeza, prudencia, diligencia e sufrimiento, puédese creer deste cavallero 35 que fue tan bien dotado destas quatro cosas como el ombre que más en su tiempo las tovo. Considerava muy bien la calidad del negocio, el tiempo, el logar, la persona, e las otras circunstancias que la prudencia deve considerar en la governación de las cosas. 40

Tenía la agudeza tan biva que a pocas razones conoscía las condiciones e los fines de los ombres. E dando a cada uno esperança de sus deseos, alcançava muchas vezes lo que él deseava. Tenía tan grand sufrimiento que ni palabra áspera que le dixesen le movía, ni novedad de negocio que oyese le alte- 45 rava, e en el mayor discrimen de las cosas tenía mejor arbitrio para las entender e remediar. Era ombre que con madura deliberación determinava lo que avía de fazer, e no forçava al tiempo, mas forçava a sí mismo esperando tiempo para las fazer. 50

De su natural condición paresció ombre de verdad e plazíale comunicación de ombres verdaderos e constantes, aunque los que están en deseo de adquerir grandes bienes e onores, e especialmente aquellos que entienden en la governación de grandes cosas, algunas vezes les acaesce fengir, dilatar, simular 55 e disimular aquella diversidad de los tiempos o la variedad de los negocios, o por escusar mayores daños o por aver mayores provechos, ayan de fazer variaciones en negocios, segund la veen en los tiempos.

Tovo algunos amigos de los que la próspera fortuna suele 60 traer. Tovo asimismo muchos contrarios de los que la enbidia de los bienes suele criar, los quales le trataron muerte e destruición e indignación grande con el rey don Juan e con el príncipe su fijo, a quien él servía. E como quier que algunas vezes llegaron al punto de la execución, pero, por casos inopi- 65 nados e dignos de admiración, fue libre de los lazos de muerte que muchas vezes le fueron puestos.

---

37. tovo] ovo AM   56. aquella diversidad] e que la diversidad E

35. *sufrimiento:* 'paciencia, conformidad, tolerancia'.

Era ombre de buen coraçón e mostró ser cavallero esforçado en algunos logares que fue necesario. Era muy sabio y
70 templado en su comer e bever, e paresçió ser vencido de la luxuria, por los muchos fijos e fijas que ovo de diversas mugeres allende de los que ovo en su muger legítima. E porque co-
nosçía que ninguna utilidad ay en estos bienes de fortuna,
quando no se reparten e destribuyen segund deven, usava de-
75 llos francamente en los logares e tiempos e con las personas
que devía ser liberal, e dando e destribuyendo ganava más fazienda e conservava mejor la avida. E con esta virtud de liberalidad que tovo, fue bien servido de los suyos e avisado de
los estraños en algunos tiempos e logares que complió mucho
80 a la conservación de su vida e estado.
    Tenía el común deseo que todos tenemos de alcançar hon-
ras e bienes temporales, e sópolas bien procurar e adquerir.
E quier fuese por dicha, quier por abilidad, o por amas cosas,
alcançó tener mayores rentas e estado que ninguno de los
85 otros señores de España que fueron en su tiempo.

---

69. muy sabio y templado] muy sobrio e tenplado Sc   77. virtud de libera-
lidad] virtud e liberalidad AM

71. *diversas mugeres:* cuando apenas tenía quince años, en 1435, por decisión de don Álvaro de Luna casó con una prima suya, Juana de Luna, matrimonio que sería anulado en 1442. Ese año contrajo matrimonio con doña
María Portocarrero, rica heredera de la nobleza castellana, señora de Moguer.
De ese matrimonio nacieron varios hijos, los tres primeros herederos de los
tres mayorazgos que dejó instituidos: Diego López Pacheco, segundo marqués de Villena, Pedro Portocarrero y Alonso Téllez Girón. Viudo de su segundo matrimonio, en 1472 casó de nuevo con doña María de Velasco, hija
del segundo conde de Haro.
    80. *conservación de su vida e estado:* con todas estas virtudes que va resaltan-
do Pulgar, contrasta el retrato de hombre retraído, desconfiado y cruel que de
Pacheco hace Palencia, I, X, 9: «Pero en las sombras se retraía con sus consejeros de confianza y en las altas horas de la noche, cuando todos se entregaban
al sueño, a veces montaba a caballo, salía al campo y, apeándose y dejando el
caballo en guarda de un sirviente, se echaba a dormir armado, para regresar antes del amanecer a su casa y descansar otro rato bajo la vigilancia de sus guar-
dias y porteros hasta que el palacio iba llenándose de turbas de cortesanos. Tales eran los ajetreos de la vida amarguísima del maestre, odioso a Dios y a los
hombres, no menos cruel e inhumano para consigo mismo, y más cruel aún
al rey Alonso».

Fue ombre tratable e de dulce conversación, e tanto humano que nunca fue en muerte de ninguno ni la consintió, aunque tovo cargo de governación. No era varón de venganças, ni perdía tiempo ni pensamiento en las seguir. Dezía él que todo ombre que piensa en vengança antes atormenta a sí que 90 daña al contrario. Perdonava ligeramente e era piadoso en la execución de la justicia criminal, porque pensava ser más acebtable a Dios la grand misericordia que la estrema justicia.

Tenía un tal singular sufrimiento que, por grand discordia que oviese con alguno, ralas vezes le vieron romper en pala- 95 bras e mucho menos en obras. Antes ponía siempre sus diferencias en trato de concordia que en rigor ni rotura, porque reputava ser mejor cierta paz que incierta vitoria. No quería encomendar a la fortuna de una ora todo lo avido en la vida pasada. E como quier que algunas vezes amenazava con la 100 fuerça, pero nunca venía a mostrar lo último de lo que podía fazer contra ninguno, aunque fuese menos poderoso que él.

Porque tener al adversario en miedo con amenazas, dezía él que era mucho mejor que quitárgelo mostrando el cabo de sus fuerças. E teniendo sufrimiento e esperando tiempo, al- 105 cançó honra e acrecentó bienes.

E como veemos por esperiencia la graveza grande que todos los mortales sienten en caer del grado en que se veen puestos, e las fazañas grandes e aventuras peligrosas a que se ponen por lo conservar e no caer, este cavallero, sintiendo 110 que su estada cerca de la persona del rey don Enrique no le

---

93. acebtable] aceptable ZSAM   95. ralas] pocas M raras E   96. e mucho menos] ni menos ZSAM e mucho menos E   99. de una ora] en una hora AM   107. veemos] vemos AM

95. *ralas:* ralo, 'poco frecuente', variante disimilada de *raro,* frecuente en la lengua antigua y clásica.
111. *rey don Enrique:* a la subida al trono de Enrique IV, Pacheco pasó a ser su valido y a ejercer todas sus intrigas y poder; secundó la campaña de Granada, tomó el partido de la reina doña Juana contra doña Guiomar, animó a Enrique a pretender las coronas de Navarra y Aragón pero le puso freno al intervenir también en la sentencia de Bidasoa dictada por Luis XI, y conspiró junto a los nobles en Alcalá de Henares contra el rey. Cuando Enrique IV concede a Beltrán de la Cueva el maestrazgo de Santiago, Pacheco se declara en abierta rebeldía y es uno de los principales que entronizan al infante don

era segura, por el peligro de muerte e destruición que otros
que estavan acebtos al rey pensó que le tratavan, apartóse de
su servicio. E fue el principal de los cavalleros e perlados que
115 fizieron división en el reino entre el rey don Enrique e el rey
don Alfonso su hermano. E en aquellas discordias sopo tener
tales mañas que fue elegido e proveído del maestradgo de
Santiago.

E porque ninguno es bien corregido si puramente no es
120 arrepentido, conosciendo este cavallero aver desviado del camino que devía seguir, no solamente tornó a él, mas aún tra-

---

112. destruición] destrución ZSAM   113. acebtos] aceptos ZSAM
114. perlados] prelados ZA   119. E porque ninguno es bien corregido si puramente no es arrepentido, conosciendo] E después que murió el rey don
Alonso, conosciendo E   121. no solamente tornó a él mas aún trabajó de
amansar quanto] mitigó e amansó quanto E

Alfonso en la farsa de Ávila (1465). No obstante, sigue tratándose con el rey,
de quien llega a obtener el compromiso de matrimonio de Isabel con su hermano Pedro Girón, quien muere en 1466. Con la muerte de don Alfonso, im-
pulsará el tratado de los Toros de Guisando y el reconocimiento de Isabel
como reina. El matrimonio de ésta con Fernando le dará pie, sin embargo, a
nuevas intrigas, que le llevan a renovar las aspiraciones del rey de Portugal. Su
muerte en 1474, poco antes que la de Enrique IV, puso fin a sus intentos de
apartar a éste de su hermana Isabel.

116. *don Alfonso:* aunque ningún otro historiador lo hace, Palencia, I, X, 10,
acusa a Pacheco de haber causado la muerte de don Alfonso (1468) por envenenamiento: «el maestre había querido que el rey Alfonso muriese de la pes-
te; por eso fingió motivos para prolongar la estancia en Arévalo, donde hacía
tres meses que veían pasar cada día los entierros de niños y muchachos. Cuando al cabo convino marchar a la provincia de Toledo y vio que ninguna infec-
ción de aire corrupto había podido dañar a Alfonso, recurrió a la acción más
rápida del veneno, porque ya, según luego se conoció, dirigía la causa enrique-
ña. A mi juicio, fue autor de este crimen el citado maestre (...)».

117. *maestre de Santiago:* consiguió el maestrazgo de Santiago en 1467. Enríquez del Castillo en su *Crónica*, XCIV, refiere en términos muy duros el episodio: «Don Juan Pacheco, marqués de Villena, que con su hambrienta codicia no dormía, avía buscado sus formas e maneras astutas con los comendado-
res de la orden que le diesen el hábito de Sanctiago e le eligiesen por maestre.
E así con la mayor parte e más principal dellos era ido a la villa de Ocaña,
adonde rescibió el hábito e fue luego eligido por maestre de Sanctiago y obe-
decido por todos los cavalleros de la orden; en tal manera que, sin grado ni
consentimiento del rey ni del príncipe su hermano, por quien había de ser re-
nunciado, ni de los perlados e grandes del reino e sin lo consultar con el papa,
no curando de ser proveído por él, absolutamente se intituló maestre de Sanctiago. ¡O desvergonzado caballero, ingrato criado y desleal servidor...!».

bajó de amansar quanto pudo las voluntades alteradas de los cavalleros e perlados que aquella división querían continuar. E tornó en la gracia del rey don Enrique, el qual le perdonó e fizo grandes mercedes de villas e logares e otras grandes rentas, e confió dél toda la governación de sus reinos. E dende en adelante governó absolutamente e con mayor esención e libertad que primero solía governar.

No quiero negar que como ombre humano este cavallero no toviese vicios como los otros ombres, pero puédese bien creer que, si la flaqueza de su humanidad no los podía resistir, la fuerça de su prudencia los sabía disimular. Bivió governando en qualquier parte que estovo por espacio de treinta años, e murió en grand prosperidad, de hedad de cinqüenta e cinco.

125

130

135

---

134. cinqüenta e cinco] lv. E murio en Santa Cruz, tierra de Truguillo, en setienbre año de Mcccclxxiiij años S

El conde don Rodrigo
de Villandrando

Don Rodrigo de Villandrando, conde de Ribadeo, fue fijo
de un escudero fijodalgo natural de la villa de Valladolid, om-
5   bre de buen cuerpo, bien compuesto en sus mienbros e de
muy rezia fuerça. Las faciones del rostro tenía fermosas e la
catadura feroce.

Seyendo de pocos días, su grand coraçón e su buena coste-
lación le llevaron moço y pobre y solo al reino de Francia, en

---

1. Título vij. del conde don Rodrigo de villandrando ZAM   3. Don] *falta
la letra capital en* H   4. escudero fijodalgo] escudero de baxa manera Sc

3. *fijo de un escudero:* se poseen pocos datos de los orígenes de Rodrigo de Villandrando, su fecha de nacimiento sería hacia 1378 y se sabe que un tío suyo
casó con la hermana de Pierre Le Vesgue de Vilaines, compañero de Duguesclin
en la guerra entre Pedro I y Enrique de Trastámara, quien le nombró ricohombre
y conde de Ribadeo. Alfonso de Palencia, *Gesta hispaniensia,* I, 3, que le dedica
particular atención en un apretado capítulo, nos ofrece un relato un tanto nove-
lesco, según el cual era «hijo de padres honrados pero pobres que vivían en el
campo, por su valentía llegó a ser capitán de un gran ejército», que abandonó en
su juventud la vida de los campos y entró al servicio de un mercader que había
sido robado por unos piratas, se embarcó en su nave para tratar de recuperar las
riquezas robadas y capturó algunos barcos piratas. Al morir el mercader lo declaró heredero, pero Rodrigo delegó sus derechos en uno de los compañeros mari-
nos. Hay dos biografías principales y relativamente modernas de nuestro personaje, la del francés Jules Quicherat, *Rodrigue Villandrando, l'un des combattants puor
l'independence française au XV* siècle, París, Hachette, 1879, y la de Antonio María
Fabié, *Don Rodrigo de Villandrando, conde de Ribadeo,* Madrid, 1882.
9. *reino de Francia:* «oyendo que ardía una gran guerra en Francia donde el
valor fácilmente obtenía honores, decidió con su hermano que era más deco-

el tiempo que en aquellas partes avía grandes guerras e divisio- 10
nes e compañías de gente de armas. E como en aquellos tiempos de guerra concurrían en aquel reino ombres estrangeros
de todas partes, este cavallero, por ser dispuesto para los trabajos de la guerra, falló luego capitán que le recibió en su
compañía, en la qual aprovó tan bien, seyendo moço e des- 15
pués en las cosas que ombre mançebo deve fazer, que ganó
por las armas estimación de ombre valiente e esforçado, e su
capitán lo reputava por ombre singular entre todos los otros
de su capitanía.

Acaesció algunas vezes que estando las batallas en el cam- 20
po, quando algún ombre de armas de la parte contraria confiando en sus fuerças quería fazer armas e demandava batalla
uno por uno, este cavallero se esmerava entre todos los otros
de su parte. E presentes las batallas de la una parte e de la otra,
salía a pelear con el contrario, y le vencía e derribava e traía 25
sus armas e despojo a su capitán. E esta vitoria, que algunas vezes ovo, le dio honra, la qual así como le puso en gracia e estimación de algunos, así le troxo en odio e enbidia de otros,
la qual cresció tanto que por ser estrangero fue costreñido de
se apartar de su capitán. 30

E como quier que le fue grave de sofrir, pero como veemos
muchas vezes que los infortunios de presente son causa de la
prosperidad futura segund que las cosas de la providencia las
suele rodear, este cavallero, veyéndose solo de parientes, des-

---

24. de su parte] de la su parte M   25. salía] salió M // vencía] venció M //
derribava] derribó M // traía] traxo M   28. troxo] truxo ZAM   29. estrange-
ro] extranjero ZSAM   31. veemos] vemos AM   32. muchas] mucho Sc

roso ganarlos así que buscar la suerte como piratas. Tomaron el orden y hábito de caballería (...) los dos ganaron fama» (Palencia, I, 3). Como soldado de
fortuna, combatió en Francia durante la guerra de los Cien Años, primero en
la compañía del capitán de l'Isle Adam, del partido borgoñón, y luego formó
un ejército de mercenarios roteros *(routiers)* que se puso a las órdenes del rey
Carlos VII en la compañía del mariscal de Severac en 1421. Fue luego capitán
de compañía al servicio del conde de Pardiac en lucha con los borgoñones, así
entró a formar parte del ejército al mando del almirante Louis de Culant, intervino con éxito frente a los anglo-borgoñones en la defensa de Bourges, residencia de Carlos VII, y es probable que participara en la sangrienta batalla de
Verneuil, donde fueron derrotados los franceses.

35 favorescido de compañeros, sin arrimo de capitán, pobre de
dinero e sin amigos e en tierra agena, no ovo otro refugio sino
a su buen seso e grand esfuerço e, con otro e otros dos que se
llegaron a él, se aventurava con buena destreza e grande osadía a fazer saltos en la tierra de los contrarios en logares peli-
40 grosos, e fazíales guerra e tomava alguna presa con que se podía sostener. Esto fizo muchas vezes e con tanta sagacidad y
esfuerço que siempre salía en salvo.

E como la fama de su valentía e de las presas que tomava
se divulgó por la tierra, allegáronse a él algunos ombres e, cre-
45 ciendo de día en día el coraçón con las fazañas e las fazañas
con la gente e la gente con el interese, allegáronse a él muchas
más gentes, fasta que alcançó a ser capitán una vez de mill ombres a cavallo e después de grado en grado su capitanía fasta
ser capitán de diez mill ombres, e su poder fue de los mayo-
50 res que tenía ninguno de los otros capitanes del rey de Francia a quien servía. E con aquel su grand poder robó, quemó,
destruyó, derribó, despobló villas e logares e pueblos de Borgoña e de Francia, en tiempo que aquel miserable reino padescía guerras crueles que duraron por tiempo de cinqüenta
55 años.

Andava lo más del tiempo en el campo e ponía grand diligencia en la guarda de los reales para que su gente no rescibie-

---

48. su capitanía] subió su capitanía Sc   52. despobló] despojó Sc   52. de
Borgoña e de Francia] de Francia Sc   53. en tiempo] en el tiempo Sc // miserable reino] honorable reino ZSAM miserable reino Sc   54. por tiempo] por
espacio AM

51. *robó, quemó, destruyó:* en sus andanzas, al amparo de la guerra que asola-
ba Francia, se asoció con otras compañías de roteros que, en rápidos movimientos, devastaron diversos territorios: «organizó con su conocida pericia
aquella especie de guerra, sonando su nombre con los de sus asociados Valette
y Andrelin, rodeado de terror por aquellas tierras. Establecieron estos roteros
sus cuarteles entre el monte Lozère y la sierra del Viverais, y desde allí empren-
dían sus incursiones al norte y al sur, unas veces en la senescalía de Nimes y
otras en la de Carcasona. La rapidez de sus movimientos era verdaderamente
asombrosa. A fines de 1428 el conde de Fox recibía noticias de los estragos
que hacía Villandrando en los alrededores de Puy, un mes después el concejo
de Lyon deliberaba sobre los medios de alejarlo de sus contornos y, en noviembre del mismo año, interceptaba los caminos que van desde Aviñón a Nimes» (A. M.ª Fabié, ob. cit., pág. 30).

se daño. Era ombre airado en los logares que convenía serlo, e mostrava tan grand ferocidad con la ira que todos le avían miedo. Tenía dos singulares condiciones, la una, que fazía 60 guardar la justicia entre la gente que tenía e no consintía fuerça ni robo ni otro crimen e, si alguno lo cometía, él por sus manos lo punía. E con esto todas las gentes de su hueste, aunque eran muchas e de diversas naciones e tenían oficio de robar, le temían e estavan en paz, e no osavan cometer fuerça ni 65 crimen uno contra otro. Fazía asimismo repartir las presas igualmente, segund que cada uno lo devía aver, e de tal manera dividía lo robado por justicia que fazía durar los robadores en concordia.

Era asimismo ombre de verdad e el seguro que dava a qual- 70 quier villa o logar o provincia, o qualquier pacto que ponía con ellos, guardávalo estrechamente. E si alguno robava o fazía daño al que él segurava, fazíale buscar con grand diligencia e executar en él la justicia. E con esta condición que en él veían muchos pueblos e provincias e otras personas singula- 75 res, se fiavan de su palabra e la compravan con grandes precios a fin de ser seguros de sus gentes. E con esto tenía sus reales bastecidos de viandas e armas e de todas las cosas necesarias, porque mandava guardar e pagar a los que venían a ellos con provisión, e su mandado era muy temido e complido. 80

Ovo muchas batallas con ingleses e con borgoñeses, en las quales Dios le libró por muchos casos de ser perdido e le ayudó por muchas maneras a ser vencedor. Especialmente venció una batalla que ovo con el príncipe de Orenja, donde concu-

65. le temían] lo temían M   79. guardar e pagar] pagar e guardar ZSA

84. *príncipe de Orenja:* se refiere a la batalla de Anthon, en la ribera del Ródano, librada en 1430 contra Louis Chalon, príncipe de Orange, del bando anglo-borgoñón, que quería apoderarse del Delfinado y sufrió una dura derrota, de la que fue causante principal Rodrigo y su compañía de soldados a sueldo, quien supo obtener además un cuantioso botín por el rescate de los ilustres prisioneros que hizo. También obtendría, como muestra de gratitud por parte del rey y del Delfinado, el castillo de Puzignan. El príncipe de Orange, por su parte, cubierto de heridas y de sangre, pudo huir con la ayuda de su caballo. Las noticias que ofrece Palencia no parece que sean del todo exactas: «Rodrigo, capitán de gran mesnada y secundado por la pericia de su hermano, alcanzó un puesto entre los capitanes más nobles de aquella nación cuando

85   rrió mucha gente de amas partes. Esta batalla fue muy ferida
y sangrienta, en la qual los que le vieron pelear le conpararon
a león bravo en el estrago que fazía en los contrarios e el ayuda e esfuerço que dava a los suyos. E acabado de aver el vencimiento, tovo esta astucia. Fabló con uno de los prisioneros
90   que tenía e prometióle libertad si le descubriese el valor de los
prisioneros que las otras sus gentes avían tomado en la batalla. E como se informó secretamente de lo que cada uno podía valer, complólos todos, dando por cada uno mucho menor precio de lo que valían. E como fueron puestos en su po-
95   der, rescatólos a todos por mucho mayores precios de lo que
le costaron. E con esta astucia ovo grand thesoro e la fortuna
le puso en tan grand reputación que alcançó casar con la fija
del duque de Borbón, que era de la sangre real de Francia, e
fue señor de veinte y siete villas en la tierra de Borbones, de-
100 llas compradas e dellas ganadas.
      E en veinte años que siguió aquella guerra fizo otras nota-
bles fazañas, entre las quales acaesció que un día estando a
punto de batalla con un grand capitán de Inglaterra, que se
llamaba Talabot, en la provincia de Guiana, el capitán inglés,
105 que por oídas conoscía las condiciones deste cavallero, deseava asimismo conocer su persona por ver qué cuerpo e qué fa-

---

85. amas partes] ambas partes M   90. que tenía] tenía H (que, *añadido al margen*)

como general del ejército mandado contra el príncipe de Orange derrotó y
puso en fuga al enemigo con gran matanza y capturó al príncipe, aunque a
costa de la pérdida de su querido hermano, que murió en la batalla» (Palencia, I, 3).
    97. *la fija del duque de Borbón:* Marguerite de Bourbon, hija del duque Juan,
que cayó prisionero en la batalla de Azincourt y estuvo ocho años prisionero
de los ingleses. Con ella contrajo matrimonio Rodrigo en 1433, llevó en dote
el señorío de Ussél y una renta de mil libras. Desde entonces parte de su dedicación guerrera fue defender las fronteras del Bourbonais de los ataques borgoñones y combatir junto a su cuñado y primogénito el conde de Clermont.
    104. *Talabot:* debe referirse a la campaña del Bordelais, en 1438, que aún
ocupaban los ingleses y para la que fue llamado por el propio Carlos VII; el
capitán inglés debe de ser el conde Huntingdon, que era quien mandaba las
tropas en la Guienne, y la entrevista hubo de celebrarse a orillas del riachuelo
Leyre, que atraviesa las Landas y desemboca en la bahía de Arcachon (Fabié,
op. cit., págs. 93-94).

ziones tenía ombre que de tan pequeña manera avía subido a
tan grand estado. E como por medio de sus harautes acordasen de se fablar, dexadas el uno e el otro sus huestes en buena
guarda, estos dos capitanes solos se juntaron e vieron en la ri- 110
bera de un río llamado Lera. E el capitán Talabot le dixo: «Deseava ver tu persona, pues tengo conoscida tu condición. Rué-
gote», dixo él, «pues los hados nos troxieron juntos a este logar, que comamos sendos bocados de pan e bevamos sendas
vezes de vino, e después será la ventura de la batalla como a 115
Dios pluguiere e señor sant Jorge ayudare».

Este capitán Rodrigo le respondió: «Si otra cosa no te plaze, ésta por cierto no la quiero fazer porque, si la fortuna dis-
pusiere que ayamos de pelear, perdería grand parte de la ira
que en la fazienda devo tener e menos feriría mi fierro en los 120
tuyos menbrándome aver comido pan contigo». E diziendo
estas palabras bolvió la rienda a su cavallo e tornó para sus batallas, e el capitán Talabot, aunque era cavallero esforçado,
concibió de aquellas palabras tal concebto que, así por ellas
como por la disposición del logar do estava, acordó de no pe- 125
lear, aunque tenía mayor número de gente que él. Afirmóse
aver dicho este capitán en su lenguaje: «No es de pelear con
cabeça española en tienpo de su ira».

Después de muchos tienpos de guerras e destruiciones avidas en aquella tierra, ovo Dios piedad de los moradores dellas 130
e dio tales vitorias al rey Carlos de Francia que lançó de todo
su reino al rey Eduarte de Inglaterra, su enemigo, e a todas sus
gentes, e fueron cesando las crudas guerras que en aquel reino avía. E en aquel tienpo acaesció aver en Castilla grandes

---

108. harautes] farautes AM   113. troxieron] truxieron ZS truxeron AM
119. perdería] perdía AM   120. feriría] feriría A heriría M   132. todas sus
gentes] toda su gente AM

134. *Castilla:* esto ocurrió durante el cerco de Valladolid en 1437 y la rebelión contra Juan II de los nobles partidarios de los infantes de Aragón: «cuando supo que el rey en España estaba acosado por la ruina de los grandes y
que las discordias lo amenazaban con la ruina, como ya era viudo vino a España a la cabeza de un ejército poderoso y, escabulléndose de entre las manos
del conde Pedro López de Zúñiga, quien había salido al encuentro con sus
hombres de armas, metió su gente a salvo en la villa de Roa, reforzando así las
fuerzas del rey» (Palencia, I, 3).

135　debates e disensiones, para las quales el rey don Juan enbió
　　　mandar a este cavallero, su natural, que viniese en Castilla a
　　　le servir con la más gente que pudiese, el qual vino a su llama-
　　　miento con quatro mil ombres a cavallo. E el rey le recibió
　　　muy bien e le fizo merced de la villa de Ribadeo e diole títu-
140　lo de conde della, e fízole otras mercedes.
　　　　　Muerta la primera muger francesa, casó en Castilla con mu-
　　　ger noble de linaje de Stúñiga, e el rey le puso en su consejo
　　　e fazía dél grand confiança, especialmente de aquellas co-
　　　sas que concernían a la guerra que por estonçes avía en sus
145　reinos.
　　　　　Acaesció que como el rey en tienpo de aquellas disensiones
　　　fuese a la ciudad de Toledo e los de aquella ciudad rebellasen
　　　contra él y le cerrasen las puertas, puesto el rey en algún rece-
　　　lo de la gente de armas que a la ora estava apoderada de aque-
150　lla ciudad, este conde de Ribadeo fizo inproviso en la iglesia
　　　de sant Lázaro, que es bien cerca de la ciudad, un palenque
　　　con tan grand defensa que la persona del rey, con la poca gen-
　　　te que por estonces con él estava, podía ser segura e sin daño,
　　　fasta que los otros sus capitanes e gentes de armas que venían
155　en la reçaga ovieron tienpo de llegar. E por memoria perpetua

---

136. mandar] a mandar A   137. llamamiento] llamado M   139. merced]
mercedes ZSAM   147. e los de] e como los de M // rebellasen] se rebelassen
AM   155. reçaga] çaguera AM

140. *conde de Ribadeo:* el título de conde de Ribadeo fue concedido, como
dijimos, por Enrique III a Le Vesgue, quien lo vendió para comprar un estado
en Normandía, traspasando sus derechos al condestable Ruy López Dávalos,
que lo perdió cuando cayó en desgracia del rey. Reincorporada la villa de Ribadeo a la corona de Castilla, Juan II hizo donación de ella a Rodrigo de Villandrando, «en remuneración de los buenos e leales servicios», y unos meses
más tarde le otorgó el título de conde de la misma, título de que ya hace uso
en 1432 (Fabié, ob. cit., págs. 56-61). Palencia, I, 3, asegura que el título fue a
petición del rey de Francia: «mientras permaneció en Francia, el rey lo estimó
tanto que consiguió para él por cartas del rey de Castilla el condado de Ribadeo, para realzar con esta dignidad el nombre y fama de tan esclarecido varón
entre los españoles».
141. *muger noble:* Beatriz de Stúñiga, hija de Diego López de Stúñiga, señor
de Monterrey y de Baides, y de Elvira de Viedma. El matrimonio no tuvo hijos varones, por lo que su descendencia paso primero a la casa de Salinas y luego a la de Híjar (Fabié, ob. cit., págs. 130-131).

deste servicio que fizo en el día señalado de la Epifanía, el rey fizo merced a él e a sus decendientes de la ropa que él y los reyes de Castilla sus subcesores vistiesen aquel día, e que comiese con él a su mesa, de la qual merced goza oy su subcesor.

E al fin, veyéndose ya viejo e enfermo de dolencia tal que no podía escapar, Dios, que ni dexa al ombre sin punición ni le niega su misericordia, le dio tienpo esperando en que se corrigiese arrepintiéndose. E por cierto, cosa fue maravillosa e enxenplo digno de memoria a los mortales la grand contrición que ovo e el arrepentimiento de sus pecados e el derramar de las lágrimas que fizo continuamente muchos días antes que muriese, llamando a Dios e pidiéndole con todo coraçón que le perdonase e oviese merced de su ánima. E con esta contrición fenesció sus días en hedad de setenta años. E por esta fin que con tal contrición ovo, se pone aquí en el número de los claros varones.

160

165

170

---

165. contrición] contrición e arrepentimiento *(luego tachado)* Sc   170. E por esta... varones] *om.* Sc   172. varones] varones. Murio año de Mcccclj. Esta sepultado en el monasterio de la Merced de Valladolid S

157. *merced:* tras la toma de Toledo, de la que se había señoreado el infante don Enrique y al que disuadió del combate Rodrigo, éste demandó al rey que, a manera de estrenas o de aguinaldo, puesto que el hecho se había producido el día de Reyes de 1441, le concediera esta merced: «e ante que el rey de allí partiese, el conde Rodrigo de Villandrando suplicó que porque el día que esto había acaescido era de año nuevo, le hiciese merced que tanto quanto él viviese e dende adelante, los condes de Ribadeo que de su linage viniesen oviesen para siempre la ropa que el rey aquel día vistiese e comiesen en su mesa; el qual gelo otorgó así e le mandó dello dar previllejo» *(Crónica de Juan II,* 1441, I).

170. *fenesció sus días:* murió en Valladolid en la primavera de 1448.

El conde de Cifuentes

Don Juan de Silva, conde de Cifuentes e alférez mayor del
pendón real, fijo de Alfonso Tenorio, adelantado de Caçorla,
e nieto de Arias Gómez de Silva, fue ombre delgado e alto de
5 cuerpo, e bien conpuesto en la proporción de sus mienbros.
La cara tenía larga y onesta, la nariz un poco luenga, tenía la

---

1. Título viij. del conde de cifuentes ZAM   2. Don] *falta la letra capital*
en H

2. *Juan de Silva:* Juan de Silva (1399-1464) era hijo del adelantado de Cazorla, Alfonso Tenorio, sobrino a su vez de uno de los grandes ministros de Juan I
y Enrique III, el arzobispo de Toledo don Pedro Tenorio; su madre fue Guiomar de Meneses. La familia quedó asentada en Toledo y allí fundado el linaje
de los Silva. Fue doncel de Juan II, quien en 1427 le dio la tenencia de la villa
de Cifuentes con su castillo y fortaleza, y en 1428 le hace provisión de nota-
rio mayor del reino de Toledo. Ese mismo año casa con Leonor de Acuña, prima de don Álvaro de Luna, a quien acompaña en sus enfrentamientos con los
infantes de Aragón y en la guerra de Granada en 1431.
2. *alférez mayor:* es un oficio real que recayó siempre en un ricohombre vinculado al rey, en un principio con importantes funciones de carácter militar y
judicial, pero luego limitado a funciones más bien simbólicas y honoríficas,
como la de enarbolar el pendón o portar las armas regias en las ceremonias cor-
tesanas (D. Torres Sanz, *La Administración central castellana*, ob. cit.). Juan II
concedió a Juan de Silva este puesto de alférez mayor de Castilla en 1433
como premio a sus méritos y servicios: «En los privilegios reales, que llamavan
rodados, confirmava el alférez mayor, inmediato al signo del rey, dentro de la
rueda de sus armas, con el mayordomo mayor, y en esta forma se hallan muchas confirmaciones de don Juan de Silva; con que justamente se tuvieron en
lo antiguo estas dos dignidades por las primeras del reino» (Luis de Salazar y
Castro, *Historia genealógica de la casa de Silva*, I, Madrid, 1685, pág. 224).

lengua çeçeosa. Era fijodalgo de linpia sangre. Sus avuelos
fueron naturales del reino de Portugal. Bivió en los tienpos
del rey don Juan e del rey don Enrique, su fijo, e moço de pocos días vino al servicio del rey don Juan. Tenía tan buena gra- 10
cia en la manera de su servicio, que fue uno de los acebtos servidores que el rey tovo.

Era ombre muy agudo e muy discreto, e inclinado a justicia. Fablava muy bien e cosas muy sustanciales e conformes a
la razón. Vista la autoridad de su persona e la linpieza de su 15
bevir, fue puesto en el consejo del rey.

E como acaesce que en las cortes y en las casas reales concu-
curren muchos ombres que por diversas vías van tras sus deseos e, algunos por que les den, otros por que no les quiten,
loan lo que devrían callar e callan lo que devrían reprehender, 20
e si algunos dizen cosa conforme a la razón, la dañan, mez-
clándola con alguna pasión e odio de personas, este cavallero
tenía una condición de ombre claro sin ninguna encubierta e

---

8. naturales del reino de Portugal] naturales de P. ZSAM   11. aceptos]
aceptos ZSAM   14. sustanciales] substanciales ZAM

7. *çeçeosa:* el ceceo era en la época un defecto del habla, que consistía en la
confusión de *s* y *z*. El trueque empezó ya en la lengua del siglo xv y afectó especialmente a zonas de la baja Andalucía y a Sevilla, que luego reaccionaría
con el seseo. En la época de Pulgar, había mucha gente que ceceaba por defecto personal, entre ellos este conde de Cifuentes, el conde de Medinaceli, el
obispo de Burgos, Alonso de Cartagena, o el obispo de Coria, Francisco de Toledo. También había ceceado el rey Pedro I, según el retrato del Canciller Ayala («E fue el rey don Pedro assaz grande de cuerpo e blanco e ruvio, e çeçeava
un poco en la fabla, e era muy caçador de aves e fue muy sofridor de trava-
jos...»), y ceceaba fray Íñigo de Mendoza, el confesor de la reina. Parece que la
gente encontraba cierta gracia en el cecear, como una especie de adorno personal. El problema lingüístico ha dado lugar a una amplia bibliografía: Amado Alonso, «Historia del 'ceceo' y del 'seseo' españoles» [1951], en *De la pro-
nunciación medieval a la moderna en español,* II, Madrid, Gredos, 1967, 74-144;
Rafael Lapesa, «Sobre el ceceo y el seseo andaluces» [1957], en *Estudios de historia lingüística española,* Madrid, Paraninfo, 1985, 249-266; Diego Catalán, «El
çeçeo y zezeo al comenzar la expansión atlántica de Castilla» [1958], en *El español. Orígenes de su diversidad,* Madrid, Paraninfo, 1989, 53-75; Guillermo L.
Guitarte, «Las supuestas tres etapas del seseo» [1976], en *Siete estudios sobre el español de América,* México, UNAM, 1983, 63-98; *«Cecear* y palabras afines», en
Actas del II Congreso Internacional de Historia de la Lengua Española, I, Madrid,
1992, 127-164.

realmente pospuesta toda afeción e odio. Dezía con muy bue-
25 na gracia su parecer en las cosas e no dexava de dezir aquello
que otros, o por gratificar o por no indignar, callavan. E como
quier que su voto fuese contra el deseo de algunos, pero porque sus fablas se mostravan proceder de buenas e no dañadas
entrañas, no eran mal recebidas. E su persona por esta causa
30 era muy estimada e su parecer en las cosas muy esperado.

Era grand zelador del bien común e con todas sus fuerças
procuró muchas vezes la conservación del patrimonio real, e
contradezía a los que, procurando sus intereses particulares,
ofendían al bien general. E por esto ovo algunas molestias e
35 trabajos de los que suelen aver los favorescedores de la verdad. Pero al fin, seyendo constante en el camino de la virtud,
fue muy acebtado e honrado, e el rey le fizo su alférez mayor
e le encargó grandes e arduos negocios, porque entendía que
tratava verdad e guardava fidelidad.
40 Acaesció en sus tienpos que todos los príncipes christianos
se acordaron con los perlados e clerezía de fazer concilio en
la ciudad de Basilea, que es en la alta Alemania, sobre una
grand cisma que por estonces avía en la iglesia de Dios entre
el papa Eugenio e otro que se llamó Félix, a la qual congrega-

---

28. fablas] hablas AM

42. *Basilea:* Juan de Silva fue uno de los embajadores castellanos enviados
por Juan II al concilio de Basilea en 1434: «Y en este tiempo el rey acordó de
embiar en el Concilio los siguientes embaxadores: el obispo de Cuenca, don
Álvaro de Osorna, e Juan de Silva, señor de Cifuentes, alférez del rey, e al
dean de Santiago e de Segovia don Alonso de Cartagena (...) e al doctor Luis
Álvarez de Paz e a dos frailes maestros en teología de la orden de predicado-
res» *(Crónica de Juan II,* 1434, III). Hubo una primera embajada en 1433 que
presidió fray Juan de Torquemada más los cardenales Alfonso Carrillo y Juan
de Cervantes.
44. *papa Eugenio e otro que se llamó Félix:* el concilio de Basilea comenzó sus
sesiones en mayo de 1431 como continuación de la línea doctrinal del de
Constanza. En diciembre, el papa Eugenio IV quiso trasladarlo a Bolonia,
pero el concilio proclamó su prevalencia sobre las decisiones del papa y recha-
zó el traslado. En 1433 el papa reconoció al concilio, pero enseguida surgie-
ron nuevos conflictos motivados por cuestiones de la reforma y del traslado
de la sede pontificia. En 1438 se celebraban dos concilios, el del papa en Florencia y el de los conciliares en Basilea. Estos depusieron a Eugenio IV y pro-
clamaron papa a Amadeo VIII de Saboya, que tomó el nombre de Félix V. No

ción como todos acordasen enbiar sus enbaxadores, porque 45
convenía mostrarse en aquella congregación la magnificencia
e poderío de los reyes, el rey don Juan, conoscida la suficiencia
deste cavallero, le cometió esta enbaxada. E enbió con él
grandes letrados e fue aconpañado de mucha conpaña de hidalgos, con grandes e muy suntuosos arreos. E así en sus fa- 50
blas como en la continencia de su persona e en todos los
otros atos que deve fazer ombre discreto e de grand autoridad, guardó tan bien la honra del rey e de su tierra e de su persona que ninguno de quantos enbaxadores fueron en aquella
congregación la guardó mejor. 55

E como acaesciese un día que el enbaxador del rey de Inglaterra quisiese anticiparse e ocupar el logar de la precedencia que al rey de Castilla pertenescía, no podiendo este cavallero sofrir tienpo para que se determinase por razón lo que
veía levar por fuerça, llegó aquel enbaxador e, puestas las ma- 60

---

52. atos] atos HZ abtos S actos AM

obstante, el concilio fue perdiendo autoridad y reconocimiento, el antipapa
abandonó Basilea y terminó abdicando en 1449, lo que supuso la disolución
del concilio y el reconocimiento de Nicolás V. Sobre el concilio puede verse
R. García Villoslada y Bernardino Llorca, *Historia de la Iglesia Católica, III. La
Iglesia en la época del Renacimiento y de la Reforma católica*, Madrid, BAC, 1967,
págs. 314-341.
57. *precedencia que al rey de Castilla pertenescía*: poco después de la llegada de
la embajada castellana, en una reunión de septiembre de 1434, sucedió el conflicto de precedencia entre ingleses y castellanos, pues Castilla reclamaba el
puesto inmediato al de Francia, que tenía el suyo a continuación del emperador. Allí intervino Alonso de Cartagena con un discurso en defensa del rey de
Castilla. El asunto se resolvió a favor de los castellanos, pero no sin que antes
se produjese el incidente que cuenta Pulgar, debido a la impaciencia de los ingleses, que no quisieron aguardar la decisión de los padres conciliares y ocuparon el primer lugar, lo que ocasionó el enojo y la reacción de Juan de Silva
ante el estupor de los circunstantes. «Dízese que, al tiempo que don Juan quitó al embaxador de Inglaterra el asiento que avía ocupado, le dixo: 'No pose
quien mal posa', como si dixesse no tenga este lugar quien injustamente le
ocupa, y que por alusión a estas vozes tomó por empressa una mariposa y la
usó en el escudo de sus armas pintándola de forma que le abraçava todo,
como se ve en la capilla mayor de San Pedro Mártir de Toledo» (Luis de Salazar y Castro, *Historia genealógica de la casa de Silva*, cit., pág. 228). Puede verse
también V. Beltrán de Heredia, «La embajada de Castilla en el Concilio de Basilea y la discusión con los ingleses», *Hispania Sacra*, 10 (1957), 5-31.

nos en él, con grand osadía le arrebató e echó de aquel logar
e él se puso en él. Visto este exceso fecho en el palacio de la
congregación, la gente de armas que tenía la salvaguarda de la
ciudad se escandalizó e tentaron de proceder contra él e con-
65 tra los suyos por aver cometido cosa de fecho sin esperar determinación de derecho. Este cavallero, guardada su autoridad sin recebir alteración, insistió en su propósito e, pregun-
tado por el cavallero presidente de la justicia cómo avía osado
poner las manos en tan notable enbaxador e de tan grand
70 príncipe como era el rey de Inglaterra, con ánimo no vencido
le respondió: «Digos, presidente, que, quando padesce defeto
la razón, no deven faltar manos al coraçón». E con su grand
osadía, junto con su buena razón, fue guardada la prehemi-
nencia del rey e la honra del reino, e fue amansado aquel es-
75 cándalo. Después de largo tienpo, concluidas las cosas de
aquel concilio, bolvió al reino con fama de ombre magnífico,
porque fue muy franco en el destribuir, e de cavallero esforçado, porque mostró valentía en el osar, e varón discreto, porque governó aquel cargo con grand sagacidad e prudencia.
80   Venido al reino de Castilla e tornado al logar que tenía en
el consejo del rey, entendió muchas vezes, e con grandes trabajos del cuerpo e del espíritu, en concordar al príncipe don
Enrique con el rey su padre e en escusar las grandes roturas
que se esperavan sobre algunas diferencias que entre ellos avía.
85 E éste sopo tratar con grand prudencia, persuadiendo la obediencia que el fijo devía tener al padre e mitigando la indignación que el padre tenía contra el fijo, e desviando las sinistres
intenciones que avía de la una parte e de la otra.
        Entendió ansimismo en otros grandes e arduos negocios,
90 en los quales el rey, conoscidos sus leales servicios e trabajos,
le fizo merced de las villas de Cifuentes e Montemayor, e de
otros logares e bienes e rentas en cantidad mucho mayor de

---

73. guardada] guardava ZSA 68. cavallero] *tachado* H 71. Digos] Digo
os ZAM 72. grand] *om*. ZAM 87. sinistres] siniestras AM 92. cantidad]
quantidad ZAM

91. *Montemayor:* Enrique IV, siendo príncipe, concedió a Juan de Silva y
sus sucesores, con confirmación de su padre el rey Juan II, la villa de Montemayor, su castillo, aldeas y términos, en el obispado de Coria.

140

la que heredó de su padre. E como veemos alcançar riquezas por caso e conservarlas por seso, puédese creer deste cavallero que conplidamente ovo lo uno e lo otro, porque, si tovo for- 95
tuna para alcançar bienes, tovo asimismo prudencia para los conservar.

Después de la muerte del rey don Juan, el rey don Enrique le dio título de conde de la villa de Cifuentes e le fizo otras mercedes. E como veemos por esperiencia que los ombres va- 100
nos e incapaces, quando les acaesce aver oficios e riquezas temporales, se alteran e, quiriéndose mostrar magnánimos, fa-
zen cosas fuera de lo que su medida requiere, puédese bien creer que así asentó en este cavallero el nuevo estado e dignidad, e tan poca alteración fizo en su persona la abundancia de 105
los bienes como si de sus avuelos por grande antigüedad los oviera avido.

Al fin, entrado ya en los días de la vejez, en los quales suele más reinar en los ombres la avaricia, cosa fue por cierto singular e digna de enxenplo el fin que este cavallero puso a su 110
cobdicia, porque, dado que fue llamado por el rey para que entendiese en grandes cosas do podiera aver grandes intereses, todo lo pospuso e se retroxo a su casa, do fizo loable fin. E dexados dos mayorazgos de asaz rentas a dos fijos, murió conos-
ciendo a Dios en hedad de sesenta e cinco años. 115

93. veemos] vemos AM // riquezas] riquezas e bienes AM   112. do podie-
ra] donde pudiera M   115. años] años. Falesçió año de Mcccclx años S

El duque del Infantadgo

Don Diego Hurtado de Mendoça, duque del Infantadgo,
marqués de Santillana e conde del Real de Mançanares, fijo
del marqués don Íñigo López de Mendoça e nieto del almi-
5   rante don Diego Hurtado, fue ombre delgado e alto de cuerpo. Tenía los ojos prietos e las faciones del rostro fermosas, e
bien proporcionado en la conpostura de sus mienbros. Era de
linaje noble castellano muy antiguo.

    Seyendo moço, el marqués su padre le enbió a la su casa de
10   la Vega por pacificar la tierra de las Asturias de Santillana e la

---

1. Título ix. del duque del infantadgo ZAM   2. Don] *falta la letra capital en* H

2. *Diego Hurtado de Mendoza:* nació en Guadalajara en 1417 y murió en
Manzanares el Real en 1479, era el hijo primogénito y heredero de don Íñigo
López de Mendoza, marqués de Santillana, y hermano de don Pedro González de Mendoza, el Gran Cardenal de España. Fue primer duque del Infantado, segundo marqués de Santillana, conde del Real de Manzanares y conde de
Saldaña, título este último que le concedió Enrique IV en 1460. Partidario en
un principio de las aspiraciones al trono de Juana la Beltraneja, la política de
los Mendoza cambió de signo en 1473, al ser promovido don Pedro a cardenal, pasándose todos al bando de Isabel, que reinaría en 1474.
10. *pacificar la tierra de las Asturias de Santillana:* en 1444 el príncipe don Enrique había concedido a don Íñigo López de Mendoza la posesión y propie-
dad de los valles de las Asturias de Santillana, excepto Campoo, concesión
que mes y medio después ratificaba un privilegio del rey Juan II. Poco después, sin embargo, hacía donaciones favorables al Conde de Castañeda y,
para compensar a don Íñigo, reconocía a su favor la tierra de la Liébana. Ésta
se convirtió en un foco de fricciones y a ella acudiría su hijo Diego Hurtado
de Mendoza, quien mantuvo encarnizados enfrentamientos con Garci González de Orejón y sus hombres, parciales de los Manrique, al que terminó venciendo y ejecutando en 1447.

librar de algunos tiranos que gela ocupavan, con los quales ovo algunos recuentros e fechos de armas, en que usó el exercicio de la cavallería e fizo ábito en la diciplina militar. E porque las gentes de aquellas tierras son ombres valientes, esforçados e muy cursados en las peleas a pie que, segund la disposición de aquellas montañas se requiere fazer, este cavallero se vido con ellos muchas vezes en grandes trabajos e peligros de la guerra continua que con ellos tovo, fasta que al fin, vencidos sus contrarios por batallas en canpo, e muerto su principal capitán, alinpió aquellas sus montañas de la tiranía en que por largos tienpos avían estado.

Era ombre bien instruto en las letras latinas e tenía tan buena memoria que pocas cosas se le olvidavan de lo que en la Sacra Escritura avía leído. Era ombre de verdad e aborrescía tanto mentiras e mentirosos que ninguno de los tales ovo jamás logar cerca dél. Heredó la casa de su padre en el tienpo del rey don Enrique quarto e fue uno de los principales señores del reino que entendieron en pacificar las divisiones que ovo entre el rey don Enrique e el rey don Alfonso, su hermano.

Fue tan perseverante en la virtud de la constancia que por ningún interese jamás le vieron fazer mudança de aquello que una vez asentava de fazer. E esta virtud se esperimentó en él porque no dexó de seguir la vía del rey don Enrique, aunque en ella ovo algunos sinistres e se vido en grandes discrímines e aventuras de perder su persona e casa, porque se tenía por

---

11. quales] qualas HZ   35. sinistres] sinistros ZS siniestros AM

22. *instruto:* 'instruido'.
26. *heredó la casa de su padre:* «En ese tiempo fallesció don Íñigo López de Mendoza, marqués de Santillana y conde del Real de Mançanares. Subcedió en el señorío de su casa don Diego Hurtado de Mendoza, su hijo mayor, el qual vino allí a Madrid y con él sus hermanos, el obispo de Calahorra y don Íñigo López e don Lorenzo Suárez y don Juan Hurtado, a hazer reverencia al rey y dalle la obediencia y fidelidad acostumbrada. El rey le confirmó el señorío de su padre con los títulos de marqués y conde y mandó que don Juan y don Hurtado anduviesen de contino en su casa como los otros hijos de grandes estavan en ella» (Lorenzo Galíndez de Carvajal, *Crónica de Enrique IV,* año 1457, cap. 28).
35. *discrímines:* 'peligros', véase pág. 99, nota 90.

dicho que en el infortunio reluzía la constancia. Peleó en la
batalla que estos dos reyes ovieron cerca de la villa de Olmedo, ante de la qual, veyéndose las fazes contrarias unas e otras
40   en el canpo, ni el miedo le turbó el seso para consejar ni el esfuerço se enflaqueció para cometer, ni menos cansó la fuerça
del coraçón peleando para vencer.

Zelava este cavallero tanto la honra que con dificultad era
traído a entender en ninguna negociación ni trato que le fue-
45   se movido, recelando que las variedades de los tienpos le for-
çasen a fazer mudança de su palabra, por do podiese caer en
punto de mengua.

Era ombre muy llano e tratable con todos e honrador en
los recebimientos de los que a él venían, e ageno de disimula-
50   tiones. Tenía ánimo tan noble e las entrañas tan claras e tan
abiertas que jamás fue conoscido en él pensamiento para
muerte e destruición ni injuria de ninguno. E de su natural inclinación no quería entender salvo en cosas justas e rectas. Todas las cautelas e fictiones aborrescía como cosa contraria a su
55   natural condición.

No era varón de venganças, e perdonava tan fácilmente a
los que le erravan que jamás avía memoria de sus yerros.
Acaescióle que, como algunos suyos le errasen de tal manera
que la graveza del delito les cerrase la puerta de la esperança
60   para ser perdonados, movido este cavallero por la piedad natural que tenía, podiendo aver dellos entera vengança, le
acaescio llamarlos e perdonarlos e, quedando linpio de todo
odio, les dio de sus bienes. Porque dezía él que ninguna ma-

---

39. veyéndose] viéndose ZAM   40. consejar] consejo AM   41. menos
cansó] menos cayó M   44. trato] tracto AM   49. disimulationes] disimula-
ciones ZAM   52. destruición] destrución ZA   54. fictiones] ficiones ZAM

38. *Olmedo:* en 1467 combatió al lado de Enrique IV en la segunda batalla
de Olmedo, ciudad que había tomado el príncipe don Alfonso con la ayuda
del marqués de Villena y sus partidarios. Don Diego y sus hermanos lidiaron
con arrojo en la batalla: «De la parte del rey don Enrique pelearon muy valien-
temente don Pedro de Velasco y muchos de los suyos, y el duque de Albur-
querque y muchos de su compañía, y el marqués de Santillana y sus hermanos, y el obispo de Calahorra y don Juan y don Hurtado y algunos otros de
los que con ellos vinieron...» (L. Galíndez de Carvajal, *Crónica de Enrique IV*,
año 1467, cap. 69).

yor pena podía rescebir el injuriador que venir a manos del injuriado, ni mayor gloria el injuriado que dar vida e beneficios   65
al injuriador.

Tenía la cobdicia de aver bienes tenporales como todos los
mortales tienen. Pero en esto tovo una tan singular tenplança
que, por grand utilidad e acrecentamiento que oviese, no fiziera cosa fea ni desonesta. E como veemos todos los ombres   70
desear honra e acrecentamiento, especialmente en las tierras
de su morada, e la necesidad de los tienpos acarrease que el
rey en remuneración de sus servicios le ofreciese donación
perpetua de Guadalajara, do era su asiento, este cavallero no
la quiso rescebir, porque su humanidad no pudo sofrir la pa-   75
sión y trabajo que otros sentían por ser puestos en señorío
particular e apartados del señorío real. Dezía él que el inperio
forçoso más se puede dezir cuidado grave que posesión delei-
tosa.

Fue ombre que se deleitava en lavores de casas e hedeficios.   80
Este duque fundó de principio en la su villa de Mançanares la
fortaleza que está en ella hedificada, e fizo de nuevo e reparó
algunas casas de morada en sus tierras e logares. E en esto más
que en otras cosas fue liberal. Fue asimismo vencido de mugeres e del apetito de los manjares. E aviendo acrecentado su   85
título y patrimonio allende de lo que le dexó el Marqués su
padre, murió en toda prosperidad en hedad de sesenta e cinco años.

70. ni desonesta] ni desordenada M   85. acrecentado] acrcentado H
88. años] años, en el mes de henero año Mcccclxxix S

81. *Mançanares:* sobre un primitivo castillo erigido por su abuelo el almirante don Diego Hurtado de Mendoza, el duque del Infantado inició las
obras de un segundo castillo hacia 1475, llevando a efecto la construcción del
cuerpo principal y las cuatro torres.

El conde de Alva de Liste

Don Enrique Enríquez, conde de Alva de Liste, fijo del almirante don Alfonso Enríquez e nieto de don Fadrique,
maestre de Santiago, fue ombre de mediana estatura, bien
5   compuesto en la proporción de sus mienbros. La nariz tenía
larga, los ojos un poco colorados e los cabellos llanos.
Este cavallero tovo el juizio muy bivo. Era ombre de buena prudencia e, por la esperiencia de los grandes fechos que
por él pasaron, su parescer en las cosas se avía por muy cier-
10 to. Era ombre palanciano e sienpre fablava cosas breves e graciosas. Fue ombre de tan grand esfuerço que, en algunas
afrentas peligrosas donde fue esperimentado, ninguno otro
en sus tienpos se falló tener el ánimo más libre de miedo para
acometer y defender. E como quiera que por su linaje, título
15 e estado era con grand veneración acatado, pero por respecto

---

1. Título x. del conde de alva de liste ZAM   2. Don] *falta la letra capital en*
H   7. el juizio] el juez A   13. tener el ánimo] tener ánimo AM

2. *Enrique Enríquez:* Enrique Enríquez de Mendoza era hermano del ya
mencionado don Fadrique Enríquez, almirante de Castilla; era por tanto descendiente del otro don Fadrique, maestre de Santiago, e hijo del almirante
Alonso Enríquez. Recibió el condado de Alba de Liste en los primeros años
del reinado de Enrique IV y casó con Beatriz de Guzmán, hija del segundo
conde de Niebla.
15. *acatado:* tuvo, por ejemplo, un papel protagonista en el parto de la reina y el bautizo de doña Juana, en los que estuvo presente: «Estava la reina en
brazos de don Enrique, conde de Alva de Liste; tuvo en alguna manera trava-
joso parto y parió una hija, por cuyo nascimiento hizieron alegrías en la corte»,
pasados los ocho días «el baptismo se hizo dentro de la capilla de palacio (...)

de su grand esfuerço y cierto juizio, sienpre su persona fue mirada con más honrada estimación que otros que tenían mayores estados que el suyo.

Era ombre de poco sufrimiento e, en algunas diferencias que ovo en estos reinos, siguió la parcialidad del almirante   20
don Fadrique e del adelantado Pero Manrique, sus hermanos, donde se le siguieron prisiones e otros infortunios que sufrió con ánimo de varón.

Era ombre de verdad e sirvió muy bien e lealmente al rey don Fernando e a la reina doña Isabel en las guerras que pasa-   25
ron con el rey don Alfonso de Portugal. E en la batalla real que estos dos reyes ovieron entre las cibdades de Toro e Çamora, donde el rey de Portugal fue vencido, este cavallero, aunque en hedad ya de setenta años, ni la fuerça del coraçón se le enflaqueció ni la de los mienbros le faltó para pelear. E   30
peleó con tan grand esfuerço que fue siguiendo el alcance contra los portogueses fasta cerca de la puente de Toro, don-

---

29. setenta] lx AM   31. grand] gand H

Tuvo en brazos, en la pila, a la princesa el conde de Alva de Liste» (Enríquez del Castillo, *Crónica*, cap. XLII).

21. *sus hermanos:* Enrique Enríquez era hermano de madre de Pedro Manrique, hijos pues de doña Juana de Mendoza, quien casó viuda con Alonso Enríquez. En agosto de 1438, con su hermano Fadrique y otras gentes, acudió en ayuda de Pedro Manrique, que había escapado de su encarcelamiento por Juan II en el castillo de Fuentidueña *(Crónica del Halconero,* CCXXVIII). En 1439 entra en Valladolid con los mismos, en el partido del infante don Enrique. En 1440 está en Valladolid en el cortejo de nobles que acompañan a la princesa Blanca de Navarra. En el partido de los infantes combatió en 1445 en la batalla de Olmedo y fue preso con el almirante su hermano. En 1448, tras las vistas del rey y el príncipe en Záfraga, vuelve a ser preso cerca de Tordesillas y encarcelado en el castillo del Portillo con otros nobles por conspirar a favor del rey de Navarra y contra don Álvaro *(Crónica del Halconero,* CCCLXIV). Cuando sube al trono, Enrique IV aplica una política de apaciguamiento y manda restituir todos sus bienes a don Fadrique y a don Enrique (Enríquez del Castillo, *Crónica,* cap. VIII). En 1455 forma parte del ejército que acompaña a Enrique IV a la guerra de Granada.

26. *batalla real:* la batalla real entre Toro y Zamora se dio el primero de marzo de 1476. El propio Pulgar en su *Crónica de los Reyes Católicos,* cap. XXXVIII, cuenta la intervención del conde en el cerco de Zamora y reproduce su discurso aconsejando al rey de Castilla, que le había pedido su parecer como miembro de su Consejo y «caballero anciano y experimentado en los fehos de las guerras», no levantar el cerco frente al desafío del rey de Portugal.

de, pensando que le guardavan los suyos, se metió tanto en
los contrarios que fue preso e levado a Portogal. Estando en
35 la prisión, conoscida la linpieza de su condición, le fue dada
libertad para venir a Castilla con algunos partidos de concordia. E cunpliendo su palabra, bolvió a la prisión, en la qual estovo fasta que la Reina, a su grand honra, le fizo libre.

E feneció su vida, con grand honra e enxenplo de bueno e
40 esforçado cavallero, en hedad de setenta e cinco años.

---

39. enxenplo] exemplo AM   40. años.] años. E murió en el año Mcccclxxvij
años S

El conde de Plazencia

Don Pedro de Estúñiga, conde de Plazencia, fijo de Diego
López de Estúñiga, justicia mayor del rey, fue ombre alto de
cuerpo, bien proporcionado en la conpostura de sus mienbros. E el rostro tenía largo e la nariz afilada. Sus avuelos fue-   5
ron de linaje noble, naturales del reino de Navarra.
   Era ombre de buen seso e de pocas palabras e de grand execución en las cosas que quería. En sus tienpos fue tenido en
grand estimación por respecto de su persona e de su grand
casa. Era cavallero esforçado e muy perseverante en la opi-   10
nión que tomava. Plazíale tener ombres esforçados e defen-
díalos de las fazañas que cometían, e por esta causa sienpre estava conpañado de ombres de todas suertes. En su tienpo fue

   1. Título xj. del conde de plazencia ZAM   2. Don] *falta la letra capital en* H
// López] Lépez AM   11. defendíalos] defendiólos Z   13. conpañado] aconpañado ZAM

   2. *Pedro de Estúñiga:* Pedro López de Estúñiga (1383-1454) era hijo de Diego López de Estúñiga (+1417), que fue privado y justicia mayor de Enrique III
y tutor de Juan II.
   3. *justicia mayor:* el de justicia mayor o alguacil del rey fue un cargo creado
por Alfonso X sobre el de merino mayor, era oficial de la corte, mantenedor
del orden público y ejecutor de la justicia (D. Torres Sanz, *La Administración
central castellana,* cit., 258-269).
   6. *Navarra:* en realidad, la ascendencia navarra de los Estúñiga divide la
opinión de los historiadores. En 1428, el padre, Diego López de Estúñiga, fundó en don Pedro el mayorazgo en tierras de Guadalajara con cabecera en Gal-
ve de Sorbe. Hermano de don Pedro fue Íñigo Ortiz de Zúñiga. Los Estúñiga
fueron enemigos declarados de don Álvaro de Luna.

acrecentada su casa e floresció su fama por la grand copia de
15 gente que de continuo era inclinado a mantener.

Acaesció que como el rey don Juan el segundo oviese necesarias algunas gentes de armas para pacificar los escándalos
que estonces en sus reinos avía, este cavallero, como quiera
que era ya viejo e enfermo e muy gravado de gota, pero con
20 zelo grande que tovo de servir a su rey, se fizo traer en andas
al real do estava la hueste e, rodeado de grand copia de gente
de armas de su casa, vino a le servir e sirvióle con otros cavalleros de tal manera en aquella jornada que el rey rescibió dél
servicio señalado, e él alcançó fama de leal súbdito e fue en-
25 xenplo de lealtad a otros que se movieron a servir su rey, veyendo venir cómo vino este cavallero en andas a le servir. Murió con grand honra de hedad de setenta años.

---

15. a mantener] de mantener AM   17. algunas] agunas A   18. estonces]
entonces AM   19. gravado] agravado AM   21. al real] *om.* AM   22. vino a
le servir] vino le a servir AM   24. enxenplo] exenplo AM   27. años] años,
año de Mccccliij años S

16. *don Juan el segundo:* Pedro de Estúñiga era alguacil mayor de Juan II
cuando le acompaña en 1429 en la toma del castillo de Peñafiel contra los infantes de Aragón *(Halconero,* XXII); en el repartimiento de tierras de los infantes que hace el rey, le otorga Ledesma y el título de conde de la misma. En 1431,
conde de Ledesma y justicia mayor, acompaña a Juan II a la vega de Granada
y asiste a la batalla de Andaraxemel *(Halconero,* LXXXIV). En 1441 devuelve
Ledesma al infante don Enrique y a él le conceden Trujillo, que tiene que
cambiar por Plasencia, de la que el rey le hace llamar conde. A pesar de todo,
será un duro rival de don Álvaro de Luna y en numerosas ocasiones tomará partido por los infantes de Aragón, como en la batalla de Olmedo, después de la
cual le desposeería el rey del castillo de Burgos *(Halconero,* CCCXXXIX).

150

El conde de Medinaceli

Don Gastón de la Cerda, conde de Medinaceli, fijo de don
Luis de la Cerda, fue ombre delgado de cuerpo, de muy hermoso gesto e de mediana estatura, e bien conpuesto en la proporción de los mienbros. Çeçeava un poco. Su padre e avue- 5
los fueron de linaje de los reyes de Castilla, decendientes por
legítima línea, e asimismo de los reyes de Francia, e todos subcesivamente fueron condes de aquel condado de Medina, el
qual condado, con otras villas y logares e tierras, fue dado a
su trasvisavuelo, que era nieto del rey don Alfonso de Casti- 10
lla, por el derecho que avía a estos reinos.

Este conde fue muy franco e procurava estar aconpañado
de ombres fijosdalgo. E seyendo en hedad de veinte e cinco

---

1. Título xij. del conde de medinaceli ZAM   2. Don] *falta la letra capital en* H
5. de los] de sus ZA   6. de linaje] del linaje AM   7. subcesivamente] suscesiva-
mente AM   9. e tierras] e tierra A   11. a estos reinos] a estos reyes A   13. veinte e cinco] veyente e cinco Z xxv AM

6. *linaje:* el de Medinaceli es uno de los grandes linajes de Castilla, que en-
tronca con la propia realeza ya que desciende del infante don Fernando de
la Cerda, primogénito de Alfonso X y casado con doña Blanca, hija del rey
San Luis de Francia. El condado fue concedido por Enrique II, en 1371, a Ber-
nardo de Bearne y Foix, casado con Isabel de la Cerda, por la ayuda prestada
contra el rey don Pedro, su hermano.
   10. *trasvisavuelo:* transbisabuelo, tatarabuelo.
   12. *conde:* este título condal es un ejemplo representativo de la nueva nobleza castellana, surgida con la subida al trono de la dinastía Trastámara. Lo
heredó en 1447 Gastón de la Cerda (1414-1454), cuarto conde de Medinaceli, modelo, según Pulgar, de lealtad al rey y de cortesano amante. Casó con

años, veyendo que el conde su padre seguía algunas parciali-
15 dades de cavalleros contra la voluntad del rey don Juan, e
puesto en pensamiento trabajoso porque, si la opinión de su
padre siguiese, creía errar a la lealtad que devía al rey e, si obe-
descía al rey, pensava errar a la obediencia paternal. Pospues-
tos los daños que del apartamiento de su padre se le siguie-
20 ron, deliberó obedescer los mandamientos reales e sirvió a su
rey todo el tienpo de su vida con tanta obediencia que la perseverancia que tovo en su servicio fue a otros enxenplo de
lealtad.

E después que heredó la casa de su padre, sienpre bivió
25 faziendo guerra a los contrarios del rey. E fue preso en su servicio en una batalla que ovo con los aragoneses, en la qual
prisión estovo algún tienpo. E recibió daños en su persona e
fazienda, que sufrió como varón fuerte, reputándolos a prosperidad por ser en servicio de su rey. Este conde conosció
30 bien quánto reluze la lealtad e la costancia en el cavallero e
quánto es fea la mácula del yerro cometido contra los reyes.

Fue ombre vencido del amor de las mugeres e él fue amado dellas. Murió con grand honra después que salió de la prisión, en hedad de quarenta años.

---

22. enxenplo] exenplo AM   28. reputándolos] e reputándolos ZAM
34. años] años, año de Mccclij años S

Leonor de la Vega, hija de don Íñigo López de Mendoza. Andando el tiempo, su hijo Luis casaría con Ana de Navarra, de manera que pasarían al ámbi-
to familiar de Fernando el Católico, y obtendría también el título de duque
en 1479, tras apoyar con la familia Mendoza a Isabel la Católica en la guerra
sucesoria.
14. *parcialidades:* Gastón fue declarado enemigo de los infantes de Aragón
y fue capturado por Juan de Navarra en 1448. Su padre, Luis de la Cerda, en
cambio, había estado de parte de los infantes en Olmedo.

El maestre Rodrigo Manrique, conde de Paredes

Don Rodrigo Manrique, conde de Paredes e maestre de
Santiago, fijo segundo de Pedro Manrique, adelantado mayor
del reino de León, fue ombre de mediana estatura, bien pro- 5
porcionado en la conpostura de sus mienbros. Los cabellos
tenía roxos e la nariz un poco larga. Era de linaje noble castellano. En los actos que fazía en su menor hedad paresció ser
inclinado al oficio de la cavallería. Tomó ábito e orden de
Santiago e fue comendador de Segura, que es cercana a la tie- 10
rra de los moros. E estando por frontero en aquella su encomienda, fizo muchas entradas en la tierra de los moros,
donde ovo fama de tan buen cavallero que el adelantado su
padre, por la estimación grande en que este su fijo era tenido, apartó de su mayorazgo la villa de Paredes e le fizo dona- 15

---

1. Título xiij. del maestre don rodrigo manrique, conde de paredes ZAM
3. Don] *falta la letra capital en* H

3. *Rodrigo Manrique:* Rodrigo Manrique (1406-1476) era el segundo de los
catorce hijos (seis hijas) de Pedro Manrique de Lara, adelantado de León y señor de Paredes de Nava. Los Manrique, descendientes de la antigua casa de
Lara, eran uno de los linajes principales castellanos. Don Rodrigo fue en su
tiempo quien marcó y dominó la política familiar desde su puesto de comendador santiaguista de Segura de la Sierra, en la frontera de Murcia. Fue sobre
todo un guerrero, forjado en la guerra de frontera, pero también uno de los
nobles intrigantes, partidario primero de los infantes de Aragón, luego del infante don Alfonso frente a Enrique IV y, por último, de Fernando e Isabel, por
los que combatió al rey de Portugal y al marqués de Villena.

ción della, e el rey don Juan le dio título de conde de aquella
villa.

Este varón gozó de dos singulares virtudes. De la prudencia, conosciendo los tiempos, los logares, las personas e las
20 otras cosas que en la guerra conviene que sepa el buen capitán. Fue asimismo dotado de la virtud de la fortaleza, no por
aquellas vías en que se muestran fuertes los que fingida e no
verdaderamente lo son, mas así por su buena conposición natural como por los muchos actos que fizo en el exercicio de
25 las armas, asentó tan perfectamente en su ánimo el ábito de la
fortaleza que se deleitava quando le ocurría logar en que la
deviese exercitar. Esperava con buen esfuerço los peligros,
acometía las fazañas con grande osadía e ningún trabajo de
guerra a él ni a los suyos era nuevo.
30 Preciávase mucho que sus criados fuesen dispuestos para
las armas. Su plática con ellos era la manera del defender e del
ofender el enemigo, e ni se dezía ni fazía en su casa acto ninguno de molleza, enemiga del oficcio de las armas. Quería
que todos los de su conpañía fuesen escogidos para aquel
35 exercicio e no convenía a ninguno durar en su casa si en él
fuese conoscido punto de covardía. E si alguno venía a ella
que no fuese dispuesto para el uso de las armas, el grand exercicio que avía e veía en los otros le facía ábile e diestro en ellas.
En las batallas e muchos recuentros que ovo con moros e
40 con christianos este cavallero fue el que, mostrando grand esfuerço a los suyos, fería primero en los contrarios. E las gentes de su conpañía, visto el esfuerço de su capitán, todos le seguían e cobravan osadía de pelear. Tenía tan grand conoscimiento de las cosas del canpo e proveíalas en tal manera que,
45 donde él fue principal capitán, nunca puso su gente en logar
do se oviese de retraer, porque bolver las espaldas al enemigo
era tan ageno de su ánimo que elegía antes recebir la muerte
peleando que salvar la vida huyendo.

---

28. acometía] e acometía AM   39. recuentros] encuentros M // e con] con
con A   45. donde él fue] donde fue él A

16. *conde:* Juan II le otorgó el título de conde de Paredes en 1452.
33. *molleza:* 'blandura, molicie'.

Este cavallero osó acometer grandes fazañas. Especialmente escaló una noche la cibdad de Huesca, que es del reino de Granada. E como quier que subiendo el escala los suyos fueron sentidos de los moros, e fueron algunos derribados del adarve e feridos en la subida, pero el esfuerço deste capitán se inprimió a la ora tanto en los suyos que, pospuesta la vida e pospuesta la gloria, subieron el muro peleando e no fallescieron de sus fuerças defendiéndolo, aunque veían los unos derramar su sangre, los otros caer de la cerca. E en esta manera, matando de los moros e muriendo de los suyos, este capitán, ferido en el braço de una saeta, peleando entró la cibdad e retroxo los moros fasta que los cercó en la fortaleza. E esperando el socorro que le farían los christianos, no temió el socorro que venía a los moros. En aquella ora los suyos, vencidos de miedo, vista la multitud que sobre ellos venía por todas partes a socorrer los moros e tardar el socorro que esperavan de los christianos, le amonestaron que desanparase la cibdad e no encomendase a la fortuna de una ora la vida suya e de aquellas gentes, juntamente con la honra ganada en su hedad pasada. E requeríanle que, pues tenía tienpo para se proveer, no esperase ora en que tomase el consejo necesario e no el que agora tenía voluntario. Visto por este cavallero el temor que los suyos mostravan, «No», dixo él, «suele vencer la muchedunbre de los moros al esfuerço de los christianos quando son buenos, aunque no sean tantos. La buena fortuna del cavallero crece cresciendo su esfuerço. E si a estos moros que vienen cunple socorrer a su infortunio, a nosotros conviene permanecer en nuestra vitoria fasta la acabar o morir. Porque,

50
55
60
65
70
75

---

56. defendiéndolo] defendiendo la AM   73. no sean] no son A

50. *Huesca:* la toma de Huéscar se produjo el 6 de noviembre de 1434. Según cuentan la *Crónica del Halconero*, CLVIII y CLIX, y la *Crónica de Juan II*, 1434, V, fue una cruenta batalla en la que don Rodrigo tomó la plaza «por escala e por fuerça», el asalto duró varios días, hubo decenas de muertos de uno y otro bando y el comendador fue herido en un brazo. *Halconero*, CLIX, reproduce la carta que Rodrigo Manrique envió al rey dándole cuenta de la batalla y la conquista de la plaza. De ésta parece que toma detalles Pulgar en su descripción, aunque, como en otras ocasiones semejantes, anima y dramatiza el relato dando voz a los protagonistas.

59. *retroxo:* 'hizo retroceder', perfecto fuerte de *retraer*.

si el miedo de los moros nos fiziese desanparar esta cibdad,
ganada ya con tanta sangre, justa culpa nos pornían los christianos por no aver esperado su socorro. E es mejor que sean
80 ellos culpados por no venir que nosotros por no esperar. De
una cosa», dixo él, «sed ciertos: que entre tanto que Dios me
diere vida, nunca el moro me porná miedo, porque tengo tal
confiança en Dios e en vuestras fuerças, que no fallecerán peleando, veyendo vuestro capitán pelear».
85   Este cavallero duró e fizo durar a los suyos, conbatiendo
los moros que tenía cercados e resistiendo a los moros que le
tenían cercado, por espacio de dos días, fasta que vino el socorro que esperava, e ovo el fruto que suelen aver aquellos
que permanescen en la virtud de la fortaleza. Ganada aquella
90 cibdad e dexado en ella por capitán a un su hermano, llamado Gómez Manrique, ganó otras fortalezas en la comarca. So-
corrió muchas vezes algunas cibdades e villas, e capitanes
christianos en tienpo de estrema necesidad. E fizo tanta guerra en aquellas tierras que en el reino de Granada el nonbre de

---

85. *duró:* 'resistió'; «pelearon el sábado e el domingo en todo el día, como
buenos cavalleros, fasta que uvieron socorro de Pedro de Quiñones, fijo de
Diego Fernández de Quiñones, con cien roçines, lunes antes del día, e Rodrigo de Perez, adelantado de Caçorla, con fasta çient roçines e treçientos peones, este día lunes luego por la mañana. E luego este día en la noche entró
Gonçalo Fernández de Villaalta, con cien roçines e docientos peones del adelantado» *(Halconero,* CLVIII).
91. *Gómez Manrique:* Gómez Manrique (Amusco, h. 1412-Toledo, h. 1490),
hijo de Pedro Manrique y hermano de Rodrigo, como otros nobles de su época, supo combinar la dedicación literaria con la actividad política y militar, en
la que siempre siguió los pasos de su hermano. Fue partidario de los infantes
de Aragón y enemigo de don Álvaro de Luna, e intervino con Juan II en la
guerra de Granada. Con la subida de Enrique IV al trono, tras un primer pe-
ríodo de acatamiento, se fue apartando progresivamente de la corte y se convirtió en decidido defensor de las aspiraciones del infante don Alfonso. Secundó luego la política de la princesa Isabel, asistió al juramento de los Toros de
Guisando, donde era reconocida como heredera, y fue uno de los defensores
de su matrimonio con Fernando de Aragón. Ya en el reinado de los Reyes Católicos, fue nombrado corregidor de Toledo donde, aparte de frenar la actuación partidista del arzobispo Alfonso Carrillo, llevó a cabo una política paci-
ficadora de protección a los conversos y de reedificación de obras públicas.
Como poeta, fue autor de una amplia e interesante obra, transmitida en un
cuidado *Cancionero* que recopiló él mismo a instancias del conde de Benavente.

Rodrigo Manrique fue mucho tienpo a los moros grand 95
terror.
Cercó asimismo este cavallero la fortaleza de Alcaraz, por
la reduzir a la corona real. Cercó la fortaleza de Uclés, por la
reduzir a la su orden de Santiago. Esperó en estos dos sitios
las gentes que contra él venieron a socorrer estas fortalezas. 100
E como quier que la gente contraria vido ser en mucho mayor
número que la suya, mostró tal esfuerço que los contrarios no
le osaron acometer, e él consiguió con grand honra el fin de
aquellas enpresas que tomó, do se puede bien creer que venció más con el esfuerço de su ánimo que con el número de su 105
gente. Ovo asimismo este cavallero otras batallas e fechos de
armas con christianos y con moros, que requerirían grand estoria si de cada una por estenso se oviese de fazer minción,
porque toda la mayor parte de su vida trabajó en guerras e en
fechos de armas. 110
Fablava muy bien e deleitávase en recontar los casos que le
acaescían en las guerras. Usava de tanta liberalidad que no
bastava su renta a sus gastos, ni le bastara si muy grandes rentas e thesoros toviera, segund la continuación que tovo en las
guerras. 115

---

107. requerirían] requerían HZAM

97. *Alcaraz:* en 1475 los habitantes de Alcaraz se levantaron contra el marqués de Villena, deseando ponerse en la libertad real, y cercaron la fortaleza,
para cuyo asalto pidieron ayuda al conde de Paredes; éste resistió esforzada-
mente y, con la ayuda de las tropas enviadas por los Reyes Católicos, el marqués desistió de acudir a recobrar la ciudad, cuyo alcaide entregó la fortaleza
(Pulgar, *Crónica de los Reyes Católicos,* XVI).
98. *Uclés:* la villa de Uclés se había levantado en armas con el marqués de
Villena, Diego Pacheco, y se había rebelado contra el maestre don Rodrigo,
pero éste puso cerco a su fortaleza en marzo de 1476. El alcaide, Pero de la Pla-
zuela, resistió durante dos meses, acudieron en su ayuda el marqués y el arzobispo de Toledo con un ejército de tres mil hombres a caballo y cuatro mil
peones. Don Rodrigo se parapetó en la villa y se aprestó a hacer frente al enemigo. Se dio la batalla el 4 de mayo, combatieron encarnizadamente durante
más de cuatro horas y hubo más de un centenar de muertos. El marqués y el
arzobispo salieron derrotados y don Rodrigo tomó la fortaleza de Uclés, cabecera de la orden de Santiago, lo que suponía el poder sobre la provincia de
Castilla (Pulgar, *Crónica de los Reyes Católicos,* LV).
114. *thesoros:* este menosprecio de las riquezas y la dedicación única a la
guerra contra los moros, que subraya Pulgar, son rasgos de la personalidad del

Era varón de altos pensamientos e inclinado a cometer grandes e peligrosas fazañas, e no podía sofrir cosa que le paresciese no sofridera. E desta condición se le siguieron grandes peligros e molestias. E ciertamente por esperiencia veemos pasar por grandes infortunios a muchos que presumen forçar la fuerça del tienpo, los quales, por no sofrir una sola cosa, les acaesce sofrir muchas e a muchos, a quien de fuerça an de tener contentos para conseguir su poco sufrimiento.

Era amado por los cavalleros de la orden de Santiago, los quales, visto que concurrían en él todas las cosas dignas de aquella dignidad, le eligieron por maestre en la provincia de Castilla por fin del maestre don Juan Pacheco.

Murió con grand honra en hedad de setenta años.

---

124. amado] armado M   128. setenta] sesenta lx M // años] años, en el mes de noviembre de Mccclxxvj años S

maestre que así encarece su hijo Jorge Manrique en sus famosas *Coplas:* «No dexó grandes thesoros / ni alcançó grandes riquezas / ni baxillas, / mas fizo guerras a moros / ganando sus fortalezas / y sus villas. / Y en las lides que vençió, / muchos moros y cavallos / se perdieron, / y en este ofiçio ganó / las rentas y los vasallos / que le dieron».

126. *maestre:* a la muerte de Juan Pacheco en 1474, hubo dos maestres de Santiago, Alonso de Cárdenas que, elegido por el convento de San Marcos, mandaba en León, y Rodrigo Manrique que mandaba en Castilla, nombrado por el convento de Uclés. En los años siguientes se reconocería como maestre de Santiago único a Rodrigo.

128. *murió:* don Rodrigo moría, enfermo de cáncer, en su villa de Ocaña el seis de noviembre de 1476. A su muerte, su hijo don Jorge, que le había acompañado en muchas de sus campañas, componía un sentido poema elegíaco que ha adquirido celebridad universal, las famosas *Coplas a la muerte de su padre.*

[Razonamiento fecho a la reina, nuestra señora]

Otros muchos claros varones naturales de vuestros reinos
ovo que fizieron cosas dignas de memoria, las quales si, como
dixe, se escriviesen particularmente, sin duda sería mayor li-   5
bro e de mayores e más claras fazañas que el que fizo Valerio
e los otros que escrivieron los fechos de los griegos y de los romanos. Entre los quales fazen grand memoria de Mucio Cévola, que ascondidamente salió de la cibdad de Roma e fue a
matar al rey Persena, que la tenía cercada, e exaltando mucho   10
en aver quemado su braço porque no acertó de matar al rey
que pensava e mató a otro que parescía ser el rey. Ved qué
culpa tovo su braço por el yerro que ovo su pensamiento. Y
por cierto, si la pena que éste dio a su braço toviese logar de
loor, loaríamos al espada que faze buen golpe e no al que la   15
menea.
E pues deste caso se faze grand estima por los estoriadores
romanos, razón es que faga aquí memoria de lo que sope y es
notorio en Francia que fizo un fijodalgo vuestro natural, que

---

1. Título xiiij. de un razonamiento fecho a la reina nuestra señora ZAM
5. dixe] dize HZ dixe AM // duda] deuda H dubda ZAM   8. Mucio] Nucio
HZ Mucio AM   10. al] a *invertida en* H // Persena] Porsena AM

6. *Valerio:* Valerio Máximo, ver nota 6, pág. 71.
8. *Mucio Cévola:* de Mucio Escévola tratan especialmente Tito Livio, II, 12
y ss. y Séneca en su *De Providentia,* III, 4-5 y en su *Epístola a Lucilio,* XXIV, 5.
Su gesto es elogiado por Santillana en sus *Proverbios,* c. LVI: «E non menos la
opinión / loo de Muçio, / del qual fazen Livio e Luçio / grand mención».

20   se llamó Pedro Fajardo, moço de veinte años. El qual, como
     sirviese en la cámara del rey Carlos de Francia e le pidiese
     merced de un cavallo e un arnés para le servir en la batalla que
     tenía aplazada con el rey de Inglaterra, e el rey, avido respeto
     que su hedad era aún tierna para entrar en batalla, no gelo
25   quisiese dar e le mandase quedar en su cámara, este Pedro Fa-
     jardo respondió al rey: «No suelen los fijosdalgo de Castilla,
     que son de mi hedad, quedar en la cámara yendo su señor a
     la guerra. Yo vos certifico, señor» dixo él, «que, si no me for-
     necés de armas y de cavallo, que yo iré a pie delante las esqua-
30   dras de vuestra gente a morir peleando en la batalla». El rey,
     conocida la animosidad deste fijodalgo, le dio un cavallo e un
     arnés. E como se vido armado, un día antes de la batalla, en
     presencia del rey fizo voto solepne de matar al rey de Inglate-
     rra o derribar su estandarte real, o morir en la demanda. El co-
35   raçón deste moço, conoscido por algunos mancebos france-
     ses, despertó sus ánimos e prometieron de le ayudar a conplir
     su voto. Otro día, las fazes tendidas e fecha señal de las tron-
     petas para se juntar las hazes, este fijodalgo castellano se ade-
     lantó de las otras gentes e, dando golpes en los enemigos e re-
40   cibiéndoles en todo su cuerpo, entró por fuerça en la batalla
     del rey inglés e abraçóse con su estandarte real e vino con él
     al suelo. E allí recibió tan grandes feridas en la cabeça que per-
     dió las fuerças e el sentido e fue preso por los ingleses, pero
     consiguió el fin de su voto, por donde su parte fue vencedora.
45   Este Pero Fajardo castellano e el otro Cévola romano igua-
     les me paresce que fueron en los propósitos, pues que amos
     ivan con deliberación de recebir muerte por ayudar a su par-
     te. Pero el castellano se mostró claro enemigo, porque gue-

---

22. batalla] batala H   24. no gelo] gelo no ZA   28. fornecés] fornecéis M
33. solepne] solenne ZAM   37. de las tronpetas] de trompeta AM   39. reci-
biéndoles] recibiéndolos AM   46. amos] ambos AM

20. *Pedro Fajardo:* es seguramente miembro de la familia de los Fajardo,
asentada en el reino de Murcia tras el dominio de los Manueles. Probablemen-
te era uno de los hijos de Alonso Yáñez Fajardo, adelantado de Murcia con
Juan II. El episodio que aquí cuenta Pulgar ocurriría durante la llamada guerra
de los Cien Años entre Carlos VII de Francia y Eduardo VI de Inglaterra.
28. *fornecés: fornecéis,* 'proveéis'; comp. Juan de Mena, *Laberinto,* v. 1928: «el
águila quando su nido fornesçe».

Tratado delos Rieptos z desafios que
entre los caualleros z hijos dalgo se a/
costūbzan hazer segun las costūbzes de
españa francia z ynglaterra : enel qual
se contiene quales y quantos son los ca
sos de traycion : z de menos valer z las
enseñas z cotas darmas. Con otro tra/
tado llamado cirimonial de principes.

Diego de Valera, *Tratado de los métodos y desafíos.*

rreando los contrarios fue como cavallero a conplir su voto.
50 El romano, como ombre encubierto, con simulación fengida,
fue a conplir el propósito que no consiguió, porque mató a
otro e no al rey que pensó matar.

Notorio es asimismo en toda la christiandad el paso que
Suero de Quiñones, cavallero fijodalgo, sostovo un año en la
55 puente de Órvigo, que es camino de Santiago, e cómo este cavallero enbió publicar con sus harautes por las cortes de los
reyes e señores de la christiandad que qualquier gentilombre
que por aquella puente pasase avía de fazer armas con él.
Concurrieron a esta reqüesta muchos cavalleros e gentilesom-
60 bres de diversas tierras, que en el paso de aquella puente de
Órvigo fizieron armas con este cavallero, en las quales, e en
todo otro ato de cavallería que allí intervino, ningún estrangero se esmeró ni ovo igual vitoria de la que por las armas este
fijodalgo castellano ovo.

65 ¿Quál de los capitanes romanos pudo pujar al esfuerço de
don Juan Ramírez, comendador mayor de Calatrava, de lina-

---

51. fue a conplir] fue conplir ZA   52. al rey que pensó] al rey al que pensó
ZA   53. la] *om.* A   55. es camino] es en el camino ZAM   62. todo] toto Z
66. de linaje noble] de linaje de noble A

54. *Suero de Quiñones:* hijo de Diego Fernández de Quiñones, con señorío
en Asturias, heredero de su tío Pedro Suárez y casado con doña María de Toledo. Suero fue el hijo segundo de ese matrimonio, a los diecisiete años entró
al servicio de don Álvaro de Luna, y allí vivió la vida de la corte y llegó a componer algunos versos. El año jacobeo de 1434 pidió licencia a Juan II para celebrar un paso de armas en el que tendrían que participar por fuerza todos los
caballeros que pasaran por el lugar designado para el mismo, que no fue otro
que el puente de Hospital de Órbigo (León), situado en el Camino de Santiago.
Los caballeros que se negaran a combatir tenían que arrojar un guante en señal
de cobardía o atravesar vadeando el río. Durante un mes, entre julio y agosto,
Suero de Quiñones mantuvo el torneo, que fue conocido con el nombre de
Paso honroso, combatiendo en nombre de su dama con una argolla colgada al
cuello, de la que se liberaría tras vencer a todos los caballeros y romper hasta tres-
cientas lanzas y hacer luego con sus compañeros peregrinación a Santiago. Pero
Rodríguez de Lena escribió la crónica de aquel suceso (véase Pero Rodríguez de
Lena, *El Passo Honroso de Suero de Quiñones,* edición de Amancio Labandeira Fernández, Madrid, Fundación Universitaria Española, 1977).
66. *Juan Ramírez:* Juan Ramírez de Guzmán, comendador mayor de la orden de Calatrava en 1429. Llamado «Carne de Cabra», según Palencia, I, 1,

je noble de Guzmán? El qual mostrava tan grand ardideza en
las batallas e tenía tanta destreza en el governar las armas que,
el braço desnudo, el espada en la mano, esforçando los suyos,
firiendo los enemigos, venció muchas batallas de moros. E 70
con tanto esfuerço acometía e con tal perseverancia durava en
los peligros que, como ageno de todo miedo, lo inprimía en
los enemigos.

Garcilaso de la Vega, cavallero de noble sangre e antiguo,
criado desde su menor hedad en el oficio de las armas, en la 75
mayor priesa de las batallas tenía mejor tiento para fazer golpe cierto en el enemigo. E ni la multitud de las saetas ni los ti-
ros de las lanças ni los otros golpes de los contrarios que le ro-
deavan, alteraron su continencia para fazer desconcierto en la
manera de su pelear. 80

---

73. Título xv. de garcilaso de la vega ZAM   79. alteraron] alteranron H alteravan M // desconcierto] desconcieto H

quien habla de él como «ilustrísimo y esforzado», «gran capitán». A pesar del
apoyo de Juan II, a quien sirvió lealmente, y de sus reiterados intentos, primero enfrentándose al clavero y a Fernando de Padilla y luego a Pedro Girón, no
consiguió el maestrazgo de la orden, que había ocupado su primo Luis de
Guzmán y cuya provisión originó grandes conflictos entre 1442-1445.
74. *Garcilaso de la Vega:* era sobrino del marqués de Santillana y de Rodrigo Manrique, hijo de doña Elvira Lasso de Mendoza y de Gómez Suárez de
Figueroa, primer señor de Feria. Fue comendador de la orden de Santiago en
Montizón. Fue muerto en 1458, en una escaramuza contra los moros cerca de
Baza y Guadix provocada por Enrique IV, que sentía rencor hacia él. Herido
mortalmente por una saeta envenenada, cuenta Palencia, V, 5: «empezó a vo-
mitar su vida por efecto del veneno y, cuando el mensajero dio noticia del de-
sastre al rey, éste exclamó con cara alegre: "Vamos a ver la fuerza mortal que
tiene la ponzoña, porque tengo entendido que le produce horribles gesticula-
ciones a García". Acudió luego a todo escape al lado de García, quien agoni-
zaba en brazos de sus compañeros condolidos, y estuvo contemplando con
alegres ojos aquella última rabia, por decirlo así». La ingratitud del rey quedó
todavía más manifiesta al no transferir las rentas de la encomienda al hijo de
Garcilaso, como le pedían sus parientes, y concedérselas a Nicolás Lucas. Su
muerte fue recordada poéticamente por Diego de Burgos en el *Triunfo del
Marqués de Santillana,* y Gómez Manrique le dedicó un sentido poema elegíaco en arte mayor, la *Defunsión del noble cavallero Garcilaso de la Vega.*

De loar es por cierto Oracio Teocles romano, que peleó en
la puente Suplicia del Tiberi con los toscanos e los detovo peleando, entre tanto que se derribava el un arco de aquella
puente por que los romanos fuesen salvos. Pero no es menos
85 de estimar el esfuerço deste Garcilaso, el qual, como viese que
su gente estava en punto de se perder, fuyendo de la multitud
de los cavalleros moros que los seguían, este cavallero, ofres-
ciendo su vida por la salud de los suyos, tornó con grand esfuerço a los enemigos e, tomado un paso, los inpidió pelean-
90 do con ellos tanto espacio que su gente se pudo salvar que no
pereciese.
Este cavallero era ombre callado, sofrido, esencial, amigo
de efetos y enemigo de palabras. E tovo tal gracia que todos
los cavalleros de su tienpo desearon remidar sus costunbres.

95 Juan de Sahavedra, cavallero fijodalgo, guerreó los moros
muchos tienpos. E tan osado era en las batallas que, con menor número de gente, sienpre osó acometer los enemigos,
aunque fuesen mucho más que los suyos, e los venció muchas vezes e desbarató.
100 Gonçalo de Sahavedra, su hermano, en guerras de moros e
de christianos, ningún romano pudo tener mayor diligencia

---

82. Suplicia] Supicia HZ Suhicia AM   94. remidar] remedar AM // cos-
tunbres] costunbres. Murió en setienbre año de Mccccv años en la Hoya de
Baça S   94+ Título xvj. de don juan de sahavedra ZA Título xvj. de don juan
de sayavedra M

81. *Oracio Teocles:* Horacio Cocles, según cuenta Valerio Máximo en sus
Factorum et dictorum memorabilium, III, 2, fue un soldado romano que frente a
los etruscos defendió el puente Sublicio hasta que a sus espaldas éste era derri-
bado y así les impedía el paso, entonces se arrojó con sus armas al río: «Etrus-
cis in urbem ponte sublicio inrunpentibus Horatius Cocles extremam eius
partem occupavit totumque hostium agmen, donec post tergum suum pons
abrunperetur, infatigabili pugna sustinuit atque, ut patriam periculo inminen-
ti liberatam vidit, armatus se in Tiberim misit».
95. *Juan de Sahavedra:* intervino de manera destacada en la toma de Jimena
de la Frontera en 1456 por el ejército de Enrique IV, según Diego de Valera,
Memorial de diversas hazañas, cap. XI.
100. *Gonçalo de Sahavedra:* comendador de la orden de Santiago en Montalbán de Aragón, alcaide de la cárcel del Portillo, de Tarifa y de Utrera; intervino ya en la campaña granadina de 1456 como capitán del ejército de Enri-

ni mejor conoscimiento para ordenar las batallas, ni en saber
los logares ni en poner las guardas, e en todas las otras cosas
que para seguridad de las huestes se requiere saber a todo
buen capitán. El qual fue tan discreto e consideraba las cosas   105
e los casos que podían acaescer en las guerras, e las proveía de
tal manera que nunca se falló que por defeto de su provisión
los de su parte recibiesen inconveniente.

¿Quién fue visto ser más industrioso ni más acebto en los
atos de la guerra que Rodrigo de Narbáez, cavallero fijodalgo?   110
A quien por las notables fazañas que contra los moros fizo, le
fue cometida la cibdad de Antequera, en la guarda de la qual
e en los vencimientos que fizo a los moros, ganó tanta honra
e estimación de buen cavallero que ninguno en sus tienpos la
ovo mayor en aquellas fronteras.   115
E es de considerar que, como quier que los moros son ombres belicosos, astutos e muy engañosos en las artes de la guerra, e varones robustos e crueles e, aunque poseen tierra de
grandes e altas montañas e de logares tanto ásperos e fraguo-
sos, que la disposición de la misma tierra es la mayor parte de 120
su defensa, pero la fuerça e el esfuerço destos cavalleros e de
otros muchos nobles e fijosdalgo vuestros naturales que con-
tinuaron guerra con ellos, sienpre los oprimieron a que diesen

106. acaescer] acahescer Z   108. inconveniente] inconveniente. Murió
año de Mcccclix años S   108+ Título xvij. de Rodrigo de Narváez ZAM
109. acebto] acepto ZAM   110. la] om. A   112. cibdad] ciudad AM
119. logares] lugares AM   123. los oprimieron] om. los AM

que IV, fue luego partidario de don Alfonso y uno de los jueces del pacto de
Cigales. Palencia, X, 8, lo tacha de «hombre astuto y vengativo».
110. *Rodrigo de Narbáez:* era alcaide de Antequera en 1410 y murió en 1424.
La familia siguió ejerciendo el cargo hasta 1472, su hijo y sucesor Pedro de
Narváez murió decapitado y mutilado por los moros, muerte infortunada que
cantó Juan de Mena en las coplas 196 y 197 de su *Laberinto de Fortuna.*
112. *Antequera:* en 1409, Rodrigo de Narváez combatió junto al infante
don Fernando de Aragón en la toma de Antequera, a la que pusieron cerco
durante varios meses: «En este cerco trabajaron mucho los caballeros ya di-
chos, y don Sancho de Rojas (...) Y el infante pobló la villa de cristianos e dio
la tenencia della a Rodrigo de Narváez, que fue muy buen caballero e fizo cosas muy hazañosas, e con poca gente ovo grandes vitorias de gran muchedum-
bre de moros» (Diego de Valera, *Crónica abreviada,* Sevilla, 1482, cap. XXIV).

parias a los reyes, vuestros progenitores, e se ofreciesen por
125 sus vasallos.

E ni estos grandes señores e cavalleros e fijosdalgo, de
quien aquí con causa razonable es fecha memoria, ni los
otros pasados que guerreando a España la ganaron del poder
de los enemigos, no mataron por cierto sus fijos como fizie-
130 ron los cónsules Bruto y Torcato, ni quemaron sus braços
como fizo Cévola, ni fizieron en su propia sangre las cruelda-
des que repugna la natura e defiende la razón. Mas con fortaleza e perseverancia, con prudencia e diligencia, con justicia e
con clemencia, ganando el amor de los suyos e seyendo terror
135 a los estraños, governaron huestes, ordenaron batallas, vencie-
ron los enemigos, ganaron tierras agenas e defendieron las su-
yas.

Yo, por cierto, no vi en mis tienpos ni leí que en los pasados
viniesen tantos cavalleros de otros reinos e tierras estrañas a
140 estos vuestros reinos de Castilla e de León por fazer armas a
todo trançe, como vi que fueron cavalleros de Castilla a las
buscar por otras partes de la christiandad.

Conoscí al conde don Gonçalo de Guzmán e a Juan de
Merlo.

---

127. causa razonable] causas razonables M   130. cónsules] consueles M
133. con prudencia] e con prudencia A   134. seyendo] siendo ZAM
140. fazer armas] fazer en armas AM

143. *Gonçalo de Guzmán:* señor de Torija y conde palatino. Al decir de Palencia, I, 3 y 5, en su juventud triunfó con fama de esforzado caballero, pero
al avanzar la vejez «dedicaba sus días a la lujuria», «naturalmente inclinado al
donaire y a las burlas», muchas veces hizo objeto de ellas al propio Enrique IV.
En junio de 1428 justó con el caballero navarro (o aragonés, según la crónica)
Luis de Faces en las fiestas que Juan II organizó en el corral de San Pablo en
Valladolid. Combatieron a pie y a caballo y siempre llevó ventaja Gonzalo, y
fueron obsequiados con ricas ropas por el rey *(Crónica de Juan II,* año 1428, X,
y con más detalle *Halconero,* VII).
144. *Juan de Merlo:* famoso caballero portugués, del séquito de don Álvaro
de Luna, «hombre muy dispuesto, de gentil gesto e cuerpo, «gran justador e lu-
chador», según la *Crónica de Juan II,* año 1433. Junto a otros caballeros también mencionados aquí por Pulgar, lo recuerda y encarece Cervantes, por
boca de don Quijote: «Si no, díganme también que no es verdad que fue caballero andante el valiente lusitano Juan de Merlo, que fue a Borgoña y se
combatió en la ciudad de Ras con el famoso señor de Charní, llamado mosén

Pierres, y después, en la ciudad de Basilea, con mosén Enrique de Remestién, saliendo de entrambas empresas vencedor y lleno de honrosa fama; y las aventuras y desafíos que también acabaron en Borgoña los valientes españoles Pedro Barba y Gutierre Quijada (de cuya alcurnia yo deciendo por línea recta de varón), venciendo a los hijos del conde de San Polo. Niéguenme asimesmo que no fue a buscar las aventuras a Alemania don Fernando de Guevara, donde se combatió con micer Jorge, caballero de la casa del duque de Austria; digan que fueron burla la justas de Suero de Quiñones, del Paso; las empresas de mosén Luis de Falces contra don Gonzalo de Guzmán, caballero castellano, con otras muchas hazañas hechas por caballeros cristianos, destos y de los reinos estranjeros, tan auténticas y verdaderas, que torno a decir que el que las negase carecería de toda razón y buen discurso» *(Quijote, I, 49)*. Herido en la cara en la frontera de Jaén, participó ya en las justas de Valladolid en mayo de 1434, organizadas por Juan II y su condestable, donde rompió lanzas con el propio don Álvaro y fue uno de sus treinta caballeros justadores *(Halconero,* CLXIV). Meses más tarde acudió a hacer armas en el «Paso honroso» que mantenía Suero de Quiñones, a quien hirió y quien le regaló una mula para que continuase viaje a Francia. Allí se dirigía, pues le había retado el caballero borgoñón Pierre de Beauffremont, señor de Charny. Con él justó, en efecto, en agosto de 1435 en Arrás, ante franceses y borgoñones, donde combatió con la visera alzada y venció a su rival. De allí marchó a Basilea, donde luchó a pie con Enrique de Remestán, con quien parece que volvió a justar en Schaffhouse en febrero de 1436. En octubre de 1439 estaba ya en Castilla y figura como mayordomo de don Álvaro de Luna. Murió en 1443, entre Arjona y Andújar, en una «pelea muy áspera» entre los partidarios de Juan de Guzmán, hijo del maestre de Calatrava Luis de Guzmán, y los de Rodrigo Manrique, comendador de Segura: persiguiendo a los contrarios, «metióse tanto en ellos que quedó solo e, quando quiso volver al paso de una puente, halló peones de los contrarios los quales lo mataron» *(Crónica de Juan II,* año 1443, cap. IV). Cantó su muerte y sus hazañas Juan de Mena en las coplas 198 a 200 de su *Laberinto de Fortuna*. Véase Martín de Riquer, *Vida caballeresca en la España del siglo XV*, Madrid, Real Academia Española, 1965, 32-42.

145. *Juan de Torres:* caballero del séquito de don Álvaro de Luna. Tomó parte en la batalla librada en abril de 1441 cerca de Escalona por las tropas del Infante y las de don Álvaro de Luna, en la que moriría el joven camarero del infante don Enrique, Lorenzo Dávalos *(Crónica de Juan II,* año 1441, cap. XIII; *Halconero,* CCC).

146. *Pero Vázquez de Sayavedra:* capitán de galeras del duque de Borgoña, el más internacional y experimentado de los caballeros castellanos. Nació hacia 1410 y pronto salió de España en busca de aventuras. Sus primeras hazañas se dieron en Inglaterra y en Alemania, pero le hizo famoso su intervención en el torneo conocido como «Pas de l'Arbre de Charlemagne», defendido en el camino de Dijon a Auxonne, el verano de 1443, por Pierre de Beauffremont, señor de Charny (que ya había justado en 1429 con Juan de Merlo). A la justa

xada e a mosén Diego de Valera. E oí dezir de otros castellanos que con ánimo de cavalleros fueron por los reinos estraños a fazer armas con qualquier cavallero que quisiese fazer-

---

acudió también Diego de Valera, pero el verdadero héroe fue Pero Vázquez,
que llegó de Inglaterra y combatió bravamente a pie y a caballo. Desde entonces quedó adscrito a la corte del duque de Borgoña, quien poco después lo
embarcó en la expedición naval que organizó en auxilio de Constantinopla y
que llevó a nuestro caballero a combatir a los turcos y a visitar numerosos lugares. Regresado a Occidente, en 1449 interviene junto a Jacques de Lalaing
en las justas del «Pas de la fontaine en pleurs», y en 1454 participa en las suntuosas fiestas organizadas por Felipe de Borgoña, en la ceremonia de los «Votos del Faisán», en la que juraron los principales caballeros de la corte. A partir de 1464 acompaña a Antonio de Borgoña en sus expediciones por el norte
de África, y por entonces fueron solicitados sus servicios por el condestable
don Pedro de Portugal. En 1467 se hallaba de nuevo en Inglaterra y en 1473 en
el sitio de Perpiñán. Murió en 1477 (Martín de Riquer, ob. cit., págs. 52-66).
  146. *Gutierre Quixada:* señor de Villagarcía, perteneció al séquito de don
Álvaro, a cuyas órdenes combate a los moros en 1431. En 1434 se presentó en
el «Paso honroso» acompañado de diez caballeros y gentileshombres. Proba-
blemente en 1449 (según Riquer, en tanto que la *Crónica de Juan II* da la fecha
de 1435), combatió en Sait-Omer de Borgoña con el bastardo de Saint-Pol,
Jean de Luxembourg, que defendió allí el «Pas de la Belle Pelérine». En tanto
llegaba el tiempo del combate partió en romería a Jerusalén acompañado de
Pedro Barba (que también había estado en el «Paso honroso»). En Venecia, hacia 1438, se encontró con el viajero cordobés Pero Tafur, a quien dio un encargo para el duque su señor. Tafur narra así el encuentro en sus *Andanças e
viages:* «Allí fallé a Gutierre Quixada e a Pero Barva e a Luis Vanegas e a Juan
de Angulo, hermano de Fernando de Angulo, e a otros muchos castellanos,
con los cuales yo uve muy gran placer e no menos ellos comigo, porque lo a
que ivan a Jerusalén les era menester enformarse de mí de la manera que
avían de tener, e yo les dixe cómo avían de fazer e cuánto les avía de costar el
camino. E parecióme como que ellos ivan desacordados e cada uno iva en su
navío, e trabajé por los concordar e nunca pude, e así se partieron, el uno en
la galea de remos e el otro en la galea do suele ir la pobre gente». Riquer, ob.
cit., 42-49.
  147. *Diego de Valera:* Diego de Valera (Cuenca, 1412-Puerto de Santa María, 1488?) desempeñó diversos cargos administrativos, militares y diplomáticos en las cortes de Juan II, Enrique IV y los Reyes Católicos; fue consejero
real, cronista y autor de numerosos tratados de contenido moral y político.
Aprovechando sus embajadas diplomáticas, tuvo ocasión de viajar y acometer
empresas caballerescas. En 1437 lo hizo a la corte de Bohemia y Hungría, re-
gida por el duque Alberto, ante el que pronunció un enérgico discurso en defensa de la bandera y armas de Juan II de Castilla y desafiando al señor de Cilli, que había dudado de su derecho ya que los portugueses la habían ganado
en Aljubarrota. Desagraviado por Alberto y el de Cilli, a su regreso, Juan II le
concedió su divisa del collar del Escama *(Crónica de Juan II,* año 1438). Otro

las con ellos. E por ellas ganaron honra para sí e fama de va- 150
lientes e esforçados cavalleros para los fijosdalgo de Castilla.
Asimismo sope que ovo guerras en Francia e en Nápoles e
en otras partes, donde concurrieron gentes de muchas naciones, e fui informado que el capitán francés o el italiano estonces tenía por muy bien fornecida la escuadra de su gente, 155
quando podía aver en ella algunos cavalleros castellanos, porque conoscía dellos tener esfuerço y constancia en los peligros más que los de otras naciones. Vi tanbién guerras en Castilla e durar algunos tienpos, pero no vi que viniesen a ella

---

152. guerras] guerra AM   154. estonces tenía] tenía estonces AM

episodio en el que participó Valera fue el ya mencionado paso de armas de
«l'Arbe de Charlemagne», en la corte de Borgoña, aprovechando la misión diplomática encomendada por Juan II en 1442. El torneo lo han descrito con
detalle los cronistas borgoñones, Olivier de la Marche en sus *Memoires* y En-
guerran de Monstrelet en sus *Chroniques*. Por esos relatos sabemos que el señor
de Charny y otros doce caballeros, no queriendo permanecer inactivos en
tiempo de paz, determinaron mantener un paso contra todos los caballeros
que quisieran acudir a él. Tendría lugar cerca del árbol de Carlomagno, en el
bosque de Marsenay, en el camino que conducía a Dijon, y comenzaría el día
primero de julio de 1443 y terminaría transcurridos cuarenta días. Durante ese
tiempo penderían del árbol dos escudos: uno negro sembrado de lágrimas de
oro y otro violeta sembrado de lágrimas negras. Los caballeros que tocaran o
hicieren tocar este último por su faraute se obligaban a combatir a pie quince
golpes de espada o hacha contra uno de los guardadores del paso. Los que tocaran el escudo negro se obligaban a tener a caballo once encuentros de lanza. Al torneo, en el que participó de forma muy destacada el citado Pedro Vázquez de Saavedra, acudió también Diego de Valera, venido de Castilla. Era
éste, al decir de Olivier de la Marche, «de petite et moyenne taille, mais de
grand et noble vouloir, gracieux et courtois et fort agreable à chacun». Tan decidido venía Valera a pelear que quiso combatir antes de entrar en Dijon y de
que se le asignaran día y rival. El día fue el 14 de julio y su rival, un escudero
llamado Tibaut, señor de Rougemont y de Mussy, «de muy noble casa y estimado por muy valiente», que por su porte «era el más grueso y el de mayor estatura de entre todos los nobles de Borgoña». Puesto que había tocado el escudo negro, el combate fue a caballo, con once encuentros de lanza, en tres
de los cuales el castellano logró romper su lanza contra el borgoñón, mientras
que éste en ninguno. Ya fuera de las fechas del paso, el 30 de agosto, Valera
volvió a combatir con otro caballero llamado Jacobo de Challant, señor de
Aineville, combate del que no salió muy bien parado y que suspendió Felipe
de Borgoña [puede verse M. Á. Pérez Priego, «Viajes caballerescos de Mosén
Diego de Valera», en *Diálogo de la Lengua,* 6 (2001), 85-92].

160 guerreros de otras partes. Porque así como ninguno piensa llevar fierro a la tierra de Vizcaya, donde ello nace, bien así los
estrangeros reputan a mal seso venir a mostrar su valentía a la
tierra de Castilla, do saben que ay tanta abundancia de fuerças y esfuerço en los varones della que la suya será poco esti-
165 mada.

Así que, reina muy exçelente, estos cavalleros e perlados e
otros muchos naturales de vuestros reinos, de que no fago
aquí mención por ocupación de mi persona, alcançaron con
sus loables trabajos que ovieron e virtudes que siguieron el
170 nonbre de varones claros, de que sus decendientes en especial
se deven arrear e todos los fijosdalgo de vuestros reinos deven
tomar enxenplo para linpiamente bevir, por que puedan fene-
cer sus días en toda prosperidad como estos bivieron e fene-
cieron. Lo qual sin duda todo ombre podrá fazer sacudiendo
175 de sí malas afeciones e pensamientos torpes, que al principio
prometen dulçura e a la fin paren tristeza e disfamia.

Agora razón es fazer aquí memoria de algunos perlados naturales de Castilla que, en mis tienpos, por su ciencia, méritos
e virtudes, subieron a grandes estados e tovieron grandes dig-
180 nidades en la iglesia de Dios.

---

161. fierro] ferro Z // ello] ella A   162. reputan] reputavan AM   166. e
perlados] *om.* e ZAM // perlados] prelados Z // exçelente] excellente ZAM
170. decendientes] descendientes A   172. enxenplo] exemplo A // puedan]
pueden Z pueda A   173. fenecer] fenescer ZA // duda] dubda AM   176. dis-
famia] difamia Z   177. perlados] prelados Z   178. ciencia] sciencia ZA

Cardenal de sant Sixto

Don Juan de Torquemada, cardenal de sant Sixto, fue ombre alto de cuerpo e delgado, e de venerable gesto e presencia,
natural de la cibdad de Burgos. Sus avuelos fueron de linaje
de los judíos convertidos a nuestra santa fe cathólica.   5
    Aprendió theología seyendo moço, porque tenía inclina-
ción a esta ciencia más que a otra. Paresció en el sosiego de su
niñez que la natura le apartó de las cosas mundanas e ofres-
ció a la religión. Los días de su adolecencia siguieron las buenas costunbres que ovo en su moçedad, e los de la joventud   10
a los de la adolecencia e, así creciendo en días, sienpre crescía
en virtudes. E segund paresció en la onestad e linpieza de su
vida, quier procediese de su conplisión o de su buen seso,

---

1. Título xviij. del cardenal de sant sisto Z   Título xvij. del cardenal de sant
sisto AM   2. Don] *falta la letra capital en* H // Juan] *om.* Sc   3. e delgado] *om.*
e A   4. Burgos] Borgos Z   7. ciencia] sciencia ZAM   9. adolecencia] adolescencia ZAM   10. joventud] juventud ZAM   11. adolecencia] adolencia H
adolescencia ZAM

2. *Juan de Torquemada:* Juan de Torquemada (1388-1468), en realidad, había nacido en Valladolid y era hijo de Álvar Fernández de Torquemada, regidor de aquella ciudad y descendiente de Lope Alfonso de Torquemada, caballero de Alfonso XI a comienzos del siglo XIV. Procedentes del pueblo de su
apellido, los Torquemada se hubieron de instalar en Valladolid, donde fueron
ocupando diversos puestos administrativos. Lo más probable es que la condición de converso, que enfatiza Pulgar, le venga de su abuela Juana de Tovar,
casada con Pero Fernández de Torquemada. Sobrino suyo sería Tomás de
Torquemada (1420-1498), el famoso Inquisidor General nombrado por los
Reyes Católicos en 1482 (Beatrice Leroy, *L'Espagne des Torquemada*, París,
1995).

sienpre tovo tan fuerte resistencia contra las tentaciones que
15 no podieron corronper sus buenas costunbres. Rescibió de su
voluntad ábito e orden de santo Domingo. Era oservantíssimo en su religión. Aprendió en el estudio de París, donde rescibió el grado de magisterio.

Venido a Castilla con deseo de su naturaleza, conoscida la
20 ciencia e onestad de su vida, fue elegido por prior del monesterio de sant Pablo de Valladolid, e después fue prior de sant
Pedro Mártir de la cibdad de Toledo. Estando en aquel monesterio con propósito de fazer allí asiento de su vida, los hados, que llevan al que quiere para que vaya, e aquellas cosas
25 que la providencia divina tiene ordenadas, rodearon las cosas
en tal manera que se levantó contra él tal emulación de persona de su orden que le forçó ir a Roma quando fue quitada
la cisma que ovo en la iglesia entre el papa Eugenio e el que
se llamó Félix.
30 E llegó a tienpo que se avía de fazer congregación de letrados en Roma para determinar algunas dudas que de la cisma
pasada avían resultado, para lo qual el rey don Juan acordó
enbiar sus enbaxadores a Roma, entre los quales, porque era
necesario enbiar grandes letrados, conoscida la fama que este
35 religioso tenía de grand theólogo, le enbió mandar que se juntase con sus enbaxadores, el qual, obedeciendo al rey, lo fizo.
En aquella congregación de letrados, cosa maravillosa fue
quánto se esmeró sobre todos los otros, así en las dudas que
aclaró como en la determinación que fizo en las cosas que

---

15. corronper] corrumper Z   16. oservartíssimo] observantíssimo ZAM
20. del monesterio] *om.* A   25. rodearon] rodea HZA rodeó M   31. dudas]
dubdas ZAM   38. así] e así A

16. *orden de santo Domingo:* entró pronto en el convento de la orden de pre-
dicadores en Valladolid y estudió en Salamanca; en 1415 acompañó al general de su orden al concilio de Constanza, de donde se trasladó a París para seguir estudios de teología y allí se doctoró en 1425. Después de enseñar un
tiempo en París, volvió como prior a los conventos de la orden en Valladolid
y luego a Toledo. El papa Eugenio IV lo nombró maestro del Sacro Palacio y
en 1432 asistió como teólogo pontificio al concilio de Basilea y tuvo intervención destacada en las sesiones de Ferrara-Florencia en contra de los conciliaristas y a favor de la unión con los griegos y las iglesias orientales. Como recom-
pensa a su labor, en 1439 el papa lo creó cardenal de San Sixto.

ocurrieron, lo qual fizo crecer la fama que tenía de grand le- 40
trado. E porque la onestad de su vida se conformava con la
abundancia de su ciencia, el papa le fizo mucha honra e a suplicación del rey don Juan le crió cardenal.

Fue avido en sus tiempos por tan grand theólogo que,
quando acaescía venir de qualquier parte de la christiandad al- 45
guna duda o quistión de theología, todos se referían a la determinación que este cardenal entre todos los otros theólogos
fiziese. Era ombre apartado, estudioso, manso e caritativo, e
en su buena y onesta vida mostró tener gracia singular, con la
qual ganó honra para sí e dio enxenplo a otros para usar de 50
virtud.

Deleitávase en las obras del entendimiento. Fizo una glosa
del salterio devotíssima e otros tratados e declaraciones de la
Sacra Escriptura muy provechosos e dotrinables. Fundó en
Roma a sus espensas el monesterio de la Minerva. Rehedificó 55
asimismo todo el monesterio de sant Pablo de Valladolid e
tornólo en oservancia. E fizo otras lavores e reparos en monesterios e casas de oración. Estovo con grand honra en
Roma, después que fue criado cardenal, fasta que murió de
hedad de ochenta años. 60

---

42. abundancia] habundancia ZAM   50. enxenplo] exenplo A   55. rehe-
dificó] reedificó A   60. años.] años. Murió año de mil quatroçientos e sesenta e quatro años S

53. *tratados:* escribió más de cuarenta obras, de las cuales llegaron a impri-
mirse veintisiete. La más importante es quizá la titulada *Summa de Ecclesia*,
compuesta hacia 1450, dirigida contra el conciliarismo y el nominalismo. En
ella niega la legitimidad de los decretos de Constanza, refuta los principios de-
mocráticos aplicados a la constitución eclesiática por los nuevos maestros no-
minalistas y ve en las asambleas conciliares un peligro para la unidad de la Iglesia, el concilio no puede juzgar al papa a no ser que éste caiga en herejía. Asimismo tuvieron particular trascendencia su *Tractatus de efficacia aque benedicte*,
sobre el uso del pan ácimo y la eucaristía, encargado por Eugenio IV contra
las doctrinas husitas, y el *Tractatus contra madianitas et ismaelitas*, en favor y defensa de los conversos. Ampliamente divulgada fue su *Expositio in Psalterium*,
compuesta en Roma en 1463 e impresa en Venecia en 1502 y 1503.
55. *monesterio de la Minerva:* iglesia de Santa María sopra Minerva, levanta-
da sobre el Templo de Minerva Calcidica, en la que se instaló la orden de pre-
dicadores.
56. *monesterio de sant Pablo:* erigido en 1276 por doña Violante, esposa de
Alfonso X.

Cardenal de sant Angelo

Don Juan de Carvajal, cardenal de sant Angelo, fue ombre
alto de cuerpo, el gesto blanco e el cabello cano, e de muy venerable e fermosa presencia, natural de la cibdad de Plazen-
5 cia, de linaje de ombres fijosdalgo.

Desde su menor hedad continuó el estudio, fue grand letrado en derecho canónico e cevil. Era ombre muy onesto e gracioso en sus fablas. Quando propuso de tomar orden eclesiástica, fue a Roma donde, conoscido por grand letrado e ombre

---

1. Título xix. del cardenal de sant angelo ZAM   2. Don] *falta la letra capital
en* H   3. el gesto] de gesto AM

2. *Juan de Carvajal:* hubo de nacer hacia el año 1400, seguramente en Trujillo, en contra de lo que dice Pulgar. Sus padres fueron Juan Tamayo, corregidor de Trujillo, y Sara de Carvajal, de padres placentinos. Pertenecía, pues, a
la ilustre y poderosa familia Carvajal, de gran arraigo en Extremadura (L. Gómez Canedo, *Don Juan de Carvajal, un español al servicio de la Santa Sede,* Madrid, CSIC, 1947, pág. 31).
7. *derecho:* estudió ambos derechos en Salamanca, donde se licenció de bachiller en leyes en 1430; por entonces era clérigo de la diócesis de Ávila, luego deán de la iglesia de Astorga, y en 1436 abad de la colegiata de Santa María de Husillos (Palencia), que le concede el papa Eugenio IV frente a otros as-
pirantes. El mismo papa le otorgó en 1443 el obispado de Coria, al que
renuncia poco después.
9. *Roma:* hacia 1438 hubo de entrar en el Tribunal de la Rota Romana
como oidor del Palacio Apostólico e inicia su actividad diplomática con una
embajada pontificia a Florencia, quizá con el propósito de negociar allí el traslado del concilio por encargo del papa Eugenio IV (1431-1447), que había su-
cedido a Martín V y tenía que hacer frente al concilio de Basilea; en 1439 hizo
otra embajada a Venecia con semejantes propósitos de ayudar al papa frente a
los conciliares, y en 1440 a Siena.

de onesta vida, el papa Eugenio le encargó negocios arduos e   10
le enbió diversas vezes en enbaxadas de grand inportancia, en
las quales guardó sienpre su honra e su conciencia, e dio la razón que ombre letrado e discreto devía dar. Fue proveído del
obispado de aquella cibdad de Plazencia, do era natural. E viniendo de una enbaxada do fue enbiado al concilio de Basi-   15
lea, conoscida su grand suficiencia en las cosas que allí negoció, le fue dado el capelo de cardenal. Era ombre esencial,
aborrescedor de apariencias y de cirimonias infladas. Quanto
más huía de la honra mundana, tanto más le seguía. Nunca
en sus votos públicos ni fablas privadas fue visto desviar pun-   20
to de la justicia, por afeción ni por interese suyo ni ageno, ni
fizo cosa que pareciese fuera de razón ni demandó que otro
la fiziese.

Después que ovo la renta de aquel obispado de Plazencia,
la qual entendió ser necesaria para sostener su estado, no pen-   25
só en gastar la vida cobdiciando riquezas, mas propuso bevir
obrando virtudes, e puso tales límites a la cobdicia que se pue-

---

15. *Basilea:* relacionadas con el concilio estuvieron la mayoría de las embajadas de Carvajal, pero la más delicada fue la de Maguncia de 1441, cuando se
había declarado ya el cisma, a la que siguieron las dietas de Francfort de 1441
y 1442, y la de Nuremberg de 1443. La misión pontificia la presidía Carvajal,
junto a Nicolás de Cusa y Jacobo de Ferrara, y en aquellas sesiones hubo de
pronunciar varios discursos en apología y defensa de Eugenio IV. Hacia 1444
parece que hubo otra embajada a Florencia, de la que da cuenta Vespasiano
da Bisticci, que hace grandes elogios de Carvajal y habla de la gran amistad de
éste con el humanista Giannozzo Manetti.

24. *obispado de Plazencia:* en agosto de 1446 el papa le otorgó el obispado
de Plasencia, aunque Carvajal, residente entonces en Alemania, no tomó posesión de la diócesis ni llegaría a residir en ella, pues prácticamente toda su
vida transcurrió en la corte pontificia, a cuyo servicio, como vemos, desempeñó importantes legaciones diplomáticas. No obstante, no se olvidó de su iglesia, a la que trasladó diversos beneficios. Entre las donaciones y obras que promovió en Plasencia, además de los puentes citados más abajo, resalta la fundación del Estudio de Gramática y Retórica, con el propósito de que, sin salir de
su tierra, en él se formaran los clérigos de la diócesis y cuantos aspiraban a serlo y carecían de recursos económicos, para quienes dispuso «que en la dicha
çibdad et çerca de la dicha eglesia unése una casa escuela e cáthedra e audito-
rio para que en ella (...) se leyese e enseñase la sciencia e arte liberal e facultad
de gramática, como sea prinçipio e puerta de todas las otras sçiençias, e que
para ello ayan maestro licenciado o bachiller que la pueda leer y lea» (L. Gómez Canedo, ob. cit., pág. 93).

de bien dezir averla vencido. Porque no solamente dexó de
procurar más renta de la que avía de su obispado, mas cerró
30 su deseo e apartó de sí la cobdicia, de tal manera que jamás
quiso rescebir otras rentas e dignidades que muchas vezes le
fueron ofrecidas. E de muchos e grandes cargos que tovo e co-
misiones que le fueron fechas, donde por razón pudiera aver
grandes intereses, nunca rescibió ni consintió a sus oficiales
35 rescebir interese pequeño ni grande. E en esta manera señoreando la cobdicia, señoreava aquellos a quien señoreava la
cobdicia, e ninguno osava agraviarse de sus determinaciones,
conosciendo que carescían de afectión e de interese. Reprehendía mucho a los ombres que, sobrándoles las rentas allen-
40 de de lo necesario, tenían el deseo de adquerir en infinito.
  Este varón sopo bien quánta fuerça suele fazer a las vezes
el oro a la justicia, la qual teme poco el criminoso cuando con
dinero piensa redemir su crimen. Conosció asimismo cómo
todo juez que toma, luego es tomado, e que no puede huir de
45 ser injusto o ingrato: injusto, si, por el don que rescibe, tuerce el derecho; ingrato, si no le tuerce en favor de aquel que le
dio. E si faze justicia o lo abrevia por lo que rescibió, puédese dezir vendedor de la justicia por precio.
  Conoscidos por este perlado los inconvenientes que del cob-
50 diciar allende de lo necesario se siguen, ni se atormentó
cobdiciando ni se avergonçó demandando. E teniendo la cobdicia tan subjecta, tenía la honra tan alta. Estava continuamente alegre porque gozava de la virtud de la tenplança, abe-
nidora de la razón con el apetito. Era prudente e de grand en-
55 tendimiento, que son partes esenciales del ánima, e las ovo
por arte e esperiencia de tienpos. Estas virtudes conoscidas en
él, fue legado del papa a la provincia de Alemaña dos vezes.

---

40. tenían] tenía Z   43. piensa] pienso Z   44. tomado] tomada A   46. en
favor] el favor AM   48. vendedor] vencedor M   49. conoscidos] conoscido
Z   52. subjecta] subiecta Z

57. *legado del papa:* a sus embajadores y negociadores en la dieta de Francfort, Juan de Carvajal y Tomás Parentuccelli, Eugenio IV los nombra cardenales en diciembre de 1446. A Carvajal le fue adjudicado el título de Sant'Angelo in Pescheria, con el que en adelante será conocido. Muerto Eugenio en febrero de 1447, le sucederá Parentuccelli con el nombre de Nicolás V, quien

E en estas sus legaciones fizo, determinó e declaró grandes fechos e pacificó los príncipes de aquellas partes e las comuni-
dades que estavan en discordia. E castigó la heregía de los bo-   60
hemios e fizo otras singulares cosas en servicio de Dios e aumentación de la fe christiana. Otrosí por escusar el daño
grande que conosció recrecer a todas las gentes que pasavan
el río de Tajo cerca de la cibdad de Plazencia, movido con ferviente caridad, fizo a sus grandes espensas la puente que oy   65
allí está hedificada, que se llama la Puente del Cardenal, hedi-
ficio muy notable.

Puédese creer deste claro varón que su buen seso le fizo
aprender ciencia, e su ciencia le dio saber, e su saber le dio esperiencia e la esperiencia le dio conoscimiento de las cosas,   70
de las quales sopo con prudencia elegir las que le fizieron ábito de virtud, mediante la qual bivió próspero ochenta años
sin pasión de cobdicia e con abundancia de lo necesario. E
murió con grand honra en la cibdad de Roma.

---

74. Roma] Roma. Murió año de Mcccclxx años S

nombrará a su amigo Carvajal legado en Alemania. Allí promovió, con el emperador Federico, la firma del concordato de Viena (1448); viajó a Bohemia y
a Hungría, y regresado a Roma fue enviado a Venecia, Florencia y Milán, para
activar la cruzada contra los turcos. En 1456 fue legado de Calixto III en Hungría, donde organiza la campaña contra los turcos que amenazaban su frontera oriental; por sus laboriosas gestiones a lo largo de cinco años merecería el
nombre de protector de los húngaros. Todavía sería consejero con Pío II, que
le nombra obispo de Porto en 1461, y legado en Venecia de Paulo II, de cuyo
colegio es elegido camarlengo en 1469, pocos meses antes de su muerte.

66. *Puente del Cardenal:* Carvajal hizo construir en Plasencia sendos puentes
sobre el Tajo y el Almonte. El puente sobre el Tajo, el *Puente del Cardenal,* se
halla cerca del lugar donde el Tiétar se une al Tajo, se terminó de construir por
el maestro Pedro González en 1460, se emplearon más de treinta mil piedras
y costó casi trescientos mil reales. El puente sobre el Almonte, entre Jaraicejo y
Trujillo, estaba ya construido en 1462 (L. Gómez Canedo, ob. cit., págs. 91-93).

74. *murió:* murió el seis de diciembre de 1469, pero también parece que
hay que corregir los ochenta años de vida que dice Pulgar, pues un testimonio
contemporáneo asegura que falleció «peracto iam septuagesimo vitae anno»
(L. Gómez Canedo, ob. cit., pág. 31).

Arçobispo de Toledo

Don Alfonso Carrillo, arçobispo de Toledo, fijo de Lope Vásquez de Acuña, fue ombre alto de cuerpo e de buena presencia. Era de los fidalgos e de linpia sangre del reino de Por-
5 togal. Su avuelo fue un cavallero portogués que vino a Castilla al servicio del rey don Juan, el que fue vencido en la batalla de Aljubarota.

Fue primero obispo de Cigüença e después fue proveído del arçobispado de Toledo a suplicación del rey don Juan. Re-

---

1. Título xx. del arçobispo de Toledo ZAM   2. Don] *falta la letra capital en* H   5. un cavallero] *om.* un AM

2. *Alfonso Carrillo:* Alfonso Carrillo de Acuña (1412-1482), era hijo del caballero portugués Lope Vázquez da Cunha y de Teresa Carrillo de Albornoz. Nació en Cuenca en 1412.
8. *obispo de Cigüença:* en 1434, a la muerte de su tío y homónimo Alonso Carrillo de Albornoz, cardenal de San Estacio, quien había sido su educador y a quien había acompañado a Bolonia y Basilea, en 1434, Juan II pidió para Alfonso al papa Eugenio IV el obispado de Sigüenza con los beneficios que en Castilla tenía el tío *(Halconero,* CLXI). Sin embargo, Alfonso continuó todavía un tiempo en la curia y acompañó al papa en su marcha a Florencia.
9. *arçobispado de Toledo:* en 1446, Juan II, a ruegos de don Álvaro de Luna, le otorgó la dignidad de arzobispo de Toledo, provisión que fue muy discutida y laboriosa: «Veniendo el rey de Toledo para Ávila, sopo cómo era falesçido don Gutierre, arçobispo de Toledo, e luego el rey quisiera suplicar por esta dinidad para don Lope de Varrientos, obispo de Cuenca, en remuneración se quantos servicios le avía fecho. E ansí mesmo por quanto así gelo tenía prometido. E el maestre don Álvaro de Luna soplicó al rey que diese aquella dinidad a don Alfonso Carrillo, fijo de Lope Vázquez de Acuña, su pariente; e tanto aquexó al rey sobre esta razón que lo ovo de otorgar. Pero el Papa fue

zava bien sus oras, guardava conplidamente las cirimonias 10
que la iglesia manda guardar. Fundó el monesterio de sant
Francisco de Alcalá e començó a fundar otro monesterio en
la villa de Briyuega.

Era ombre de grand coraçón, e su principal deseo era fazer
grandes cosas e tener grand estado por aver fama e grand re- 15
nonbre. Tenía en su casa letrados e cavalleros e ombres de fación. Rescebía muy bien e honrava mucho a los que a él venían, e tratávalos con buena gracia e mandávales dar grand
abundancia de manjares de diversas maneras, de los quales fazía sienpre tener su casa muy proveída. E tenía para ello los 20
oficiales e ministros necesarios e deleitávase en ello. Sus pensamientos deste perlado eran muy más altos que sus fuerças,
e su grand coraçón no le dexava discerner ni consentía medir
su facultad con las grandes enpresas que tomava. E desto se le
seguían trabajos e fatigas continuas. 25

Era ombre franco e, allende de las dádivas que de su voluntad con grand liberalidad fazía, sienpre dava a qualquier que
le demandava, porque no sofría que ninguno se partiese dél
descontento. E por cierto la dádiva fecha con deseo de fama
e no con pensamiento de razón, más se puede dezir mal fe- 30

---

10. cirimonias] cerimonias AM   13. Briyuega] Briuega AM   21. ello] ellos M
19. abundancia] habundancia ZAM   23. discerner] doscenir M

muy duro de traer a ello; pero al fin, después de muchas soplicaçiones e aque-
xamientos, ovo de prover de la dicha dinidad a este don Alfonso Carrillo»
(*Halconero*, CCCXLIII).

16. *letrados:* entre los servidores de su casa se encontraba Pero Guillén de
Segovia, a quien había recogido y protegido. Lo nombró contador suyo y le
hizo su poeta y cronista. En el proemio de su libro *La gaya ciencia*, Pero Gui-
llén incluyó una larga relación y apología de los hechos guerreros de Carrillo
(puede verse Eloy Benito Ruano, «Los hechos del arzobispo de Toledo D.
Alonso Carrillo», *Anuario de Estudios Medievales*, 5, 1968, 517-530). Pedro de
Ponte, su secretario, reunió las oraciones y discursos latinos que pronunciaba.
En su entorno se constituyó un importante núcleo literario, frecuentado sobre
todo por poetas, como Gómez Manrique, el citado Pero Guillén de Segovia,
Juan de Valladolid, Antón de Montoro, Juan Álvarez Gato o Rodrigo Cota, y
también clérigos letrados, como Pero Díaz de Toledo, Juan de Mazuela, Al-
fonso Ortiz y algunos otros (véase Carlos Moreno Hernández, *Pero Guillén de
Segovia, Obra poética*, Madrid, Fundación Universitaria Española, 1989, especialmente págs. 65-77).

cho que buen pensamiento, porque aquel beneficio es caríssimo que caresce de vanagloria. Verdad es que ni nuestra benignidad se deve tanto cerrar que sea dura la comunicación de nuestros bienes, ni tanto abrir que con prodigalidad se derra-
35 men, porque si del retener se sigue odio, del indiscreto derramar procede tal mengua que de necesario vienen los pródigos a poner las manos en bienes agenos. Así que estos bienes tenporales son buenos e a la humana sociedad mucho aprovechan, quando son poseídos por varones de prudencia, para
40 que ni dañen a otros reteniéndoselos con avaricia ni pierdan al que los posee vertiéndolos con indiscrición, porque tanbién parescen mal guardándose como sin causa derramándose.

Era ombre belicoso e, siguiendo esta su condición, plazíale
45 tener continuamente gente de armas e andar en guerras e juntamientos de gentes. Insistía mucho en la opinión que tomava e queríala proseguir, aunque se le representavan algunos inconvenientes. E como la opinión, sospecha e afeción son cosas que muchas vezes engañen a los ombres, este perlado,
50 traído por alguna déstas, procurava sienpre de sostener parcia-

---

37. Así que... derramándose] *om. este párrafo* Sc   40. reteniéndoselos] reteniéndose HZ   reteniéndoselos AM   41. indiscrición] indiscreción A
42. parescen] perescen HZA parescen M   49. engañen] *om.* A

44. *belicoso:* intervino ya en la batalla de Olmedo de 1445 (en situación poco apuesta lo retratan las *Coplas de la panadera*), pero fue en el levantamiento contra Enrique IV cuando comenzó su actividad guerrera, fue protagonista en la farsa de Ávila retirando él mismo la corona real al muñeco que representaba al rey, combatió ardorosamente y fue herido en la batalla de Olmedo de 1467 en defensa del príncipe Alfonso, muerto éste abrazó la causa de la princesa Isabel y su matrimonio con Fernando, que él mismo bendijo en 1469. Poco después, sin embargo, se distancia de los príncipes, enojado por la concesión del capelo cardenalicio a Pedro González de Mendoza, y a la muerte de Enrique IV, defiende la legitimidad de Juana y toma partido en favor de la intervención del rey de Portugal (postura que denuncia Pulgar en varias de sus cartas). En 1476 participa en la batalla de Toro, enfrentándose precisamente a las huestes del cardenal Mendoza. Reconocida su derrota y aceptado el derecho al trono de Isabel, obtiene de la reina perdón solemne y él se retira definitivamente a Alcalá de Henares (puede verse José Manuel Nieto Soria, «Dos prelados en la encrucijada de un trono: Alfonso Carrillo de Acuña y Pedro González de Mendoza», *Torre de los Lujanes*, 54, 2004, 49-64).

lidades, donde se siguieron en sus tienpos algunas guerras en
el reino, en las quales acaescieron batallas canpales e otros recuentros e fechos de armas. Era grand trabajador en las cosas
de la guerra e, quanto era amado de algunos por ser franco,
tanto era desamado de muchos por ser belicoso, seyendo   55
obligado a religión.

Plazíale saber esperiencias e propiedades de aguas e de yer-
vas e otros secretos de natura. Procurava sienpre aver grandes
riquezas, no para fazer thesoro, mas para las dar e destribuir.
E este deseo le fizo entender muchos años en el arte del alqui-   60
mia. E como quier que della no veía efecto, pero creyendo
sienpre alcançarla para las grandes fazañas que imaginava fazer, sienpre la continuó. En la qual e en buscar thesoros e mineros consumió mucho tienpo de su vida e grand parte de su
renta, e todo quanto más podía aver de otras partes. E como   65
veemos algunas vezes que los ombres, deseando ser ricos, se
meten en tales necesidades que los fazen ser pobres, este arçobispo, dando e gastando en el arte del alquimia, e en buscar
mineros e thesoros, pensando alcançar grandes riquezas para
las dar e destribuir, sienpre estava en continuas necesidades. E 70
sin duda se puede creer que, si lo que deseava tener este perlado respondiera al coraçón que tenía, fiziera grandes cosas.

Al fin, gastando mucho e deseando gastar más, murió pobre e adeudado en la villa de Alcalá, de hedad de setenta años,
de los quales fue treinta e siete arçobispo de Toledo.   75

---

57. propiedades] propriedades Z   59. fazer] *om.* AM   63. la continuó] *om.*
la A   64. de su] *om.* su AM   65. renta] renda Z   71. se puede] puédese AM
74. setenta] sesenta AM   75. Toledo] Toledo. Murió en primero día de jullio
año de mill quatroçientos ochenta e dos años S

58. *secretos de natura:* pasaba mucho tiempo en Alcalá manteniendo largas
conversaciones sobre alquimia en un cuarto lleno de instrumentos extraños,
gastaba grandes sumas en experimentos en trasmutar metales. También en la
villa de Cornago, que adquirió de doña María de Luna, donde había mineros
de alumbre para de ellos obtener el oro. Fernando de Alarcón, conquense de
nacimiento, trotamundos, se ofrecía como experto alquimista y conocedor
del secreto de la piedra filosofal (Francisco Esteve Barba, *Alfonso Carrillo de
Acuña, autor de la unidad de España,* Barcelona, Amaltea, 1943).
74. *Alcalá:* murió 1482 en el convento de San Francisco, en Alcalá, que había fundado. Pulgar no hace mención de su arrepentimiento.

181

Arçobispo de Sevilla

Don Alfonso de Fonseca, arçobispo de Sevilla, fue ombre de mediana estatura, bien proporcionado en las faciones de su rostro e en la conposición de sus mienbros, fijo del doctor
5 Juan Alfonso de Ulloa, de linaje de ombres fijosdalgo del reino de Galizia. Era natural de la cibdad de Toro. Tomó el apellido de su madre, que era de linaje de Fonseca.

Era ombre de muy agudo ingenio e de buen entendimiento, e bien instruto en lo que requería al ábito e profesión ecle-
10 siástica que tomó. El sentido de la vista tenía muy ávido e cobdicioso más que ninguno de los otros sentidos. E siguiendo esta su inclinación, plazíale tener piedras preciosas e perlas e joyas de oro e de plata e otras cosas fermosas a la vista. Las cosas necesarias para el servicio de su persona e para el arreo
15 de su casa quería que fuesen muy primas e toviesen singularidad de perfeción sobre todas las otras, e deleitávase en ello. Era asimismo muy linpio en su persona e en su vestidura e trajes, e reglado e muy ordenado en sus gastos.

---

1. Título xxj. del arçobispo de Sevilla ZAM   2. Don] *falta la letra capital en* H

2. *Alfonso de Fonseca:* era hijo del doctor Juan Alfonso de Ulloa y de doña Beatriz Rodríguez de Fonseca.
12. *piedras preciosas:* de este gusto del arzobispo por las joyas y piedras preciosas da cuenta Diego Enríquez del Castillo en su *Crónica,* cap. XXIII: «Entonces el arzobispo de Sevilla don Alonso de Fonseca una noche hizo sala al rey e a la reina con todas sus damas, e después que muy espléndidamente uvieron cenado, en lugar de la colación mandó sacar dos platos con muchos anillos de oro, en cada uno diversas piedras preciosas engastadas, para que la reina e sus damas tomasen el anillo con la piedra que más les agradase».

Començando la hedad de mancebo, salió del estudio e
vino al servicio del rey don Enrique, seyendo príncipe, e fue   20
su capellán mayor. E por su intercesión fue proveído del obispado de Avila e después fue proveído a dignidad de arçobispo de Sevilla. Fablava muy bien e con buena gracia. Tovo
grand logar en la governación del reino en tienpo del rey don
Juan e del rey don Enrique su fijo. Quería tanto gratificar a los   25
que con él negociavan que ninguno iva mal contento de su
respuesta.

Era ombre muy astuto e diligente. Dava buenos e prestos
remedios a los casos que acaescían. Zelava mucho la justicia e
la honra de la corona real. Era tan agudo que sienpre inventa-   30
va grandes cosas. Procurava mucho la honra e sienpre quería
tener el principal logar cerca de los reyes, e ser único con ellos
en sus fablas e retraimientos. E como acaesce en las cortes de
los reyes ser enbidiados e odiosos aquellos que más cerca dellos están, este arçobispo, por esta singular acebción que pro-   35
curava sienpre tener acerca del rey don Juan e del rey don Enrique e por la grand confiança que en aquellos tienpos fizieron de algunos arduos negocios que ocurrían, se le siguieron
enemistades peligrosas con algunos grandes del reino, las quales, por discurso de tienpo e con obras que fizo de amistad,   40
sopo con buen juizio satisfazer, de tal manera que saneó el
odio que dél fue concebido.

Conoscidos los grandes trabajos, así del espíritu como de la
persona, que ovo en la governación del reino, le fue fecha
merced por el rey don Juan de la villas de Coca e de Halaejos   45

---

22. proveído a dignidad] promovido a dignidad Sc   24. logar] lugar AM
32. el principal] el especial AM   35. acebción] acepción AM   45. Halaejos]
Alaejos M

22. *arçobispo de Sevilla:* fue capellán del príncipe Enrique IV, que lo designó
obispo de Ávila en 1445; promovido por Juan II, fue arzobispo de Sevilla
de 1454-1460 y de 1464-1473, y arzobispo de Santiago de 1461-1463 por per-
muta con su sobrino Alfonso de Fonseca Acevedo.
28. *astuto:* concertó las vistas del rey Juan II con el príncipe don Enrique en
Tordesillas, donde fueron detenidos varios nobles engañados por la razones
fingidas del prelado (Palencia, II, 2). «Hombre que demostró más astucia en
las intrigas falaces del mundo que afición a la observancia de su ministerio pas-
toral» (Palencia, II, 10).

e otras grandes mercedes, de que fizo casa e mayorazgo que
dexó a su hermano.

Tenía la cobdicia común que todos los ombres tienen de
aver bienes tenporales, e sabíalos muy bien e con grand dili-
50 gencia adquerir. Este arçobispo hedeficó de principio en
aquella su villa de Halaejos la fortaleza que en ella está oy fundada. E como acaesce que algunos, procurando las cosas que
desean, se reputan mesquinos quando no las alcançan, e ser-
loían si las alcançasen, otros ay que, aborresciendo las que
55 piensan serles dañosas, su buena fortuna les fuerça que las re-
ciban por la utilidad que dellas se les ha de seguir. Puédese
creer deste arçobispo que ovo tan buena fortuna acerca destas
cosas mundanas que sienpre se le apartava aquello que procurava si al fin le avía de ser dañoso, e se le aparejava lo que abo-
60 rrescía si al fin le avía de ser próspero.

Murió en honra e prosperidad en la su villa de Coca, conosciendo a Dios como buen perlado e con devoción de cathólico
christiano, en hedad de cinquenta e cinco años.

54. las que piensan] las cosas que piensan AM   58. se] *om.* M   59. le avía] se
le avía A   63. años] años. Murió en el mes de mayo año de Mccccclxxij años S

51. *Halaejos:* en Alaejos el rey Enrique IV le confió la custodia de la reina
doña Juana, por la que se sintió atraído Fonseca; su sobrino, Pedro de Castilla
'el Mozo', tendría dos hijos con Juana; véase pág. 78, nota 45.
61. *Coca:* su sepulcro se halla en la iglesia de Santa María de Coca.

Obispo de Burgos

Don Alfonso de Santa María, obispo de Burgos, fue ombre
de buen cuerpo, bien conpuesto en la proporción de sus
mienbros. Tenía cara e persona muy reverenda. Era fijo de
don Pablo, obispo que fue de Burgos, el qual le ovo en su mu-   5
ger legítima, que tovo antes que entrase en la religión eclesiástica. Este obispo don Pablo fue de linaje de los judíos e tan
gran sabio que fue alunbrado de la gracia del espíritu santo e,
aviendo conoscimiento de la verdad, se convertió a la nuestra
santa fe cathólica.   10
    Este obispo don Alfonso, su fijo, desde su moçedad fue cria-
do en la iglesia e en escuela de ciencia, e fue grand letrado en

------

1. Título xxij. del obispo de Burgos ZAM   2. Don] *falta la letra capital en*
H   5. obispo que fue] *om.* que fue ZAM   7. de linaje] del linaje ZA   de linaje M

5. *don Pablo:* Salomón Ha-Levi, gran rabino de la comunidad judía de Burgos que, en 1390, se convirtió al cristianismo con sus cinco hijos y fue bauti-
zado con el nombre de Pablo García de Santa María. Graduado de maestro en
teología por la Sorbona, fue arcediano de Treviño, de Burgos y de Sevilla, capellán de Enrique III, obispo de Cartagena (1403-1415), nombre que él y sus
hijos adoptaron como apellido, y obispo de Burgos de 1416 hasta su muerte.
Acompañó a Aviñón al papa Luna y sucedió a Fernando de Antequera como
tutor de Juan II.
11. *moçedad:* Alonso nació en Burgos en 1384, donde pasó su infancia, en
tanto que su mocedad transcurrió en Cartagena. Durante unos diez años cur-
só estudios en Salamanca, de teología con los dominicos y de derecho civil y
canónico, doctorándose en leyes en 1426. En 1414 era maestrescuela de la catedral de Cartagena, en 1415 fue auditor de la Audiencia de Castilla, deán de
la catedral de Santiago entre 1415 y 1417, deán de la de Segovia desde 1420,

derecho canónico e cevil, era asimismo grand filósofo natural.
Fablava muy bien e con buena gracia, çeçeava un poco, e su
15 persona era tan reverenda e de tanta autoridad que en su presencia todos se onestavan e ninguno osava dezir ni fazer cosa
torpe. Era ya tan acostunbrado en los actos de virtud que se
deleitava en ellos. Era muy linpio en su persona e en las ropas
que traía e el servicio de su mesa, e todas las otras cosas que
20 le tocavan fazía tratar con grand linpieza e aborrescía mucho
los ombres que no eran linpios, porque la linpieza esterior del
ombre dezía él que era alguna señal de la interior. Pero entendía aprovechar poco la linpieza del cuerpo e de las ropas e de
las muy linpias vestiduras e aparatos si no se conseguían con
25 ello la sinceridad de los pensamientos e la linpieza de las
obras.
    Entre los letrados que fueron escogidos para enbiar a un
grand concilio que se fizo en Basilea, este obispo, seyendo

---

13. filósofo] filózofo Z   18-26. Era muy limpio... de las obras] *en* Sc *este pá-*
rrafo aparece añadido de otra mano, con tachaduras y correcciones, en los márgenes in-
ferior y superior   19. todas las otras cosas] *om.* ZAM   20. tratar] tractar AM

28. *Basilea:* entre 1434 y 1439 Alonso de Cartagena participó en el concilio de Basilea, que había comenzado en 1431 convocado por Martín V y se
prolongó con Eugenio IV hasta Nicolás V. La delegación castellana fue enviada por Juan II y estaba presidida por el obispo de Cuenca. Allí defendió la preeminencia de España frente a Inglaterra, con un discurso de exaltación de Castilla como representante de toda España, heredera del imperio godo y deposi-
taria de la fe predicada por los apóstoles Santiago y Pablo. Luego, aunque en
principio apoyó las tesis conciliaristas que querían hacer prevalecer la decisión
de la mayoría sobre el papa, suscitadas con motivo de su decisión de traslad-
lo a Bolonia, Cartagena no aprobó la decisión conciliar que depuso a Eugenio IV en 1439, sino que ofreció su acatamiento a éste. Por su sabiduría y brillantes intervenciones, logró la estima de los padres conciliares, que en 1438
lo enviaron a Breslau para que intentase la reconciliación del emperador de
Alemania, Alberto II, con Ludovico VI de Polonia, misión que concluyó feliz-
mente. Tras unos meses de estancia en la curia romana de Eugenio IV, regresó a Basilea cumplida su misión diplomática, para volver definitivamente a España en 1439.

consiguió una canongía en Burgos en 1421 y en 1426 obtuvo el doctorado en
leyes. Para su biografía y la de su padre, pueden verse los estudios clásicos de
Luciano Serrano, *Los conversos don Pablo de Santa María y don Alfonso de Carta-*
gena, obispos de Burgos, gobernantes, diplomáticos y escritores, Madrid, CSIC, 1942,
y F. Cantera Burgos, *Alvar García de Santa María y su familia de conversos. His-*
toria de la judería de Burgos y de sus conversos más egregios, Madrid, CSIC, 1952.

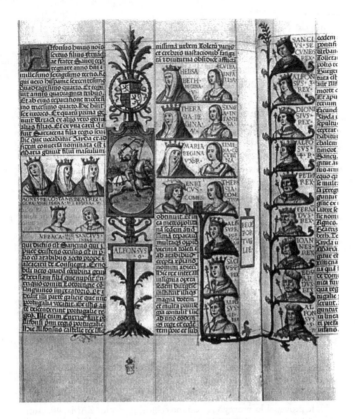

Alonso de Cartagena, *Anacephaleosis* o *Genealogía de los Reyes de España*.

deán de Santiago, fue uno de los nonbrados a quien el rey
30 don Juan mandó ir en aquella enbaxada, en la qual, conoscida su ciencia e la esperiencia de sus letras e claras costunbres,
ganó tan grand fama que, estando en Roma el papa Eugenio,
le proveyó del obispado de Burgos, que era del obispo don
Pablo su padre. Puesto en esta dignidad, guardó tan bien los
35 precebtos, que segund los sacros cánones e decretos deve
guardar el perlado, que fue enxenplo de vida e dotrina a todos
los otros perlados que fueron en su tienpo. Fue enbaxador al
rey de Portugal por mandado del rey don Juan e, con la fuerça de sus razones, escusó la guerra e concluyó la paz que por
40 estonces ovo entre estos dos reinos.
     Era oservantíssimo en la orden e ábito que tomó. Predica-
va, confessava, corregía e usava en su diocesi de aquellas cosas que perlado es obligado a fazer. Era limosnero e ayudó
con grand suma a hedeficar el monesterio de sant Pablo
45 de Burgos, e rehedificó otras iglesias e monesterios de su obispado.
     Fue varón quito de cobdicias tenporales e nunca se sintió
en él punto de enbidia. Dezía él que no podía ser alegre con
sus bienes el que se atormenta con bienes agenos. Era de espí-
50 ritu humilde e, dotrinando con humilidad su dotrina, era mejor rescebida e fazía mejor fruto.

---

33. le proveyó] lo proveyó A   35. precebtos] preceptos ZAM   40. eston-
ces] entonces AM   41. oservantíssimo] observantíssimo ZAM   50. humili-
dad] humildad ZAM   51. e fazía mejor] e fazía de mejor AM

29. *rey don Juan:* desde 1419 actuó como consejero y embajador de Juan II.
Fue embajador ante Juan I de Portugal, con quien negoció sobre el dominio
de las islas Canarias; fue también embajador en Navarra y ejerció de nuncio
pontificio en Castilla. En cuanto a su posición política, se opuso frontalmen-
te a don Álvaro de Luna debido a los favores que concedía a los judíos a costa de los conversos. Fue leal al rey Juan II, pero no dudó en apoyar a los infantes de Aragón con tal de debilitar al valido.
33. *obispado de Burgos:* próximo a su muerte, su padre, Pablo de Santa María, renunció al obispado de Burgos y, aunque estaba todavía en Basilea, el
papa Eugenio lo proveyó en don Alonso, que tomó posesión por procurador
en 1435, hasta su regreso en 1439 cuando ocupa la sede episcopal.

Tornó de lengua latina en nuestra lengua vulgar ciertas
obras de Séneca, que el rey don Juan le mandó reduzir. Era
ombre muy estudioso e deleitávase en platicar las cosas de
ciencia. Ovo una grand disputa con un filósofo e orador gran-   55
de de Italia, que se llamó Leonardo de Arecio, sobre la nueva
traslación que fizo de las *Éticas* de Aristóteles, en la qual disputa se contienen muchos e muy dotrinables precebtos. Fizo
asimismo algunos tratados de filosofía moral e de theología,
provechosos a la vida, los quales están oy en la capilla do está   60
enterrado, en la iglesia mayor de Burgos.

---

56. Leonardo] Leornado AM   57. traslación] translación ZAM

53. *obras de Séneca:* de los años 1430 a 1434, antes de su marcha a Basilea,
tradujo numerosas obras de Séneca, siempre para uso y formación moral del
joven monarca Juan II. Primero tradujo diversas secciones de la compilación
alfabética de Luca Mannelli, *Tabulatio et expositio Senecae,* y luego pasó a traducir obras del propio Séneca, bien completas bien capítulos o partes, como *De
providentia, De clementia, De constantia, De septem artibus liberalibus* (carta 48 a Lucilio), *De vita beata,* así como diversos escritos apócrifos. De las traducciones
de Cartagena se han conservado decenas de manuscritos y una parte de ellas
fueron publicadas y difundidas por la imprenta con el título de *Los cinco libros
de Séneca* (1491). Véase Karl A. Blüher, *Séneca en España,* Madrid, Gredos, 1983,
132-155.
56. *Leonardo de Arecio:* Cartagena criticó la versión latina de la *Ética a Nicó-
maco* de Aristóteles realizada por el humanista florentino Leonardo Bruni
d'Arezzo, crítica que expuso en un libelo que se divulgó en los años del concilio de Basilea, hacia 1436 y 1437. Cartagena defendía la anterior traducción
medieval (que atribuía a Boecio), que consideraba más fiel al texto aristotéli-
co. Criticaba en la de Bruni el que se hubiera desviado de la razón y hubiera
sacrificado el contenido a la forma. Lo que cuestionaba era la utilización de la
retórica en una traducción filosófica, pues entendía que en los textos filosófi-
cos lo que cuenta es su contenido, no su estilo ni el exceso de palabras sin freno que hacen impreciso el significado. Véase Ottavio Di Camillo, *El humanismo castellano del siglo xv,* Valencia, Fernando Torres, 1976, 203-226, que ha estudiado detenidamente la polémica y ha desechado la opinión establecida de
que se tratara de la mera controversia entre un escolástico medieval y un humanista.
59. *tratados:* aparte las citadas traducciones de Séneca y otras muy importantes de obras de Cicerón y de Boccaccio, Cartagena escribió numerosas
obras originales, como el *Doctrinal de caballeros* (1445), sobre la caballería y sus
leyes; el *Oracional* (1454), tratado ascético moral dedicado a Pérez de Guzmán;
el *Defensorium unitatis christiane* (1449), en defensa de los conversos; o la *Ana-
cephalosis* o *Genealogía de los reyes de España* (1455).

Aborrescía los loores que en presencia le dezían, porque, si la conciencia acusava de dentro, poco, dezía él que aprovechan los loores de fuera. E si el entendimiento humano es tan alto e generoso que pone sus términos cercanos a los del alto Dios, quien bien considerare los actos esteriores deste perlado, conoscerá sin duda que sus pensamientos interiores más participavan con las cosas celestiales que con las terrenales.

Al fin, seyendo en hedad de setenta años, como propusiese ir en romería a Santiago, aun en éste su voto paresció ser bien acebto a Dios, porque le dio gracia que fuese en salvo e conpliese su romería. La qual conplida e tornado a su diocesi, finó conosciendo a Dios e dexando fama loable e claro enxenplo de vida.

---

69. setenta] sesenta AM   70. en romería a] en romería de A   71. acebto] acepto AM   74. enxenplo] exemplo AM // vida] vida. Murió en el mes de jullio año de Mcccclvij años S

73. *finó:* murió en 1456, cerca de Villasandino (Burgos), cuando regresaba de la peregrinación jubilar a Compostela.

Obispo de Coria

Don Francisco, obispo de Coria, fue ombre de pequeño cuerpo e fermoso de gesto, la cabeça tenía grande. Era natural de la cibdad de Toledo. Sus avuelos fueron de linaje de los judíos convertidos a la fe cathólica. Desde su menor hedad fue 5 onesto e tovo inclinación a la ciencia. Era cuerdo e de muy sotil ingenio.

Muertos su padre e madre e quedando moço, la vergüença que padescía por falta de lo necesario, le costriñó salir de su tierra e ir al estudio de Lérida, donde mostrando gramática a 10 otros e él aprendiendo filosofía pobremente pasó algún tienpo. Durante el qual, ovo noticia de su abilidad la reina doña María de Aragón, hermana del rey don Juan e, porque le plazía mucho ver castellanos dados a virtud, le tomó para su capilla. E a pocos días, conoscido que tal ingenio no devía ser 15 distraído del estudio, proveyéndole de su limosna para cada año, le enbió al estudio de París, donde aprendió por espacio de diez años, en los quales los rectores de aquel estudio, ve-

---

1. Título xxiij. del obispo de Coria ZAM   2. Don] *falta la letra capital en* H
6. inclinación] la inclinación M   11. filosofía] filozofía Z   16. proveyéndo-
le] proveyenddle H

2. *don Francisco:* Francisco de Toledo (+1479).
10. *estudio de Lérida:* fue maestro en artes por el estudio de Lleida y maestro en teología por París. Fue predicador famoso, deán de Toledo (1447) y protonotario apostólico.
12. *reina doña María:* fue capellán de la reina doña María, esposa de Juan II.

yendo que su grand ciencia e integridad de vida suplía el de-
20 fecto de su hedad, le dieron grado de magisterio, que a otros
tan mançebos no se acostunbra dar en aquel estudio.

Fue muy grand pedricador e çeçeava un poco e, como
quier que pequeño de cuerpo, su órgano resonava muy claro,
e tenía singular gracia en sermonar, tan bien en lengua latina
25 como en la suya materna. Era oservantíssimo en la orden clerical que tomó. Sostovo muchas vezes conclusiones de filosofía e theología en el estudio de París e en corte romana e en
otros estudios generales, donde alcançó honra e fama de
grand theólogo.
30   Era de vida onestíssima, e no fue visto en ninguna de sus
hedades jugar ni jurar. E como el entendimiento conprehen-
de las cosas universalmente e el apetito las sigue e la prudencia las ordena, puédese creer deste perlado que ni fallesció en
el entender ni erró en el elegir, ni menos desvió del verdade-
35 ro juizio para las discerner. Movíase a la obra virtuosa, no por
el bien aparente, salvo por el esistente. Era ombre justo, no
por temor de la pena, mas por amor de la justicia. Estando en
Roma, un cardenal que se dezía de Formo, varón muy notable, le rescibió en su casa e, visto por esperiencia lo que deste
40 claro varón se dezía por fama, le fizo su confesor e, al tienpo
de su fin, le estableció albacea de su ánima.

Era de vida tan clara que jamás fizo cosa en secreto que sin
reprehensión no la pudiera fazer en público. No suplicó jamás por beneficio ni dignidad que oviese, mas su ciencia e su
45 vida procurava su provisión sin procuración. Muerto aquel
cardenal, el papa Pío le rescebió por su familiar e le proveyó

---

22. pedricador] predicador Z   25. oservantíssimo] observantíssimo ZAM
31. jugar ni jurar] juzgar ni jurar AM   35. discerner] discernir AM   36. esis-
tente] asistente AM   46. rescebió] recibió ZAM

38. *cardenal de Formo:* se refiere al cardenal Domingo Capránica, que en 1424
era obispo de Fermo. Por su talento y virtudes estaba llamado a ser el sucesor
de Calixto III, pero falleció a los pocos días de la muerte de éste. Capránica fundó en Roma un famoso colegio de formación del clero, que fue el primero de los colegios eclesiásticos romanos (R. García Villoslada y Bernardino
Llorca, ob. cit., págs. 378-379).
46. *papa Pío:* a la muerte de Capránica, Francisco de Toledo pasó a ser familiar del papa Pío II, el famoso Eneas Silvio Piccolomini, quien le nombró

del deanadgo de Toledo e de otros beneficios. E conoscida la
grand fuerça que tenía en el razonar, le enbió diversas vezes
por enbaxador al rey don Luis de Francia e al rey don Alfonso de Aragón. Fue uno de los theólogos escogidos que el papa   50
enbió dos vezes a reduzir los bohemios hereges, donde trabajó mucho el espíritu y la persona en aumentación de la fe
cathólica.

No tenía en tal estimación las cosas humanas que le inpi-
diesen la contemplación de las divinas. Ordenó algunos tra-   55
tados de filosofía e theología e sermones de grand dotrina.
E aviendo consideración del yerro grande en que caen aquellos
que sin autoridad del sumo pontífice presumen quitar reyes e
ponerlos, ordenó un libro fundado por derecho contra aque-

54. inpidiesen] impediessen ZA   impidiessen M

deán de la catedral de Toledo y también lo envió como legado pontificio a
Bohemia.

51. *bohemios hereges:* Pío II excomulgó en 1466 al rey de Bohemia, Jorge de
Podiebrad, y lo declaró desposeído del reino. Podiebrad apeló al futuro concilio universal y trató de aliarse con Luis XI de Francia. Intervino por la otra parte la liga bohemia de nobles católicos y el rey de Hungría, Matías Corvino. El
conflicto no llegó a solucionarse antes de que muriera Pío II.

55. *tratados:* todavía joven, huido de Toledo a raíz de la promulgación de
la *Sentencia* de Pedro Sarmiento, escribió desde la villa de Santa Olalla diversas proposiciones y un extenso escrito apologético contra ella y las ideas que
alentaba de condena y persecución de los conversos. En esa misma línea, ase-
soraría al cardenal Torquemada en la redacción de uno de los escritos contra
Sarmiento y en defensa de la no discriminación de cristianos nuevos y viejos
(Eloy Benito Ruano, *Toledo en el siglo xv,* Madrid, CSIC, 1961, págs. 52-53).

59. *ordenó un libro:* Francisco de Toledo fue autor de un tratado contra el ti-
ranicidio y el derecho del papa a intervenir, tratado que hubo de escribir hacia 1464 y que no ha llegado hasta nosotros. Sus argumentos, sin embargo, sí
sabemos que fueron utilizados por los procuradores de Enrique IV ante la curia romana en 1466, luego de la farsa de Ávila y el intento de entronización de
Alfonso. En las palabras de Pulgar («aquellos que fazen división en los reinos
e presumen por su propia autoridad quitar un rey e poner otro») se ha querido ver una alusión a aquella circunstancia histórica de la deposición fallida de
Enrique IV, pero parece que el tratado se escribió antes. Alfonso de Palencia,
por su parte, es bastante crítico con la figura de Francisco de Toledo y le supone una primera actuación de censura en contra de Enrique IV y luego un cambio de postura debido a la amenaza antijudía que vinieron a representar los
nobles alfonsistas. El temor ante ella, habría llevado a Toledo a cambiar de
bando y a redactar aquel escrito que, por lo demás, Palencia apenas lo consi-

60   llos que fazen división en los reinos e presumen por su pro-
      pia autoridad quitar un rey e poner otro. E nunca fue tan la-
      borioso que no pensase en las cosas de Dios, ni tan ocioso
      que no trabajase en utilidad del próximo. Estava ya abituado
      en vida tan recta e tan razonable que aquella gracia del libre
65   arbitrio que le cupo, sienpre la exercitó en loor de aquel que
      gela dio.
         El rey don Enrique quarto le dio cargo de la enbaxada e
      procuración suya e de sus reinos en corte romana, e el papa
      Sixto le fizo su dactario, que es oficio de grand confiança, e le
70   proveyó del obispado de Coria. E porque en la cibdad de Gé-
      nova acaescieron grandes divisiones e escándalos de los que
      suelen acaescer entre los de aquella cibdad, el papa, que era
      de aquella nación genovesa, deseando los pacificar e conos-
      ciendo que el onesto bevir deste perlado le dava grand autori-
75   dad, le enbió por su legado a aquella provincia. El qual, co-
      noscidos los deseos de los principales movedores e dando a
      cada uno las razones que entendió ser medicinales a su pa-
      sión, los retroxo de las vías erradas que llevaran e, puestos en
      las verdaderas que devían llevar, los amansó e pacificó los es-
80   cándalos que estavan aparejados a la destruición de la tierra.
         Puestos en paz las cosas de aquella provincia e buelto a la
      cibdad de Roma, estando para ser criado cardenal en hedad
      de cinqüenta e cinco años, fenesció sus días e tornó a la tierra
      tan virgen como salió della.

---

60. propia] propria ZAM   65. cupo] ocupo M   68. suya e de] *om.* e AM
69. dactario] datario M   70. Génova] Genoa Z   73. genovesa] genoesa ZAM
78. retroxo] retruxo ZAM // llevaran] llevavan ZAM   79. los] les AM
83. cinqüenta] cinqueta H

dera un breve compendio de la reprobación del rey Saúl recogida en el primer
libro de *Reyes (Samuel)* (Palencia, VIII, 8).
   68. *papa Sixto:* Sixto IV, que lo nombró datario, le concedió el obispado de
Coria y lo envió como legado papal a Génova.
   69. *dactario:* datario era el presidente del tribunal de la curia romana que
despachaba la provisión de beneficios no consistoriales, las reservas de pensio-
nes y las dispensas.
   70. *obispado de Coria:* fue obispo de Coria entre 1475 y 1479, fecha de su
muerte esta última.
   84. *virgen:* Pulgar pondera esta virtud del obispo en un tiempo en el que era
muy habitual el amancebamiento y la barraganía del clero, como dan ejemplo

E porque las molestias e tentaciones en esta vida vienen a   85
los ombres por diversas maneras, a unos por que sean puni-
dos, a otros por que sean corregidos o por que, tentados con
alguna adversidad, conoscan mejor a Dios, o por otros respectos notos a él e innotos a nos, puédese creer deste perlado
que, así como fue amado de los buenos por ser grand persua-   90
sor de virtudes, así por ser reprehensor de vicios fue aborrescido de algunos malos, de cuyos mordimientos ovo molestias
que sufrió e venció con verdadera paciencia.

Ciertamente quien considerara la vida deste claro varón, fa-
llará ser enxenplo e dotrina para todo ombre que quisiere   95
bien bevir. Porque ni esta opinión que tenemos de linaje le su-
blimó, ni la conpostura del cuerpo ni las riquezas le fizieron
claro varón, ni menos se puede dezir que la fortuna le fue favorable para alcançar la honra e estimación grande que ovo.
Mas la perseverancia que tovo en la vida virtuosa le abrió   100
puerta para entrar en grandes logares e le fizo aver acebción
cerca de grandes señores e para aver la honra que le dio claro
nonbre.

---

87. corregidos] corrigidos Z   88. respectos] respetos ZA   respectos M
94. considerara] considerare ZAM   96. bevir] bivir AM

otros obispos contemporáneos: Carrillo tuvo un hijo natural llamado don
Troilo, y Pedro González de Mendoza tuvo dos hijos naturales de una dama
portuguesa y otro de una vallisoletana (R. García Villoslada y Bernardino Llorca, ob. cit., págs. 602-604).

Obispo de Ávila

Don Alfonso, obispo de Ávila, fue ombre de mediana estatura, el cuerpo espeso, bien proporcionado en la conpostura
de sus mienbros. Tenía la cabeça grande e el gesto robusto, el
5 pescueço un poco corto. Era natural de la villa de Madrigal,
de linaje de labradores.

Desde su niñez tovo inclinación a la ciencia e, creciendo
en días, creció más en deseo de aprender. Era ombre agudo e
de grand memoria. Ovo principios en filosofía e theología.
10 Aprendió en el estudio de Salamanca, donde recibió ábito
clerical. Fue observantíssimo en la orden que rescibió e, de
hedad de veinte e cinco años, ovo el grado de magisterio. E
tanto resplandecía en ciencia e en vida onesta que, como
quier que avía otros de mayor hedad e de grand suficiencia,
15 pero por sus méritos fue elegido para leer las cátedras de theo-

---

1. Título xxiij. del obispo de Ávila ZAM   2. Don] *falta la letra capital en* H
// Alfonso] Alonso A   4. e el gesto] y el gesto ZAM   5. un poco corto] *om.*
un poco AM

2. *Alfonso:* Alfonso Fernández de Madrigal *(ca.* 1400-1455) nació en Madrigal de las Altas Torres (Ávila); por su tez morena se le conoció con el sobre-
nombre de «El Tostado».
10. *estudio de Salamanca:* en 1433 entró en el colegio de San Bartolomé, en
torno al cual se crea una cierta corriente de opinión preocupada por la reforma interna de la iglesia y la defensa de Aristóteles, sobre todo su doctrina política (puede verse Jesús Luis Castillo Vegas, «Aristotelismo político en la Universidad de Salamanca del siglo xv: Alfonso de Madrigal y Fernando de Roa»,
La Corónica, 33, 1, 2004, 39-52).
15. *cátedras:* ocupó las cátedras de Filosofía moral y la de Vísperas de Teología, así como la de Poesía en la Facultad de Artes. Fue maestrescuela de la

logía e filosofía. E tovo grand continuación e perseverancia
en el estudio, tanto que, el tienpo que se pasava, sienpre lo tenía presente, porque gozava en la ora presente de lo que en la
pasada avía aprendido. Tovo muchos diciplos e, después que
fue maestro, nunca halló mostrador, porque ni se escusó ja- 20
más de aprender ni fue acusado de aver mal aprendido.

El papa, movido por la abilidad interior deste claro varón
más que por suplicación exterior de otro, le proveyó de maestrescuela de Salamanca. Seyendo grand maestro en artes e
theología se dispuso aprender derecho canónico y cevil, e fue 25
en aquellas facultades bien instruto. E tan grande era la fama
de su saber en todas ciencias que, estando en aquel estudio,
duró grand tienpo que venían a le ver ombres doctos, tan
bien de los reinos estraños como de los reinos de España.

Cierto es que ningún ombre, dado que biva largos tienpos, 30
puede saber la perfectión e profundidad de todas las ciencias.
E no quiero dezir que este sabio perlado las alcançó todas,
pero puédese creer dél que en la ciencia de las artes e theología e filosofía natural e moral, e asimismo en el arte del estro-
logía e astronomía, no se vido en los reinos de España ni en 35
otros estraños se oyó aver otro en sus tienpos que con él se
conparase.

Era ombre callado e resplandecía más en él la lunbre de la
ciencia que el florear de la lengua. Fue a Roma donde sostovo conclusiones de grand ciencia e alcançó fama de varón 40
muy sabio, e fue mirado por el papa e por todos los cardenales como ombre singular en la iglesia de Dios. Este fizo mu-

---

19. aprendido] deprendido ZAM // diciplos] disciplos Z discípulos AM
25. cevil] civil M   34. estrología] astrología AM   41. cardenales] cardinales
Z   42. iglesia] yglesa H

Universidad en 1446. Entre sus discípulos se encuentran los teólogos Pedro de
Osma y Fernando de Roa. También debería considerarse discípulo Jiménez
de Cisneros, quien reivindicaría sus doctrinas y haría imprimir sus obras en
Venecia, entre 1507 y 1531, en treinta y cuatro volúmenes *in folio*.
39. *sostuvo conclusiones:* fue designado para asistir al concilio de Basilea pero
no acudió a él, sí lo hizo al de Siena con Eugenio IV, donde sostuvo veintiu-
na proposiciones, tres de las cuales desagradaron al papa, que encargó impug-
narlas al cardenal Juan de Torquemada, a quien contestó Madrigal con su tratado *Defensorium trium propositionum*.

chos tratados de filosofía e theología, e escrivió sobre el testo
de la Sacra Escriptura una muy copiosa declaración e de
45 grand dotrina, que está oy en el monesterio de Guadalupe e
en el estudio de Salamanca, en el qual verá quien bien la mi-
rare, quánto este perlado abundava en todas ciencias e cómo
es verdad lo que dél aquí se pedrica. El rey don Juan, que era
un príncipe a quien plazía oir lecturas e saber declaraciones e
50 secretos de la Sacra Escriptura, lo tovo cerca de sí e le fizo de
su consejo e suplicó al papa que le proveyese del obispado
de Ávila. Duró perlado en aquel obispado seis años e murió de
hedad de cinqüenta e cinco, conosciendo a Dios e con fama
del más sabio ombre que en sus tienpos ovo en la iglesia de
55 Dios.

---

48. pedrica] predica ZAM   55. Dios] Dios. Murió en hebrero año de
Mccccclv años. Está en la iglesia mayor de Ávila sepultado en el coro S

43. *tratados:* la obra del Tostado es inmensa, contenida en los catorce volúmenes citados, y de importancia decisiva en las letras castellanas del siglo xv.
Su contribución fue muy importante en el campo de la reforma eclesiástica,
de la filosofía moral o de la teología y de la exégesis, con numerosos comentarios escriturísticos y tratados como el de las *Çinco figuratas paradoxas* o el *Co-
mento al Eusebio.* Sobre la gran figura de El Tostado puede verse, como aporta-
ción reciente, el número especial de la revista *La Corónica,* 33, 1, 2004, coordi-
nado por Roxana Recio y Antonio Cortijo Ocaña.
48. *rey don Juan II:* vuelto a España de su estancia italiana, se refugió en la
cartuja de Scala-Dei, donde llegó a tomar el hábito de novicio en 1444. Allí lo
mandó llamar el rey Juan II, que lo trajo a Castilla y lo hizo su consejero.
51. *obispado de Ávila:* a ruegos de Juan II, el papa le proveyó del obispado
de Ávila en 1445.

198

Obispo de Córdova

Don Tello, obispo de Córdova, fue ombre alto de cuerpo,
bien proporcionado en la conpostura de sus mienbros e el
rostro tenía onesto. Era natural de una villa que se dize Buendía, de linaje de labradores. Desde su menor hedad tovo 5
grand deseo a la ciencia e, como quier que le menguava lo necesario para continuar el estudio, pero la voluntad que tenía
de aprender le llevó a las escuelas de Salamanca, confiando
más en la providencia de Dios, que suele acorrer a los buenos
deseos, que en la facultad suya ni de otro ninguno que le ayu- 10
dase. Aprendió en un colegio de Salamanca donde muestran

---

1. Título xxiiij. del obispo de Córdova ZAM   2. Don] *falta la letra capital en* H

2. *Don Tello:* Tello de Buendía, obispo de Córdoba en 1484-1485. Esta de
Pulgar parece la biografía más completa que de él se conoce. Prácticamente todos y cada uno de sus datos repite Juan Gómez Bravo al trazar su semblanza
en su *Catálogo de los obispos de Córdoba y breve noticia histórica de su iglesia catedral
y obispado,* Córdoba, 1783, I, 373-376, que apenas añade lo siguiente: «El arzobispo de Toledo don Alonso Carrillo, que tenía bien experimentadas la prudencia y sabiduría de don Tello, se valió de él para negocios muy graves que
expidió con gran acierto, y le hizo presidente de su consejo deg obierno, que
rigió por muchos años. Para la Junta de Alcalá, en que se examinaron y con-
denaron algunas proposiciones del Dr. Pedro Martín de Osma por orden del
Pontífice, fue don Tello uno de los principales (...) Don Tello últimamente re-
concilió con los reyes a su arzobispo de Toledo, a quien no habían podido re-
ducir los mayores señores del reino, ya con ruegos ya con amenazas, porque
con su prudencia y blandura templó el obstinado ánimo del arzobispo y mitigó la justa indignación de los reyes».
11. *colegio de Salamanca:* el colegio de San Bartolomé, donde fue recibido
Tello el año 1426 (J. Gómez Bravo, ob. cit., 373).

a los pobres por amor de Dios. Fue buen letrado en derecho canónico e en aquella facultad le fue dado grado de doctor. Elegió el ábito clerical e guardó muy bien aquellas cosas que
15 la iglesia estatuyó que guardasen los buenos clérigos. Por sus méritos fue proveído del arcedianadgo de Toledo e de otros beneficios en la iglesia de Dios. E como este claro varón se vido con grand renta e puesto ya en la hedad que demanda reposo, retróxose a la iglesia de Toledo a servir a Dios en aque-
20 lla dignidad que tenía.

Era ombre a quien movía más la caridad para distribuir que la cobdicia para ganar. Conpadecíase de los miserables e, vezes con el consejo, vezes con el consuelo e tanbién con su limosna, allí do era necesario los consolava e remediava. Por-
25 que creía que estos bienes tenporales no se dieron más para poseer que para destribuir. Su deseo era fazer obras de misericordia e, poniéndolas en obra, sacava todos los años cierto número de cativos christianos de tierra de moros. E en esto e en casar huérfanas e socorrer pobres, gastava su pensamiento
30 e toda la renta que tenía, reputando a pecado si de un año le fincase algo para otro. E esto fizo conplidamente e con tanta diligencia que sin duda se puede dezir que fue leal despensero de sus bienes para los distribuir a voluntad del que gelos dio. Porque fervía tanto en la virtud de la caridad que, de lo
35 necesario a su persona propria, no curava tanto quanto pensava en socorrer la necesidad agena. E porque fue informado que, por falta de una torre que no avía en un término cerca de la cibdad de Alcalá la Real, perescían algunos christianos en las guerras que en aquellas partes tienen con los moros,
40 este perlado enbió a la hedificar a sus proprias espensas en el logar e forma que le fue dicho ser necesario al bien e defensa de aquella tierra. Otrosí, visto que algunos ombres perescían en el río de Guadarrama, que pasa por el camino que va desde la cibdad de Toledo a la villa de Torrijos, este claro varón
45 hedificó la puente que oy allí está hedificada, e escusó los in-

---

14. elegió] eligió M   15. iglesia] iglesa H   19. retróxose] retrúxose ZAM // iglesia] iglesa H   21. distribuir] destribuir AM   33. distribuir] destribuir AM   34. fervía] hervía M   36. socorrer la] socorrer a la AM   45. hedificada] hedicada H

convenientes que todos los años por falta della en el paso de aquel río se recrecían. En la qual obra este perlado usó de tal magnanimidad que, como viese la dificultad que algunas personas particulares ponían en la contribución de lo necesario para aquel hedeficio, no consintió que ninguno contribuyese 50 cosa alguna para él, salvo él solo acordó de lo fazer a sus espensas. E en esta liberalidad nos dio a conocer quanto más el virtuoso se deleita en el gastar que el avariento pena en el guardar.

La reina doña Isabel, que tenía un singular deseo de pro- 55 veer a las iglesias de sus reinos de personas notables, suplicó al papa que proveyese a este claro varón del obispado de Córdova, el qual fue proveído de aquella iglesia. E mediante los ruegos e exortaciones que de parte de la reina le fueron fechas, acebtó la provisión que el papa le fizo de aquella dignidad. E 60 dentro del año que fue proveído por perlado de aquella iglesia, fenesció en esta vida con testimonio cierto de aver ganado la otra en hedad de setenta años.

54. guardar] guadar H   60. acebtó] aceptó ZAM   63. años] años. Murió en el año de mill e quatroçientos e ochenta e tres años. Está en la iglesia mayor de Toledo a la puerta del capítulo S

[Otro razonamiento breve, fecho a la reina nuestra señora]

Muy exçelente reina e señora: por cierto se deve creer que tan bien se loará un fecho castellano como se loa un fecho ro-
5 mano, si oviera escritores en Castilla que sopieran ensalçar en escritura los fechos de los castellanos, como ovo romanos que supieron sublimar los de su nación romana. Así que inputare-mos la nigligencia a los escritores que no escrivieron, mas no inputaremos por cierto a los castellanos que no fizieron actos
10 de virtud en todas las cosas donde ella exercitada suele reluzir. Y por tanto el noble cavallero Fernand Pérez de Guzmán dixo verdad que, para ser la escritura buena y verdadera, los cavalleros devían ser castellanos e los escritores de sus fechos romanos.

---

1. Título xxv. de otro razonamiento breve, fecho a la reina nuestra señora ZAM   3. Muy] *falta la letra capital en* H   8. nigligencia] negligencia AM

Colección Letras Hispánicas